U0931124

心理学文化探索

孟维杰◎著

中国社会科学出版社

图书在版编目(CIP)数据

心理学文化探索/孟维杰著. —北京：中国社会科学出版社，2018.7
ISBN 978-7-5203-2735-0

Ⅰ.①心… Ⅱ.①孟… Ⅲ.①心理学—研究 Ⅳ.①B84

中国版本图书馆 CIP 数据核字(2018)第 146474 号

出 版 人 赵剑英
责任编辑 冯春风
责任校对 张爱华
责任印制 张雪娇

出　　版 中国社会科学出版社
社　　址 北京鼓楼西大街甲 158 号
邮　　编 100720
网　　址 http://www.csspw.cn
发 行 部 010-84083685
门 市 部 010-84029450
经　　销 新华书店及其他书店

印　　刷 北京君升印刷有限公司
装　　订 廊坊市广阳区广增装订厂
版　　次 2018 年 7 月第 1 版
印　　次 2018 年 7 月第 1 次印刷

开　　本 710×1000 1/16
印　　张 19
插　　页 2
字　　数 310 千字
定　　价 78.00 元

目　录

绪　论

一　问题缘起

心理学与文化之间的关系历来是学界见仁见智的难题，也是常话常新的命题：之所以说是难题，是因为这个问题一直鲜有明确的答案，始终处于争论不休的境地，至今难有定论；说是新的命题，是因为随着心理学范式演进和时代的变迁，考察心理学与文化之间关系的视角、立足点和立场等，总是发生着变化，导致该命题从形式到内容，也在变化着。尽管对文化的界定始终众说纷纭，但是，不可否认的是，文化是心理学在其漫长历史变迁中绝对绕不过去的“一道坎”。这道“坎”横亘在心理学面前、心理学之中、心理学之上，俯瞰和见证着心理学的发生与发展，为心理学从独立到今天源源不断地提供着演化资源、立足基础和反思前提。当初的人类为了生存，古代智者们开始向两方面求知：一方面是自然界的万物；另一方面是人世间人类自己。前者探索研究经验累积成为自然科学；后者探索研究经验累积成为社会科学，而“心理学”即是社会科学中偏重于探索人类本质的一个分支[①]。从古希腊罗马文明开始，人类对自身的探索一方面成就了哲学这个无所不包的“母体学科”，涵盖了从物理学到心理学几乎所有的学科，但另一方面，包括心理学在内，这些学科无一例外都是人类所创造的文化形式。所以，从这个角度而言，心理学既是一门人类创造出来的用以解释和解读人类自身的一种学科形式，但同时，也是一种文化形态。所以，心理学从其诞生那天起，就与文化产生了千丝万缕的关联，这种关联既可以理解为心理学是心理学，文化是文化，但也可以理解成二者是一而二，二而一的关系：从这个角度看是心理学，但从另一个角

① 张春兴：《心理学思想的流变——心理学名人传》，上海教育出版社 2002 年版，第 1 页。

度审视则是文化。这就注定了心理学与文化之间总是相生相伴，如影随形。只是可惜，后来随着心理学走上独立道路，获致自然科学的名誉后，为捍卫其科学的尊严，保持其科学立场的客观性和价值中立性，就必须剔除影响其科学性质的文化因素。唯其如此，方显其科学的形象，力保其科学地位。这里，心理学一百余年的发展历史已经表明，单纯地追求其自然科学性质，而对其自身的文化性质弃之不顾，或者说对文化的因素全然不理，无疑会产生“一叶障目”的局限性。这其中，可能有着心理学对“科学”理解的狭隘性，认为“科学”必须以实证之法来支撑，以经验为基础，以客观性为立场，其研究过程的精致性和可重复性是其标配，这才是真的科学心理学；也可能是源于对纷繁与杂乱的望而却步：文化的多层次性、复杂性及自身的争议性等，使得心理学对其难以取舍，即便是有取舍，也是为心理学“科学”之名服务。在当下文化神经科学、认知神经科学大行其道和心理学文化转向的呼声日益高亢的当下，可喜的是，心理学中可以见到文化的元素和影子，而且不再仅仅是服务于心理学的“科学”名分。同时，在其理论构建过程中，也能见到文化要素隐含其中。这表明，文化在心理学中从其逃离到回归，其转变的轨迹和过程昭示了文化在心理学的漫长科学演变过程中绝不是可有可无，而是必然要考虑的因素，文化成为心理学迈向科学的基础支撑力量。没有文化，心理学的科学与统一之路注定是坎坷和崎岖的。从心理学的民族性方面也可以直接感受到文化带给心理学的基础和根本作用。就心理学的民族性而言，心理学不但具有民族性，也具有价值性。不同国家内的民族文化传统和文化特色赋予心理学以鲜明的民族个性，在各自文化传统内，理解、解释和干预人们的心理生活。不认识这些文化和民族的个性，就不能说理解了某一民族文化传统下的心理学。概言之，心理学活动有着文化限域。它是民族文化培育出来的人类心灵之花。文化的可能就是心理学的可能，文化的取向就是心理学的取向，文化的不可能亦是心理学的不可能。抽离了民族文化的心理学，无异于抽掉了心理学内在发展的根。只有在特定的民族文化传统中，我们才能真正理解和认识某一特定的心理学传统。说其具有价值性，是因为自诞生那天起，心理学就不是简单或者纯粹的一门科学，它是关涉到人的学科，一旦与人有关联，不但无法做到客观性，也做不到价值中立性。它一直与人的主体性纠缠在一起，不是单纯的事实说明性的学科，而是有着价值陈述特征的学科，不但有其理论构建的应然性，也有其事实说明的实然性。这就说明文化与心理学之间的关联总是深刻的、复杂的和多层次的，同时，也说明了心理学文化探索的必要性和必然性。

二 心理学文化之殇

“心理学”在《大英百科全书》中被解释为“在古希腊奥林匹亚山上，有一座特耳菲神殿，神殿大门上写有这样大字：人，认识你自己。这句话经过漫漫几千年的演化，形成了今天的心理学”[①]，这是对心理学神秘性、叙事性和情感性的理解与把握。当心理学经历漫长演变和形式转换后，如今，它已经成为“一个松散的联系在一起的学术王国。它横跨了从生命科学为一端到社会科学为另一端的所有领域”[②]。今天的现代西方心理学内涵与外延已经远远超出了古代智者对人类自身的洞察和沉思，其研究视角伸向了人类从外在行为到脑认知的方方面面，尤其是认知科学大踏步走向第二代认知神经科学，脑成像技术大规模应用到心理学领域以后，我们似乎惊讶地发现，仿佛一夜之间，心理学中的“人”一下子变得透明了，人的大脑在高度清晰的脑成像技术设备面前似乎触手可及，已经无秘密可言，清晰可见。我们似乎已经透彻地理解了人类自身，把握了人类自身，认识了人类自身。但是，当面对着愈加复杂和烦琐的统计公式、模型建构、认知技术术语所堆砌的心理学理论，或者，更加令人欣喜地看到心理学似乎已经弥补了科学实验所必备的重复性和可验证性局限的时候，我们似乎能感受到心理学多年来的尝试与努力，可面对心理学的诸神狂欢，我们还是非常不情愿地看到，“现代意义”上的心理学即便是已经完美地完成了科学的华丽转身，不过，在真正深入人类心灵深处或触及灵魂层面，在解读人心的深刻性上，在人性的理解上，即通常意义的“读心术”上，还是有着相当大的差距。现代科学心理学在观照人类内心世界时，总是缺少一种温情、温度和角度，更是缺少一种洞察力或是一种

---

① 申荷永：《中国文化心理学心要》，人民出版社 2002 年版，第 10 页。

② 斯坦维奇：《与“众”不同的心理学》，范照等译，中国轻工业出版社 2005 年版，第 11 页。

真正的力量，古代智者那种对人类心灵探索和人性叩问的深邃、意远、幽深的意境和洞见，依旧是可望而不可及。当然，此言并非是刻意简单的复古，更无意贬低当下科学心理学所作出的伟大贡献，而是在深刻考察了心理学的发展样态后表达的对心理学观照人类自身心灵的殷殷期望和些许的失落。“何以解忧?”这似乎是带有一种调侃意味的话语，放在心理学与人的关系上，也有着神似的契合感。有学者形象地将现代心理学比喻为“无心的心理学”，“凡西方心理学在其发展的二百年间，或强调行为，或强调认知，强调生理或强调大脑，但恰恰缺少对‘心’的理解”[①]。也许，在以认知神经科学为代表的心理学大行其道高歌猛进的当下，我们有理由停下前进的脚步，扪心自问，心理学走到今天已经拥有了什么，在拥有的同时又失去了什么。是什么带给心理学如此的自信，但又是什么让心理学在科学的殿堂如此缺少自信。或许，文化是心理学绕不过去的一道命题。在西方，人们对心理学的学术成就以及它对人类的福祉贡献之间的割裂的诟病没有停止过。来自学界内的关于心理学分裂与统一争论的声音一直不绝于耳，而来自学界外如物理学、化学、生物等学科对其学科性质的质疑也在渐渐侵蚀着心理学家并不足够的自信心。心理学如果抛开以文化为支撑，或者如果有意规避文化，或者仅将关注视野聚焦于或者局限于其自然科学性质，那么，心理学的当下和未来发展之路，应该不会太宽或太远。而对心理学的审视，也可能会不是十分清晰。因为，“我们无论持有哪一种心理学观点和站在哪一个心理学流派一边，心理学的面孔都会是一团迷雾”[②]。心理学的文化之殇，成为心理学发展无法逾越的沟坎，也是心理学发展面临的根本问题。其魅力和困惑在于当进一步追究这个命题的时候，会发现一系列心理学家必须面对的重大问题，关联到心理学性质，也涉及心理学者自身的生存方式。

中国语境下心理学的遭遇又似乎与西方有着很大的不同。如果说西方心理学面临的文化之殇是一种阵痛，那么，心理学与文化的关系在中国似乎远比西方更为复杂。一方面，心理学在中国的时代背景下的传播、传承和创造过程，这个过程尽管有西方文化殖民的影子若隐若现，让我国的心

---

① 申荷永：《中国文化心理学心要》，人民出版社 2002 年版，第 2—3 页。

② 葛鲁嘉：《心理文化论要》，辽宁师范大学出版社 1995 年版，第 3 页。

理学者很是不爽。但总体而言，心理学还是在当时科学氛围并不浓郁的中国建立起了科学大厦，并呈现出井喷之势；另一方面，我国学者在本土心理学和世界心理学思潮的对抗和博弈中，总是以一种近乎复杂和矛盾的心态来审视这种博弈，并试图证明和构建中国自己的心理学。这就可能通过以下几种途径来实现：要么是从我国浩如烟海的文化传统中挖掘、寻找心理学思想；要么是以西方科学心理学的技术、方法和理念来重新解读和理解我国心理学思想；要么是干脆将西方心理学直接复制或者移植过来，等等。中国到底有没有自己的心理学，如果有是什么形态的心理学，或者说，需要不需要建设自己的心理学，再或者是否只是接受西方心理学就可以了等，都是令我国学者感到纠结的地方。于是，在建设本土心理学和世界性心理学的各种心态交织中，我国心理学基本上是沿着两条线路延伸开去：一条线是从西方移植过来的科学心理学，并俨然成为心理学主流形态；另一条是在我国文化典籍中得到挖掘和整理的心理学思想，有学者将其称为“新心性心理学”①，但这种线索只能称为非主流形态。毫无疑问，主流的心理学对非主流心理学呈现出一边倒的“碾压”态势。其实，无论我国心理学的发展与演化历程如何变换，其核心主导要素依旧是心理学之中和心理学之后的文化系统的位置、价值、功用及作用等问题。这一问题解决不了，或者解决得不好，那么，我国的心理学与西方心理学之间的的博弈就不会停止，从对抗到对话的转向也始终无法得到实现②。而文化的问题在我国心理学的建设历史上，显得尤为突出，这不仅仅体现在我国心理学思想所扎根的文化土壤的深厚性比西方心理学与文化之间关系的更为复杂性，而且也体现在我国心理学者急于摆脱西方心理学的附庸地位，早日建成用以观照我国国人心理的属于自己的心理学的那种焦灼感、使命感及责任感。其实说到底，还是学界内心的不自信的问题。我国的心理学就是在这样的一种极其复杂的时代背景和文化背景下开展建设的，其发展道路的坎坷、曲折甚至是退步，更是难以言表。

从心理学从我国的衍生到发展的轨迹可窥见一斑，在中国，“心理

---

① 葛鲁嘉：《新心性心理学宣言——中国本土心理学原创性理论建构》，人民出版社 2008 年版，第 77—101 页。

② 孟维杰：《心理学文化品性》，黑龙江大学出版社 2007 年版，36—54 页。

学”作为“科学”之名并没有太久的历史，它仅仅是一个舶来品。19 世纪末 20 世纪初，留学欧美深受西方自然科学精神熏染的中国心理学家如郭任远、张耀祥、蔡元培等人，带着西方心理学现代意义的科学化理念、技术，回国后满怀信心地建筑中国心理学大厦。从 1917 年开始，以北京大学首次建立心理学实验室为标志，中国现代心理学开始了心理学的“科学化”时代。尽管那个时代，心理学在各大学教学的情形不一致，即同一学校，往往亦经过数次变更，或列入哲学系，或列入文学系，大多数则列入教育系或与教育合称一系，可谓命运坎坷，并且，那时心理学精神要旨定位关注是怎样做人……供给吾人做人的基本精神①。但是，近一个世纪以来，历经解放前的西方心理学与中国心理学的不对称“嫁接”、解放后的唯苏联马首是瞻、“文革”期间的全盘崩溃和“文革”后期的全盘欧美化，再到今天心理学文化转向呼声的日益高亢所带来的对其本身性质的进一步反思与诘问，我们便能发现，在缺少科学氛围和土壤的中国，整个心理学在中国的“科学化”历程，其实行走的并不是一条平坦的道路。这座明显带有西方文化色彩的心理学大厦，其实是建在了中国并不坚实和丰厚的科学土壤上。舶来的心理学遭到多舛的命运不仅喻示着在与我国深厚的文化传统上非契合的必然性，而且，在现实的传播和扩张过程中，其精神内核也不可避免地产生误读和错位。在缺少进一步反思和批判的语境中，现代心理学如何理解和解释中国人特有心理就成为中国人一直耿耿于怀的话题。“什么是心理学”同样也是横亘于我国心理学界难以求解的命题。仅仅从外在视角来审视这座心理学大厦，学界仍是无法作出清晰、准确的评判。于是，汉语语境下的心理学遭遇了同西方文化语境下似乎相同的命运。

石中英指出，科学研究始于问题，而不是单纯的观察或理论。问题既是科学研究的动力，也反映科学研究的价值，指示科学研究的方向。一部人类科学史在某种意义上就可以归结为科学“问题”发展史：“问题”深入表明科学研究深入，“问题”的拓展表明科学研究领域拓展，“问题”的转换就表明科学研究的转向②。所以，心理学研究需要“问

① 张耀翔：《心理学文集》，上海人民出版 1983 年版，第 223 页。

② 石中英：《教育学的文化性格》，山西教育出版社 1999 年版，第 11 页。

题意识”，因为提出和发现一个有价值的问题要比解决一个有价值问题更重要。心理学是研究“人”的一门学科。“人”的问题是世界上最复杂的问题，从而无形中为心理学蒙上一层复杂和神秘色彩。显然，心理问题并非是孤立的、个别的，而是庞大的“问题群”或“问题域”，由一组组相互关联、交错复杂的问题构成。对这些问题的解读和回答，其实也就是对心理学本身的追问，究其质，也是对“人”的追问和关注。车文博先生在总结西方心理学发展规律时，指出心理学始终围绕着以下这些问题探讨和思索来进行，它们是一个主导思想：科学主义；两条基本线索：两种文化、两种哲学、两种逻辑对立、斗争和融合；三次较大的分化与整合：心理学从哲学中、学派之间和两大范式间分化与整合；四次革命：行为主义革命、精神分析革命、认知心理学革命、人本心理学革命；五大理论取向：行为论、认知论、精神分析论、现象论及生物论；六大争论：内容心理学与意动心理学之争、构造心理学与机能心理学之争、说明心理学与理解心理学之争、意识心理学与潜意识心理学之争、元素心理学与整体心理学之争、客观心理学与主观心理学之争①。从上述论说中，便可窥见其核心问题始终是围绕着“人”的心理学性质与分类问题。每一次论战、争鸣和融合，从根本上说，其实都可以归结到这个核心问题上来。在这些问题当中，有些是属于一般性、整体性及根本性问题，如心理学是否是一门科学？心理学科学化是否可能？如何可能？等等；有些问题是属于具体化、部分、个别性问题，例如心理学的具体研究方法、心理学技术等。一般而言，在逻辑上，根本性问题是具体性问题的认识论逻辑前提。无论自觉或不自觉，对具体问题的考评或是对根本性问题反思，人们总是把思想的触角延伸到最后对根本问题的逻辑前提预设和假定，或者是在价值上的前提假设。所以，对心理学发展过程中所出现的问题，就必须首先反思和追问那些带有根本性问题，这个根本性问题最终可以概括为“心理学是什么？心理学何以可能？其可能的前提是什么？”

---

① 车文博：《西方心理学思想史发展规律的探析》，《社会科学战线》2001 年第 3 期。

三　心理学的可能——文化的角度

从文化学视角，心理学是人类活动产物，是人类在长期历史实践过程中所沉淀和创造出来的一种文化形式，它经历了久远的时间跨度和历史上的沉淀。从古希腊、古罗马的文化长卷中，无数个智者对浩瀚星空的敬畏和对人类心灵的好奇，引发他们对人类心灵秘密的无限遐想和追问，或以逻辑或以思辨形式表达着人类对自身的理解与认识。

发端于古希腊、古罗马的文化以本体论为基础，推崇人类理性力量，通常将人置于主体地位，视人为万物尺度，超越存在事物本身，以抽象和演绎能力来求得事物背后的本质与规律，去把握这个虚无飘渺的“实体”，从而将人类与自然、人与神、心灵与肉体、本体与存在，放置在一个对立的位置，然后用分析和实证方法及缜密的逻辑思维推理来获得确定性、抽象性和普遍性的知识体系。季羡林指出：“西方思维方式、西方文化特点是分析……在西方，从伽利略以来400年中，西方自然科学走的是一条分析道路”①。心理学探索形式从最初的古希腊原子论心理学思想到柏拉图提出的理念论，再到经验主义心理学，再经以康德和莱布尼兹为代表的理性主义心理学，直至科学心理学诞生，心理学走过了的确可以用分析和理性两个命题形式来予以深度概括的道路。这与西方文化的精神内核，无疑是契合的，也成为人类认识和理解自身所创造出来的一种文化形式。无疑，心理学成为了文化的一种产物。

尽管在1879年，心理学最终脱离了哲学怀抱，成为真正的系统化、体系化和逻辑化的一门科学形式，但是，哲学思想的启迪却是心理科学无法回避的时代精神。哲学作为文化的主导思想②，一直在为科学心理学或隐或显地提供理论的前提预设和方法论基础。从历史到现在，对西方心理学发生过重大影响的哲学思想有实证主义、现象学、存在主义和解释学等。实证主义以其事实检验的精神从其诞生之初至今，一直是科学心理学最重要的哲学基础。后三者是人文心理学取向的哲学操守。这里，以美国

---

① 季羡林等：《东西文化议论集》，经济时报出版社1997年版，第53—54页。

② 张岱年：《文化与哲学》教育科学出版社1988年版，第3页。

机能主义心理学为例。机能主义心理学是美国本土产生的第一个心理学流派。它的哲学基础是由杜威倡导的实用主义。它也是19世纪末20世纪初美国人开疆拓土，与自然斗争的豪迈征程中所创立的，属于美国独有的以积极、实用、进取为特征的文化形式之一，正如心理学史家波林所说，美国人的成功哲学基于个人的机遇和野心，所以是产生大众民主（人人皆国王）、实用主义（淘金王国哲学）和心理学内外一切形形色色的机能主义背景[①]。而美国文化集中体现在从个人竞争到追求平等再到对未来充满信心和实用与效能等诸方面特征，并相信他们的付出必有回报[②]。从机能主义心理学始，历经行为主义心理学、新精神分析心理学、存在主义心理学、人本主义心理学，直至认知心理学，它们所反映的精神实质无不是美国人追求自由、创造、改变和实用的文化精神理念，成为反映美国文化传统的一种生动写照。它们都是美国人智慧地创造的文化样态，散发着浓郁的美国特有的文化气息。

欧洲大陆的心理学也同样如此。从冯特创立内容心理学到与之相对立的意动心理学，再到格式塔心理学、古典精神分析心理学，直至皮亚杰的认识发生论，从其内在文化根源上审视，其实，也淋漓尽致地表现出了欧洲特有的文化精神，也是欧洲人几千年来思辨性智慧和精致性思维沉淀的事实和结果，是欧洲大陆人所勾描的绚烂文化画卷中，以独特性和个性的形式来解说和理解欧洲人心理的文化形式。

再回过头来审视我国。在我国浩浩荡荡的文化长河之中，也孕育了极为丰富的心理学思想。葛鲁嘉认为，在中国文化中，并没有生长出科学心理学，但无疑有着本土心理学传统。它并没有随着西方科学心理学涌入而被简单终结。它依然在自己文化圈中占据着重要位置和发挥着重要功能。他认为，中国本土心理学融通贯穿了观念形态的探索与体悟印证功夫。它对人的心理或精神生活探索，不仅仅是哲学思辨的观念体系，同时，也是心理生活践行方式。它们仍然在中国人心理生活方面发挥着解释、干预和预测的功能。而这种心理学探索其实隐含于中国以儒、释、道三教为代表、

---

① 波林：《实验心理学史》，高觉敷译，商务印书馆1981年版，第558—560页。

② Jason，K. & Posner，H.，*Explorations in American Culture*，Heinle &Heinle Publishers，1995，pp. 3 – 12.

为支柱的中国哲学传统中。他接着强调“传统中国哲学不是一种客观知识体系，而是一种包容心理生活的生活方式。尽管其中没有关于心理学的特定部分，但却有其独特的心理学理论阐释和精神修养方式，甚至在某种意义上可以这样说，中国文化传统中的哲学就是一种特殊形态的心理学”。[①]

所以说，中国文化传统中存在着对中国人心理独特探索的心理学思想。并且，这种心理的独特构筑一直以一种文化样态存在着，或者说它本身就是一种别样的传统，成为中国文化传统土壤之中成长出来的一朵瑰丽的奇葩——问题的关键不在于以西方现代心理学科学标准来衡量它，也不在于从逻辑理性视角来审视它有多大的合理性，而在于千百年来，它的确已经成为一种文化形式和传统，悄然地熔铸于中国人从外在行为到内在的灵魂深处，理解、解说和观照着中国人心理。

综上观之，心理学是人类在长期历史沉淀中所创造出来的一种文化形式，是人类用以理解和阐释自身心灵生活的途径、方式或媒介。心理学家了解和认识人类心理行为途径，解释和理解心理行为理论，影响和干预心理行为手段和技术，都属于相应的文化形式。所以，可以将心理学看作是文化历史构成，是文化历史传统[②]。人的心理镶嵌在意义和文化资源中，这些意义和文化资源既是心理的产物，同时也构成了它[③]。从这个意义上，心理学作为一种文化形式，始终与其他的文化形式一样，成为人类解读自身和探求自然秘密不可或缺的载体。心理学的可能即是文化的可能，文化的不可能即是心理学的不可能。心理学既可以是一种文化，同时，文化也成就了心理学。

四　文化的位置：从缺位到回归

皮特森说：“文化是心理学理论中最重要的，也是误解最深的一个概

① 葛鲁嘉：《中国本土的传统形态心理学与本土化科学形态心理学》，《社会科学战线》1994年第2期。

② 葛鲁嘉：《心理文化论要》，辽宁师范大学出版社1995年版，第28—29页。

③ Shweder, K. A., *Cultual Psychology—What Is It?* New York: Cambridge University Press, 1990, pp. 41—43.

念”[①]。毫无疑问，心理学是“现代性”产物，“现代性”这一术语表达了人类追求解放和崇尚自由的美好愿望。然而，经过现代主义实践以后，人类却日益陷入了对科技理性和逻辑理性的执迷之中，日渐失去了对以理性和科学来谋求人类从外在“身体”到内在“心灵”普遍发展的信仰。心理学正是在当时的这种氛围当中，逐渐缺失对自身理解和反省的能力，从而将自己推进了偏执的“科学主义”泥潭，而将文化内涵认为是偶然、局部的，心理过程被认为是根本的、普适的。这里就产生了双重抽象，即现代心理学观照的“心理”不仅从社会、历史语境中抽象出来，而且，也将“心理学”这一学科所赖以生存的文化土壤清洗掉，独立于文化形式，使之成为纯粹单一的“科学”学科。这样，就不仅使心理学丧失了文化积淀和根基，而且，对现代主义的实体和本质主义的追求以及对自身合法性与合理性的过分关注，忽视对一定社会和文化背景下人的整体关注，使得心理学对文化的敏感性日渐弱化和降低，甚至是有意回避。尽管“文化”一词在心理学研究中处于什么样的地位或起着一种什么样的作用，一直还没有定论，但是，现代科学心理学领域的“文化抽离”却是不争的事实。近年来，伴随着自然科学向纵深方向发展和科技文化哲学的转向，心理学文化转向思潮也渐渐风生水起，表现了极其强烈的企图——以文化为支点、为变量、为背景来实现变革现代科学心理学范式的信心与决心。搭建一种全新的文化框架来重新审视心理学就成为在心理学文化转向思潮中一种适时的选择。

毫无疑问，作为自然科学大家庭中一员，心理学天然地拥有自然科学品性。心理学自然科学品性是指心理学本来具有的自然科学的品质和风格。从1879年开始，以德国莱比锡大学心理实验室建立为标志，开始了心理学时间并不长的科学之旅。正如学界耳熟能详的那句艾宾浩斯的名言所说“心理学有一个长期的过去，但却有短暂的历史。”毋庸讳言，心理学在短短一百余年科学化发展历程中，的确已经形成了自然科学模式的研究传统，这是心理学追求科学化的成功之处。心理学正是凭借着自然科学的精神和理念，成功地构筑起自然科学品性。可以这样认为，心理学自然科学品性

---

① Pedersem, P.,“Multiculturalism and the Paradigm Shift in Counseling: Controversies and Alterrative Futures”. *Canadian Journal of Counseling*, Vol. 35, June 2001.

尽管作为心理学的一种性质，为心理学成为现代科学知识门类奠定了基础，清除了围绕人类心灵的无谓争执和痴想妄见，给心理学带来了清晰性和精确性，使心理学获取了科学地位和尊严[①]。但是，心理学自然科学品性只是作为心理学追求或有意打造的一种品质，尚不足以深入、整体和全面揭示和表达心理学价值，也难以指称心理学的独特性质，它并非是心理学原本、真实个性。换言之，心理学自然科学品性只是提供了对心理现象的合理的理论解释和有效的技术干预，仅仅揭示了人类心灵的一个侧面，忽视了人类心灵自觉和主观体验的侧面[②]。所以，为获得对心理学整体、全面和深刻的认识，推动心理学成为可能，就必须突破心理学科学主义遮蔽，使关注与考察心理学从外在于心理学的立场转向心理学与文化之间关联，研究视野从心理学单纯的学术层面转向心理学文化层面。应该说，心理学反思直到目前为止，还没有从真正意义上的文化角度来进行，或者说，依然没有把与心理学活动有关的根本问题放到文化框架下加以审视和考察。当前，对心理学理解和解读，依旧停留在对心理学逻辑概念、命题分析及数理统计的学理意义上进行，从而使得对心理学理解陷于单纯的学术范畴，遮蔽了从更宽泛的研究视野来对心理学的审视和洞察。不可否认的是，长期以来，文化在心理学中的位置不但模糊不清，其缺位也是不争的事实。

文化在心理学研究中的“缺位”不是偶然的。这种情况与心理学界对“科学”的理解有关。原因在于在现代主义思维观照下，人们对科学的认识还在一定程度上存在着用科学自身的某些技术特征来确定“科学”本身的倾向，把科学看作是一系列相关联的事实和公式的汇集，导致对科学理解仅仅局限于逻辑和理性本身。事实上，科学不单单是一条条零散的确证知识，也不单单是一系列得到这种知识的逻辑方法。怀特认为，科学并不意味着必须从科学活动本身结构和历史来说明，而是首先从根本上把科学看作是一种社会活动，看作是发生在人类社会中的一系列行为。“我们必须把科学看作是一种行为方式，一种解释实在的方式，而不能把它看成一个实体或现实的一部分”[③]。所以，理解“科学”应该具有开放理念。

---

① 葛鲁嘉：《心理文化论要》，辽宁师范大学出版社 1995 年版，第 291 页。

② 同上书，第 293 页

③ 怀特：《文化科学——人和文明的研究》，曹锦清译，浙江人民出版社 1999 年版，第 4—7 页。

从根源上讲，科学是从文化中生发而来，只有在文化语境中，才能理解科学发展轨迹。科学只有向文化开放，才能得到理解。科学的成果亦即发明与发现，本身就是一种具有社会特征过程的产物，而不仅就是科学成果本身。只有将其置于社会环境中，才能正确理解科学成果本身，才会有更"科学"的道理，才可能会形成科学与其他叙事方式的平等科学观。而政治权威、职业体系、等级分层及文化理想和价值，在解读科学本身过程中，具有基础和前提作用，也是不可或缺因素[①]。所以，才有"科学是一种文化过程"这一命题[②]。不理解这些科学以外的社会因素，就很难理解科学活动本身。文化成为解释和观照科学活动的一个重要维度[③]。对社会和人文科学而言，文化这一视角已经成为解读社会和人文科学不可或缺的一种解释性框架和语境性要素，使人们可以从更广阔、更深入的文化背景中来认识和理解社会与人文科学的独特蕴含。

理解科学的开放视野，理解心理学也不应该局限于心理学本身，也要向文化开放。心理学家始终以为心理学自然科学精神才是需要努力辩护和维系的"本性"，并将其视为心理学成熟和独立与否的根本标志。从一定意义上说，今天心理科学在追求科学化和独立化道路上所流露出的一些问题，根源就在于其过于专注自然科学精神的构筑所导致的视野的局限性，缺少向文化开放的气度与胸襟，或者说，对心理学的"科学"性质理解仅局限于对其本身逻辑层面的考察。事实上，从冯特创立实验心理学之初，他就已经注意到了文化中隐含着由实验无法验证但却一直左右着人类高级心理的东西。后来，他通过对人类语言、神话和风俗习惯等历史文化产物分析和探究，试图实现对民族心理过程进行研究。他所编撰的鸿篇巨著*folk psychology*就曾经用心良苦地揭示了心理学与文化之间的关联，试图通过文化深入解释和解读人类的高级心理。尽管其实这就在无形中分裂了心理学，不过以冯特的初衷，在他的实验心理学中，实验仅仅是具有自我意识的研究者的实践活动而已。他并没有将实验视为心理学研究中的唯一方法——尽管他对传统内省法进行了实验法改造。他提倡心理学不仅仅

---

① 巴伯：《科学与社会秩序》，顾昕译，生活·读书·新知三联书店1997年版，第81—101页。

② 同上。

③ 石中英：《教育学的文化性格》，山西教育出版社1999年版，第80—81页。

定位于个体身上，还应该奠基于人类文化的民族志研究，试图通过语言、神话、风俗等研究进入人心深处。他特别解释说，实验心理只是涉及心灵的“外层”，民族心理学才达到心灵深层。可惜，冯特以后的心理学家们因为对冯特的心理学的研究范式并非全盘接受，而是在当时的时代背景下，掀起了一股影响不小的“反冯”运动，当然，也不可能传承和沿着他亲手开创的两条极具原创意义的研究道路创造性地走下去，而是义无反顾地摒弃了文化的元素，理直气壮地走上了实证道路，专心于心理学自然科学精神的探索与打造，构筑起了严密、理性和客观的自然科学“外壳”，心理学文化声音日渐式微，淹没在自然科学宏大叙事的“声音”之中。

伴随着心理学文化转向思潮的风生水起，呼唤文化回归心理学的声音也渐渐清晰可闻。当下的社会认知神经科学、文化神经科学、积极心理学等新的心理学形态的涌现，文化渐渐完成了在心理学中从过去的缺位转向回归的过程。尽管这个过程以及文化在心理学中的位置目前还鲜有定论，但是可以肯定的是，心理学获得长足、健康和理性的发展，还需要向文化寻求开放，向文化寻找根基，向文化寻觅支持系统。因为，心理学的主体是人，人则生活于文化传统之中。人的可能就是文化的可能，文化的可能则是人的可能，人的不可能就是文化的不可能，文化的不可能则是人的不可能。因此，心理学与文化之间也存在着相互的可能性。如果说“将心理学视为一种文化形式”这个命题能够成立的话，那么，心理学则被视为特定文化背景下进行的特殊活动方式，把心理学置于特定的文化框架中会发现，心理学的构成元素诸如心理学研究对象、运用概念、提出命题、蕴含隐喻思维、民族品格、理论演变、常识性心理学、心理学者生存方式等与一定文化之间存在内在深刻的关联，这种关联会形成心理学背后强大的文化支持系统，那么，心理学会凸显和还原出完全不同于自然科学精神的另一种精神——文化性格。心理学文化性格的获得与凸显既非是强加于心理学自身，亦非从他处强掠，而是从文化哲学视角，其本身所流露出的一种对社会、民族、国家和人这一主体固有的微言大义的责任感与使命感，是自身所拥有的一种高远的思想意境，一直以来被自然科学品性所遮蔽，被埋没，被压制，不但使得心理学长期以来无法发挥其解读和观照人类心灵的价值和功用，而且一直授人以柄，其人文精神也在诟病中日渐失落。

作为与人这一主体关联密切的学科，当心理学的人文精神失落成为既定事实，那么，心理学所存在的价值以及在自然科学殿堂中的位置很可能就岌岌可危了。长期以来，心理学苦心经营的科学形象很可能会埋下轰然倒塌的危险“种子”。因此，从这个角度而言，这种文化性格的昭示与回归会给心理学开拓出广阔的研究视野，从而，在根本上回答“心理学是什么”这一牵涉到心理学生存的重大问题以及与之相关的其他问题，比如心理学与文化之间关系之类的问题。

第一章　文化视域下心理学全面解读

从文化视野来全面审视心理学，就会对心理学有全新的认识和理解。心理学本身会流露出自然科学品性和文化品性两种不同的性格特征。心理学的发展与演进，其实折射出的是心理学两种品性的博弈，这不但是一个此消彼长的过程，而且这也是一个充满了未知变数和复杂性的演化历程。

第一节　心理学自然科学品性

心理学自然科学品性是指心理学本来具有的自然科学的品质和风格。从1879年开始，以德国莱比锡大学心理实验室建立为标志，开始了心理学时间并不长的科学之旅。毋庸讳言，心理学在短短一百余年科学化发展历程中，的确已经形成了自然科学模式的研究传统，这是心理学追求科学化的成功之处。心理学正是凭借着以下研究精神和理念，成功地构筑起自然科学品性。

研究方式的自然主义——自然主义是这样一种观点，任何现象最终都由自然法则所包容和解释，任何真实事物都属于物理自然或可以还原为物理自然。它成为包括心理学在内社会学科在追逐自然科学化过程中不可或缺的支持性知识背景和方法论。现代心理学是自然主义的心理学，真正是持续地朝向一种人的自然主义观点①。

研究风格的本体论——这是关于存在本身的学说，即探讨和追问存在作为存在所具有的本性、永恒和规定的一种哲学理论。现象本体存在是我

---

①　Giorgi，A.，*Psychology as a Human Science*：*A Phenomenological Based Approach*，New York：Hamper&Row，1970，pp. 26 – 110.

们感知的根源、基础和前提①。它成为心理学试图解释和说明心理行为背后"实体"的构成规律或本质方法论预设。

研究精神的简约性——"简约"是自然科学所致力于追求并张扬的一种和谐风格，极力推崇以数学方式和物理主义语言的简单、和谐来解释、说明世界的复杂性。它成为心理学力求以最简单的逻辑语言形式来阐释最复杂的人类心理行为，并追求普遍适用性的一种准则。

研究理念的因果性——因果原则是人们认识世界和解释事物发展变化的一种方式，它表达了事物之间的一种连续性，认为两个事件之间的因果关系往往表现为一种有规则的变化。它成为心理学实现对研究对象控制和预测对象研究的指南。

研究方法的实证性——实验方法是证明和发展科学知识的有效手段，既是业已获得知识、真理性标准，同时，又是产生理论原理的基础②。它成为心理学走上了一条客观、开放和应用的研究发展道路，并维系和支撑着心理学科学化水平的标尺。

心理学以上述原则为指南，搭建和支撑起了视野恢宏、理论宏大、方法精致的科学世界，为心理学构筑起具有相当硬度的自然科学品性的"外壳"，从而，为心理学获得了实证科学的地位和尊严。心理学要想成为科学，就必须成为生物科学的一部分③，换言之，这是审视和考评心理学的基础。但是，心理学又远远不是这些东西所能全部涵括进来的，这仅仅是对心理学本身逻辑和学术上的一种追求和建构。并且，这种单一的学术上的努力也并没有为心理学带来真正的学术上的繁荣和预期的福祉。"心理学是一门充满矛盾的学科，其矛盾和危机根源不仅源于它在本体论和认识论上困惑，还源于文化上的巨大变迁"④。反思和剖析心理学的自然科学品性就成为考证和探索心理学性质的前提与基础。

---

① 高清海：《找回失去的"哲学自我"》，北京师范大学出版社 2004 年版，第 145—146 页。

② 刘大椿：《科学哲学》，人民出版社 1998 年版，第 113—121 页。

③ 熊哲宏：《"模块心理学"的挑战：反"文化心理观"》，《华中师范大学学报》（人文社科版）2005 年第 4 期。

④ 邵迎生：《对现代心理学中文化冲突的后现代思考》，《南京大学学报》（哲社版）1999 年第 4 期。

1. 科学主义追求

1879 年，心理学在冯特手中实现了历史意义的跨越，完成了它由哲学附庸和神学奴仆到心理科学的转变。尽管心理科学产生后与当时欧洲的文化心理并不是契合的，而是远离了那个时候的欧洲文化心理，即一种以基督教精神支配人们生活的时代精神，也远离了当时欧洲以人为本的传统——人本主义。正如有学者所说“科学心理学的开端充满明显的矛盾：一方面它的开端是科学主义；而另一方面它却远离了欧洲人特有的文化心理”[①]。但是，这并没有妨碍或阻止心理学科学化的信心与脚步。众所周知，冯特以后的心理学发展实质上是放弃了当初他创立的民族心理学传统，而是执着地走上了一条以实证方法为中心的实验心理学道路。并且，它已经将极力向往和崇拜的自然科学上升到了一种“主义”高度——科学主义，这在相当程度上背离了心理学独立前所蕴含的对人的心灵层面关注的精神，也与当初冯特创立科学心理学初衷背道而驰。

心理学之所以如此青睐自然科学，源于心理学在那个时代所解不开的科学“情结”。巴鲁姆曾经指出，科学隐含着一种科学的职业精神，即认为有关研究问题的所有思想形成都应模仿科学的方法和假设——尽管科学本身并不是面向所有宇宙奥秘[②]。当科学被推崇到至高无上的地位，并被认为是唯一有价值的认识活动时，其实，就产生了“科学主义”。科学主义是科学思想体系突出的、持久的特征。它以认识论和本体论为前提预设。认识论以只有人类的认知活动才是科学信念为前提假设，从而使科学的地位在社会范围内不断得以拓展和提升。本体论则是人类立足现实，通过概念化的逻辑关系去追求超越现实存在以外的本质、永恒原则和绝对真理，以便规范、理解和说明现实万物存在及其变化的实质和规律。它通过概念化的逻辑关系，把事物的本质转化为独立体系，这使人们有可能超越时空局限去直接认识和把握事物之间的内在本质关系。而能做到这一点的，似乎只有科学才能为之。

从文艺复兴以来，在笛卡尔“我思故我在”这一命题核心旨趣鼓舞

① 吴跃平：《文化心理与心理学的发展取向》，《长春市委党校学报》2000 年第 6 期。

② Less, T. M. “Naturalizing Science : Two Episodes in the Evolution of a Rhetoric of Scientism”, *Wstern Journal of Communication*, 1996, p. 4.

和启示下，经过近代培根“知识就是力量”理念的推崇以及牛顿经典力学为宇宙确定运行秩序，历经康德、黑格尔的演绎和发展，导致和确立了以人为中心的主体性和理性至上的话语权膨胀。科学以能够带给人类尊严、信心和无限幸福生活的能力，成为那个时代理所当然的中心话语权力的拥有者。19 世纪中后期是以生理学和物理学为代表的科学与理性精神拥有话语权的时代，科学说明渐渐成为外在观察者对反映着真正决定关系的、定律般的规则的阐述，且以简约论、还原论和决定论实现着对自然界的方便解读，成为拥有绝对话语权的统治力量，这便是当时的时代精神。科学，俨然成为当时一切社会科学崇拜和极力推崇的一面“旗帜”和精神，这当然包括一心结束自己“流浪儿”生涯，及早获得科学形象和独立地位的心理学。能在自然科学殿堂上谋求合法的一席之地，对于当时的心理学而言，其学理上的重要性和深远的历史与现实意义，是不言而喻的。于是，19 世纪中后期，在当时的科学精神的鼓舞下，经过冯特的精心打造，心理学完成了从哲学混沌形态到“现代性”清晰形态的“蜕变”，这是真正意义上的脱胎换骨。问题在于，心理学在当时的这种氛围当中，由于对科学理性精神的无限推崇，使之沿着实证主义道路，放逐了人的心灵意识观，人的行为成为心理学的中心话题，心理学开始了全面“物化”或“自然化”过程，这是心理学在对自然科学无限崇拜和追求的过程中，竭力谋求自身与自然科学达成外表一致，以此来证明自身的合法性与合理性，从而将自己推进了偏执的“科学主义”泥潭。为追求客观化和体系化，科学“主义”心理学放弃了对人存在的价值之理的扣问，对人所处的文化语境的思考，对人心特殊性的探究，从而推动和刺激心理学在科技理性和逻辑化道路上越走越远，“物理学语言成了心理学理想术语。科学脸面远比真知灼见更具魅力。心理学史成了对自然科学模仿史。在体制的建构领先于学科内容、方法，领先于内容方面，心理学真可以说是绝无仅有的”①。

毫无疑问，心理学是“现代性”产物。“现代性”这一术语表达了人类追求解放和崇尚自由的美好愿望。然而，经过现代主义实践以后，人类却日益陷入对科技理性和逻辑理性的执迷之中，日渐丧失了对以理性和科

---

① Koch, S. *Epilogue Psychology*: *A Study of Science*, New York: Mc Graw, 1959, p. 783.

学来谋求人类从外在“身体”到内在“心灵”普遍发展的信仰。尽管当代科学心理学依然秉持着科学精神，以开放、客观和应用姿态不断吸收来自自然科学方面的成果，显示出强劲的发展势头和旺盛的生命力。但是，执意和盲从已经遮蔽了心理学继续审视自己的洞察力和鉴别力，迷信和固执也使得心理学无法看到自己曾经拥有的优势与专长。生发于纯粹的西方文化传统的一元单边文化的局限与不足，也使心理学在科学主义辉煌与盛名之下，日渐凸显出来。

2. 理性无限张扬

“理性”作为哲学史上一个经典概念，一直是哲学家们关注的焦点问题之一。从哲学发展历史上，有两种视角来指称理性[①]：一种是从本体论视角，被称为传统理性。这种理性被视为宇宙之本源和世界之灵魂——一种本体论意义上的实体，是世界客观的秩序原则，以柏拉图和黑格尔为代表。从古希腊开始，阿纳克萨哥拉的“努斯”、赫拉克利特的“逻各斯”、柏拉图的“理念”，直至黑格尔将这种抽象的结构性理念推至顶峰。传统理性哲学将理性视为无所不包，决定着万物的总体结构、运行秩序和格局，并一直致力于人与理性的客观秩序的和谐；另一种是人性论认识视角，被称为启蒙理性。这种理性“是指与对神的敬畏，对权威的崇拜相对立，与自发情感、主观感受相对立的人的明智判断、独立思考和自我选择的能力，而这种能力是与自由、正义和人性的概念紧密相连的”[②]。古希腊普罗泰格拉提出“人是万物的尺度”的几千年后，至近代以来，经笛卡尔的“我思故我在”、培根的“知识就是力量”、康德的“人为自然立法”、叔本华的“世界是我的表象”等命题的鼓舞下，一方面，推动人们思想获得了极大解放；另一方面将人与自然、个人与他人、精神与物质尖锐对立起来，人被置于中心位置，人的理性成为判断事实的绝对尺度和准则。这种被极度放大和无限张扬的理性与自然科学精神结合后，推翻了上帝的统治，预示着人控自然时代的悄然来临，启蒙理性大幕开启，从而将自然科学推到了“上帝”的位置，成为信仰的本身。这样，这种对理

① 崔月琴：《合理性的凸显与传统理性主义批判》，《长白学刊》2003 年第 4 期。

② 甘绍平：《启蒙理性、传统理性、非理性主义、当代合理性》，载《德国哲学论文集》，北京大学出版社 1991 年版，第 123 页。

性的绝对信仰已经局限在狭隘的经验领域，成为了一种失去反思和拷问能力的理性主义的“宗教”，导致了理性蕴含的内在危机。

在技术理性统治的时代中，科学被界定为对超越时空界限，永远追求自然法则的一种精神。只有建立在生理学乃至化学、物理学基础上的心理学才具有科学意义上的合法性和正当性。1879 年冯特在莱比锡大学的心理学实验室以实验方法来研究人的感知觉获得了成功，其实，他开启了将“理性”引入心理学的大门。从此，理性在心理学追求自然科学的过程中，渐渐成为了维系和支撑心理学科学化水平的基本精神和理念，并将其发展到极致，上升到了理性“主义”的高度。在科学理性精神支配下，心理学专注于个体外在行为方式的量化考察和实验研究，而对人类内心灵魂深层意向则弃之不顾。经验尺度下的心理学一直站在价值中立的立场，在精致的机械图景式自然科学传统中，人的存在、心理行为被视为是机械性、线性存在，以严格和精心设计的实验室环境为背景，以标准化、规范化和量化的实验程序为手段，期望能建构起在时间和空间中关于人的普适性的知识体系。为了实现其研究的普遍性和客观性，不惜以对心理行为研究代替现实生活中人与人关系研究，对理性思想崇拜代替对个人与群体研究，对抽象人格特质研究代替了现实生活中真实个体身份研究，对抽象的“心理”实体研究代替对心理日常现实研究①。而这种在学理上的替代性研究，其实就是理性主义精神贯穿研究过程始终。这样，心理学对理性精神的追逐终而成就了心理学自然科学的模式和传统，也为自己获得了科学的自身规定性、合法性和合理性。无论是创始人冯特将人意识经验分解成元素的分析研究、艾宾浩斯以无意义音节来研究人类记忆、行为主义的 S—R 模式研究，还是认知心理将人脑视为计算机“认知”机制研究，弗洛伊德的精神分析所构建的无意识世界，理性精神一直是主导心理学发展脉络和走向的一种力量。当理性膨胀到足以左右或控制科学心理学研究的目的、方式、方法及结果说明的时候，心理学也就日益迷失在对理性主义的追逐中了。理性主义的过度张扬，导致真实、鲜活的人的生命被无情消解。人从丰富多彩的社会环境中被抽离出来，置于狭隘的科学实验环境

---

① 甘绍平：《启蒙理性、传统理性、非理性主义、当代合理性》，载《德国哲学论文集》，北京大学出版社 1991 年版，第 39 页。

中，成为了平均化、平面化、匿名化、结构化及抽象化的“人”。

3. 心理生态性缺失

在对自然科学精神的追求中，心理学研究将人视为一种客观的自然存在，精心设计特定的实验环境，以精致的实验方法为支持，履行着严密的实验程序设计。然后，将得出的实验数据经统计分析后，客观地总结出心理现象的本质与规律，力求做到该规律具有外推性和普遍性，这就是科学心理学与自然科学研究近乎相同的步骤或程序设计。这里，人类心理从其所生长的“生态环境”中被剥离出来，被看作是一个单一、纯粹、抽象的“心理”，去除可能会影响和制约实验过程和结果的所有“生态性”因素，在人为设计的实验室中，让人的心理只是面对有限的若干刺激，期望着实验程序和结果与预设相同，然后将实验结果推广到现实生活中的人类心理。这就使心理学研究面临着一个问题：缺失“生态性”，即对文化的剥离。

心理学“生态性”是针对心理学实验室研究许多人为因素，脱离了日常生活事件而提出来的[①]，探讨的是如何获得实验的严格性而又能保持实验的生态学效度，即心理学实验室研究过程与研究结果的真实性问题。“生态性”来源于生态学[②]。生态学是研究有机体与其环境之间相互作用及规律，并探讨生态环境对有机体造成影响的科学。它主张人类的天性亲近自然，亲近生命，具有一种生态无意识。这种生态无意识潜藏于内心，是一种自我观念在内心扩展，最终成为一种有机体与生态系统生活认同和相互渗透的自我意识[③]。事实上，由于个体具有能动性、自主性和创造性，环境就不再是对个体的简单刺激，个体也会对环境产生反作用。行为与环境之间关系的双向互动性、发展性和关联性，可使有机体获得适应性行为，并在此基础上充分实现自主的能动性。离开环境支持，个体的能动性也就不再成为可能。人的心理的根本特点之一是生态性。该命题所表达的理念是将人的心理与世界视为相互联系与相互依赖的、运动发展的、有自身的层次与结构的整体，反对笛卡尔以来机械的世界观和二元论，反对

---

① 傅荣、翟宏：《行为、心理、精神生态学发展研究》，《北京师范大学学报》2000 年第 5 期。

② Barker, R. G. *Ecological Psychology - Concepts and Methods for Studying the Enviornment of Human Behavior*, Stanford University Press, 1968, pp. 124 - 136.

③ Ibid., pp. 5 - 14.

将人的心理仅仅看作单一的“心理”狭隘观念，更反对将心理与人所生存的环境割裂开来，将环境视为由一系列与心理元素相联系、不可分割的事件组成。

因此，只有把人的心理置于与之相关联的环境背景之下，才会具有意义和价值。脱离特定的社会文化背景，解读人的心理就会遇到困难。心理学家卡思玛指出“文化提供了物质与符号工具。人类正是通过文化去适应他们所处的生态环境与社会环境，并建构关于世界与自我的观念，即遗传信息与文化信息交织在一起，共同形成人的心理发展过程。①”。这就意味着人的心理生态性是心理学研究中必须得到关注的问题，或者说，是研究人类心理和解读人类心理不可或缺的元素或条件之一。但是，科学心理学研究为确保心理学研究的客观性，就必须离弃和排除文化背景对心理的影响和制约，以揭示心理现象的线性因果之间关系。为此，在人为控制和设计的实验室环境中来研究所设定的自变量对心理的影响，这种因果关系研究的抽象性和极其低下的心理实验生态信度，使心理学远离了现实生活，这又恰恰背离了科学研究的根本目的，即对现实生活的解释、预测和控制。正如有学者指出的那样，实验室研究知道对理解现实生活中的知觉价值很小，因为考虑到实验室知觉研究人为性，而在现实生活中我们却无法看到实验室环境中所设计的一切，这就严重地影响了对人的知觉在现实生活中解释的信度②。

科学心理学研究的另一潜在目的是通过对心理学的生态性放弃，换取以最简约性表现形式外推到非西方文化圈，实现对非西方“落后和无知”的心理学的救赎，甚至是取而代之。问题是，这种缺失心理生态性的心理学研究能否外推到复杂的、多元的现实社会生活中的人类心理，是值得商榷的，何况还是怀有别样“目的”的心理学扩张呢？其实，这种缺乏心理学研究生态性的普遍主义实质是一种虚伪性的文化帝国主义，侵蚀了其他文化圈中生活样式的效度和合法性③。

---

① Kashima, Y. “Culture as Meaning System Veras Culture as Signification Process”, *Journal of Cross Cultural Psychology*, 2000, No. 1, Vol. 31.

② Winter, D. P. *Ecological Psychology - healing the Split Between Planet and Self*, Harper Collins College Pubkishers, 1996, pp. 239 - 241.

③ Fowers, B. J. Richardson. F. C, “Is Multiculturalism Good”, *American Psychologist*, 1996, 51 (6).

4. 逻辑语词绝对话语权

科学心理学中充满了逻辑语言。逻辑语言是一种话语方式，它借助常规语言结构，伴随着理性精神的贯穿和张扬，追求语言的明晰性、雄辩性和确定性，使自己获得了在心理学中绝对的话语权。事实上，在人类心灵活动进化的历史过程中，语言从一开始就具有了另一种力量，即逻辑和理性力量，在列维·斯特劳斯那里，这一力量就是具有结构意义的语词分类功能①。通过语词分类，把知觉混沌的世界秩序化，从而便于认识和实践，这既是一种需要，也是一种本能②。当语词渐渐演绎，伴随着人类理性的无限膨胀，它已经成为一种思维表达的工具，演变成一种中性的、客观的、无意义的、简单的“符号”。以这些特质为特色的“符号”发展成为概念和判断的表达手段以后，其实，它已经放弃了丰富性和充分性的语词意蕴而获得了科学概念，具有了抽象性和确定性的新形式。从而，语词仅仅作为一个单纯性和中立性“符号”而日益孤立起来，彼此之间没有联系。每一个语词只有依靠自身种属的分类系统和逻辑联系，按照一定的发生程式才能与其他语词发生联系。于是，逻辑演绎力量不断得到发展、壮大和膨胀，以至于发展出了一个越来越庞大的逻辑语词体系。要理解和认识世界，就必须掌握这套语词，这是人类凭借逻辑思维和理性精神表达自己对世界认识的一种不可或缺的手段与工具。哲学与科学的任务就是通过制定规则，消除歧义，使逻辑语词愈发精确和确定，也就是彻底地斩断它们与生活的联系，使之仅具有学理上的意义，也使之获得完全的普遍性。所以，精确性、确定性、准确性、普遍性、同一性等特质成为了科学语言的标志和语言诉求③。

心理学在追求科学化过程中，秉承了自然科学中逻辑语词的精致性和中立性，树立起心理学中逻辑语词的绝对权威，而放弃了心理学中具有丰富表达意义和智慧的理解性语言：隐喻语言和日常语言。尽管科学心理学以简单性、抽象性和精致性的语词逻辑特征彰显一种科学精神，但是，很显然，人类心灵的意向性和价值在逻辑语词世界中无从得以体现。以逻辑

① 列维·斯特劳斯：《野性的思维》，李幼蒸译，商务印书馆 1987 年版，第 3—18 页。

② 石中英：《教育学的文化性格》，山西教育出版社 1999 年版，第 86—87 页。

③ 同上书，第 170—171 页。

语词为框架的心理学所蕴含的真正属于心理学的人的“精神”式微了，原创力也淡化了。更为重要的是，科学心理学所建构的结构化、平面化和抽象化的逻辑语词世界已经远离了现实生活世界。在这样的语言世界中，居住着我们的身体，却安顿不下我们的灵魂①。

综上，是对现代心理学自然科学精神整体、深入的分析与考评。应该说，心理学自然科学精神所张扬的科学理念表达的是对理性真诚信仰，对可操作程序与技术执着的追求，对公正、普遍和创新等准则的遵循，这是人类在追求进步和解放过程中宝贵的精神内涵，体现了人类对自身以及与自然之间关系的追问精神。于是，心理学在西方一元单边文化中通过构建与理论之间的桥梁，形成一个宏大理论视野，进而推动心理学朝自然科学化方向前进。但是，也正因为如此，也使得科学心理学面临着构筑“单一”自然科学精神带来的难题。因为科学心理学从始至终一直贯穿着理性精神和逻辑分析思维，心理学家希望确立人的行为和心理功能元素周期表……文化被看作是情景因素，并没有包含在设计当中②。今天的心理学最不缺的正是对文化理念的故意离弃和对科学精神的偏执，而缺少对自己的研究过程和立足基础的反思精神。所有心理学家，无论所持什么样观点，为了在不同文化中理解行为，都必须认真面对世界上人类行为多样性和个体行为与其产生文化背景的联系，这是理解个体行为不可缺少的条件和基础③。对于心理学而言，如果不能真正从学理上理解文化存在对心理学到底意味着什么，价值体现在哪里，如果不能在新的意义和视角上重新确立心理学解释框架，那么，今天科学心理学的难题将始终面临无解的结局。自然科学精神对于心理学而言，所面临的质疑与争论，依然在延续着。

第二节　心理学文化品性

伴随着科学心理学所暴露出的局限性日益引起人们关注，心理学研究

---

① 张祥云：《人文教育：复兴“隐喻”价值和功能》，《高等教育研究》2002 年第 1 期。

② Kim, U. “Indigenous Cultural and Cross—Cultural Psychology : A Theoretical . Concept and Epistemological Analysis”, *Asian Journal Social Psychology*, 2000, (3) .

③ Yanchar, S. “Progress Unity and Three Questions”, *The Journal of Mind Behavior*, 2000, (25) .

模式也渐渐从欧美文化白人中心主义向非殖民化的心理学方向发展。心理学研究不再尝试支配人类思想和行为规律，而是转向研究我们用以建构世界，建构我们自己的话语实践[①]。心理学研究中文化敏感性日渐凸显出来。“这是一场范式的转变……文化的出现，使心理学在研究的历程中将会获得非常重要的影响和广泛的听众”[②] 现代心理学研究重心和空间的变化与转移，呼唤着心理学理解框架的重新建构，呼唤着以更为宽泛的研究视野重新理解奠基于文化土壤中的心理学。

一　科学视域下的“心理学”论说

当心理学经历漫长的演变和形式转换后，如今，它已经成为“一个松散的联系在一起的学术王国。它横跨了从生命科学为一端到社会科学为一端的所有领域”[③]。但是，在问及“什么是心理学”这样看似幼稚的问题时，人们却未必能够很清楚地回答上来，因为，“我们无论持有哪一种心理学观点和站在哪一个心理学流派一边，心理学的面孔都会是一团迷雾”[④]。但对这一问题的追问并不会停止，因为其魅力在于当进一步追究的时候，会发现一系列心理学家必须面对的重大问题，如何理解和回答会牵涉到心理学生存与未来发展。关于对“心理学”的理解和对“心理学”的“用法”，心理学史上历来就有争议。当前，学界就有关于心理学性质的自然科学观[⑤]、人文科学观[⑥]、边缘科学观、文化观、超科学观[⑦]、另类科学观[⑧]等观点，人们在这些“观”上来应用“心理学”概念，理解

---

① Segall H. M. “Cross—Cultural Psychology as A Scholarly Dislipline: on the Flowering of Culture in Behavior Reserch”, *American Psychologist*, 1998, 53 (10).

② Alexander L. “the Concept of Social Construction”, *Theory Psychology*, 2001, 11 (3).

③ 斯坦维奇:《与“众”不同的心理学》，范照等译，中国轻工业出版社 2005 年版，第 11 页。

④ 葛鲁嘉:《心理文化论要》，辽宁师范大学出版社 1996 年版，第 3 页。

⑤ Kim, U & Berry, J. W. *The indigenous psychplogies research and experience in cultural context*, Newburry Park: CA Sage Publications, 1993, pp. 56 - 89.

⑥ Ratner, C. *Culture Psychology and Qualitative Methodology*, Newyork: Plenum Press, 1997, pp. 78 - 99.

⑦ 张春兴:《现代心理学》，上海人民出版社 2005 年版，第 7—8 页。

⑧ 蔡笑岳、于龙:《心理学：研究人的另类科学——对心理学学科性质的再认识》，《中山大学学报》(哲社版) 2005 年第 5 期。

"心理学概念"的用法。上述每一种"观"反映了心理学家不同的哲学观、科学观和理智背景，折射出那个时代的社会文化形态，提供了理解心理学的不同视角和侧面。但是，在以"心理学"为命题的研究中，人们并没有刻意来深入分析和探讨"心理学"概念，依旧只是站在自己的立场上，或者是站在批判和反对另一方观点的立场上，只关注和论证自己所持有观点的合理性而反对和批驳对方观点的局限性，以自己的视角来应用和解读"心理学"，这就可能会被心理学某一特征遮蔽了进一步洞察的视线，必然地影响到关于对心理学性质的理解。于是，对"心理学"理解与认识常常地陷于混淆和以偏概全也就不奇怪了。这与关于"教育学"概念的用法可谓殊途同归①。

事实上，尽管上述关于"心理学"概念的用法和各种心理学"观"从内涵到外延有着很大不同，但是，它们之间依然有着共同点，从深层次上概括起来，即侧重于将"心理学"理解为一种静态的知识体系，或者视心理学为静态的许多相互关联的心理学知识体系总和，或者视心理学为静态的某些基础性心理学知识的概括，或者视心理学为静态的某种结构化心理学知识体系表述，这些观点的共同之处与现代人对科学的狭隘理解有关。现代人只是将科学理解为一种由概念、范畴、命题构成的静态知识领域。如此理解对于建设和发展一门学科而言是有好处的，但是，对于以研究人为己任的心理学来说，仅仅将其局限于概念、范畴、命题等逻辑意义上来理解和认识，似乎还远远不够。

以上对心理学认识与理解的诸多理念和用法，总体而言，研究视野始终围绕着心理学本身静态意义上的知识体系打转，也始终是在比较狭窄层面科学上来认识心理学。这样，在回答"什么是心理学"和"心理学科学化何以可能"这类根本问题上，还存在着相当难度。我们还是应该在动态意义上来使用"心理学"，即将其规定为心理学者在特定文化背景下从事的一种心理学活动，通过揭示心理学研究对象、运用概念、提出命题、蕴含隐喻思维、民族品格、理论演变、常识性心理学、心理学者生存方式等诸要素与一定文化之间存在的内在关联，以及由此而形成的心理学诸要素一般文化特征。而心理学另一种精神——文化精神便会凸显和勾描

① 石中英：《教育学的文化性格》，山西教育出版社 1995 年版，第 3 页。

出来，成为理解心理学另一个基本层面。

下面，我们从总体上来对心理学各个要素进行概略的、基本的文化分析，重在分析心理学诸要素与一定文化之间存在的内在关联，以及由此而形成的心理学文化支持系统，构建分析心理学的一般解释框架。

二 心理学文化精神探新——从思想考古学方法论展开

思想考古学是哲学家福柯提出的一种方法论。作为一种方法论，福柯更关注的是对某一思想或某一命题的深度还原与尽可能地深层次挖掘，“思想考古学作为一种方法论，关注的是涵盖人文科学与自然科学在内的话语实践，尽可能地通过对思想在时空上的断裂、差异、边缘的考察来对思想史中的概念系统、基本命题、逻辑推理等进行解构，还原其初始状态，以此来挖掘历史的本来面目”。其核心就在于“通过对思想‘化石’的分析，来辨读隐匿在历史文本背后的思想秘密运动的深层力量”①。下面通过对心理学的各个构成元素的文化分析，来探究心理学凸显的文化力量。

（一）心理学研究对象的一般文化特征

科学研究始于问题，心理学研究亦始于心理问题。心理问题是心理学研究对象，从研究对象角度规定着心理学的性质。从科学角度而言，心理问题是那些可见、可知和可感的心理现象。但是，心理现象又不同于心理问题。并不是所有的心理现象都会成为心理学的研究对象。只有一小部分心理现象会成为心理学研究对象，构成心理问题的材料。那么，这是一个怎样的转换过程呢？答案在于，心理学家对心理问题的兴趣尽管试图从理论的完备性和逻辑的学术性来考虑，并且，也尝试从纯粹的经验和理智背景来说明，但是，面对人类所有的心理现象，他通常会以自己的价值观、兴趣以及愿望等“前见”，选择了某个他认为“重要的”心理现象来作为心理学研究对象，而没有选择“其他”的心理现象。这就使被选中的“心理现象”从人类心理问题的海洋中凸现出来，成为心理学研究对象。这个选择过程所牵动的不仅仅是研究者的理智与理性，还包括研究者的整个世界。正是在这个意义上，心理问题本身是不会给出答案的，而心理学

---

① 康洁、熊和平：《作为方法论的思想考古学》，《自然辩证法研究》，2005 年第 10 期。

者的主观因素是构成心理学对象更为本质的方面。从根源上说，是研究者所生活的时代、社会及文化背景向他提出的某种要求和责任，使得对心理问题的解释和说明牵涉到的不仅仅是研究者理性，更多的则包含着深刻的社会历史性和文化制约性，这就会为“心理学问题”深深地打上文化烙印，并引导着心理事实的解释维度和价值取向。价值因素在心理问题的生成中起到了关键作用，这种基于研究者和研究共同体的价值标准判断的选择过程，成为心理现象与心理学研究对象的分水岭和转折点。所以，从其实质上说，心理问题是以富有主观性、价值性为本质特征的探索对象，牵涉着研究主体的价值需要和主观需要。它所衍生出的心理生活含括着研究者与被研究者的情感、本能、自觉、意向等整体、复杂的多重结构①。同一个心理问题过去就存在，只不过在不同的人、不同时代、不同文化背景中，会产生和赋予多元化或不同的解释，牵涉出多样的价值观和价值追求。这就与自然科学问题的连续性和深化过程特征不同。一个看起来具有客观性的心理现象，其实是内在地包含着价值前提，体现着价值追求。没有特定的价值观支配，心理问题也就不会成为“心理学问题”，不会进入到研究者视野。

（二）心理学概念的一般文化特征

心理学概念是认识心理现象，探求心理规律，建构心理学理论体系的基本要素，这已经得到今天心理学家足够的认同或共识，因为概念已经成为心理学家从事心理学活动必需的前提和基础。在日益讲求科学化的今天，明确化、逻辑化、体系化、标准化等一直是心理学界对其概念的不倦求索。尽管百余年来，心理学界的努力也确使心理学概念越来越丰富，越来越具有系统性和规范性，也越来越脱离常识和哲学依附，但是，心理学概念仍无法统一在科学意义标准范围内，依然呈现着散乱、歧义和模糊的特征。这是因为，第一，心理学概念具有界域性。它是一种文化的个性存在。每一种心理学概念都是一定地域空间的人与其生存环境相互作用，以生成生存样式和形成心理表现样态的结果，代表了人类适应周围环境，试图解读自身的一种表达方式和可能性，蕴含着人类世代积淀下来的文化样式，不断反思、求索着人类心理何以可能和怎样可能。第二，心理学概念

① Kink, S. “Toward a science of the heart”, *American Psycholoist*, 1998, (3).

具有民族性。每一个概念，都有着那个时代的民族渊源、历史和文化背景，一个心理学概念只有在特定的民族文化背景下，以特定的民族语言来表达，才能得到恰当而充分的理解。脱离了民族文化背景，也许我们能在技术层面理解这一概念，但决不会把握它的真正内核和精神。本土心理学兴起和不断壮大，并不断地创造、衍生出新的概念，其实就已经证明心理学概念的民族性。特定的民族文化传统提供了理解心理学概念的基础和前提，它会决定理解心理学所能达到的高度和深度。第三，心理学概念具有价值性。心理学概念不仅仅要合乎理性要求，日常生活中，它也要合乎人之常情。常人拥有的心理学体系是由大量心照不宣的原则和概念构成的松散网络，制约着各种常识心理学术语的使用，例如感觉、愿望、意图、信念、希望、担忧、痛苦、烦乐等。生活中所有事件、所有喜怒哀乐和所有七情六欲等，都是由常识心理学术语或概念来表达而不是学术上概念来说明，它们构成了人们看世界的框架。第四，心理学概念具有历史性。心理学概念不是僵化不动的，而是随着时代演进而不断地变换、传承着历史上的涵义，被赋予具有新的时代气息的意义。心理学概念的时代用法和意义构成了一个强大的语义场。它不是与今天对心理学概念的理解无关，而是为今天对其理解提供意义基础，并决定着理解所能达到的层次与界限。它是在历史中产生并在心理学研究活动中得到自身的规定性。所以，目前，现代心理学追求概念一致性、普遍性和标准性而不得固然有其逻辑上的原因，但根本原因还是概念背后具有一般的文化特征，这并非是前科学，亦非是科学上的不成熟，或许，这就是心理学概念表现出的事实。仅仅从心理学概念单一学术层面上，其逻辑意义上的表达过于贫乏，它的真正意义就体现在发展的历史和文化背景中，必须从历史中才能寻求到其本真意义。

（三）心理学者生存方式的一般文化特征

现代心理学研究并不关注心理学者，即心理学研究主体的生存方式或研究立场没有得到明显体现，于是，心理学研究主体与客体之间的分离性、研究主体与现实生活的割裂性、研究主体的价值中立性等便成为心理学者现实生存方式的写照①。这与对心理学知识体系的历史分析、逻辑分

① 孟维杰：《从内隐到外显：心理学者生存方式文化考评》，《江西师范大学学报》（哲社版），2005 年第 5 期。

析和类型分析直接相关，这些分析是很少将心理学知识体系与心理学主体联系在一起的。对心理学的分析还是要从他的时代轨迹中来进行，而不仅仅从逻辑视角来审视。

高清海先生认为，人的生命具有两重性：种的生命和类的生命。种的生命属于个体化的肉体生命，它来自父母的生命；类的生命是由人类生命活动积淀而成的超个体性的类化本性，它蕴含于历史文化传统之中[①]。心理学者作为现实生活中具有鲜活生命的个体，也无法脱离种的生命与类的生命两种属性的制约，尤其是后者。在前者基础上，他必须通过教育、学习，从社会文化系统中吸纳人类已经形成的人性本质，这样才能生成个体自我的自主生命。对于心理学者而言，他是在与被研究者、与现实生活之间以及在他们之间对话中生存，以自己的生活世界，以自己的研究个性而存在。任何一位心理学者，他们所从事心理学研究并提出特定的心理学主张的时候，无不是针对当时流行的在他们看来是错误的或是过时的主张所提出的一种心理学反思或批判，这样，他们的主张中就蕴含着极为可贵的批判精神和社会改革精神。这种批判不仅是认识的批判，而且包括价值批判和实践批判。批判的对象既是历史的，又是现实的。似乎可以这样说，批判意识与批判精神体现的是心理学者身上的内在的一种精神，一种意识，一种责任。更多时候，他们往往是批判与重构并行不悖，在批判的同时，已经将合理化意见和建议表达出来[②]。他们在进行心理学研究的时候，已经将个人理想的追求、对社会的责任感、对文化传统的认同、对时代精神的肯定，于不知不觉中已经融入概念表述和理论建构中了。这些恰恰是在心理学者表面客观化、中立化和逻辑化生存方式背后，成为解读和理解其生存方式的内核与实质。对于心理学家来说，没有任何事情是真正超脱于道德和政治意义的。尽管他们提出的某些观点可能现在看来已经过时或守旧了，但是，读者依旧能从中解读作者对人性感悟的智慧以及对社会、人生的深刻理解的那种精神与社会良知。因为诸如心理学在内的社会科学知识并不像经验主义者所认为的那样，是对事物本来面目公正、无偏

---

① 高清海：《找回失去的“哲学自我”》，北京师范大学出版社 2004 年版，第 206 页。

② 石中英：《教育学的文化性格》，山西教育出版社 1995 年版，第 134 页。

见的反映，相反，它反映了科学家本人兴趣、意见、形态、信仰和价值偏好[①]。这些是心理学者从事心理学研究不可或缺的动力源泉和思维材料。这时，心理学者不再是单一、纯粹的“学术人”，而是有着自己个性的心理言说者，他的身份就不再是中立的观察者，而是一个参与者，也不再是客观研究者，而是主观体验者。

（四）常识心理学的一般文化特征

当心理学奠基于哲学理论、进化理论、生物学理论、医学理论的时候，其实，心理学已经把来源于日常生活的心理习俗——常识性心理学忽视了、抛却了。心理习俗是指常人在长期的生产、生活活动中所创造、传承、演变和积累的，并伴有鲜明地域性、复杂性、民族性等文化历史征候的日常规范、准则、制度、习俗、谚语、神话、故事、诗歌、仪式等文化遗留物，作为人类历史承续、积淀享用的心理智慧，绵延不绝地支配、指引和解释着人们的日常心理生活和日常活动。心理习俗包含着生活世界中人们对常人心理生活的认知、感情、命令、信仰等既非成逻辑体系的知识体系，亦非纯粹的价值知识，不追问为什么，只突出“应然性”，凸显着源自日常生活朴素的人生信条和人性信仰。尽管从表面上看，科学心理学与心理习俗之间存在着表现形式、存在方式、传播方式等方面的不同，但是，它们之间却有着内在的密切关联，可以说，科学心理学正是从心理习俗中衍生出来的[②]。

从 19 世纪中后期的冯特手中，在获得实证手段和理智思考后，心理学从哲学母体中脱胎而出，获得了独立与科学的名分，从而，科学化心理学就同人人都熟悉、人人都遵守的心理习俗渐渐地分离了，成为一种客观、理智、单纯的学术事业。现代心理学者可能在学术上批判心理习俗不合理性，然而，在实践中它却有着合情之处，并且，即便是科学心理学家的研究活动，也会在不自觉中落入心理习俗的“前见”之网中，不时引用“心理学俗语”为自己的学术辩护，在日常生活中也常常按照常识心理学去认知和行动。现实情况是，从常识心理学衍生出来的科学心理学在历经相互包容、互相指责后，在讲求对话和多元的今天，它们之间这种历

---

① 罗蒂：《后哲学文化》，黄勇译，上海译文出版社 2004 年版，第 105 页。

② 孟维杰：《常识性——心理学另一种文化品格》，《现代生物医学进展》2006 年第 6 期。

史关联由于被狭隘的专业分工和唯科学心态所遮蔽，最终走向了隔绝。

（五）心理学隐喻的一般文化特征

心理科学发展一百余年来，已经确定了精致性、客观性和确定性的逻辑语言在心理学领域的绝对话语权，这种逻辑话语方式其实也是逻辑思维方式在心理学领域中的运用与发挥。但是，在心理学研究中，心理学者也若隐若现地使用另一种思维方式或者说是话语方式——隐喻。隐喻不是严格的逻辑、纯粹的理性，而是借助联想和相似的言语机制，以独特性、生动性和表达性来解说一件事情、一种现象、一类物质。它在人们心中唤起相似关系，以人们都理解的语词建立某种相似性模型，依赖已经知道的概念及其语言表达形式，由此及彼、由表及里地描绘未知事物，新的关系、新的事物、新的观念、新的语言表达方式由此而来，这个过程正是隐喻的核心①。隐喻无论是作为一种语言现象，还是作为一种文化现象，都有着属于自己的独有属性再现，因为作为前者，它赋予一个词本来不具有的含义或表达一个词无法表达的意义，是对常规逻辑语言的超越；作为后者，它是人们心灵感受和意向的直接表达，传递了一种语词概念内涵以外的文化气息，是一种体验实在的方式，是对真理的一种想象性体现②；而作为一种思维方式，它是对逻辑演绎和科技理性的一种背离，对事物另外视角的深层次理解和求索，寻求“言外之意，弦外之音”，这是新的意义建构、理解和创造过程。心理学隐喻的存在是客观的，因为心理学作为一种提升人类心理生活质量，关注生命存在优化的科学，其本质是一种精神性活动，不仅仅是由于心理学所观照的对象是难以把握的心灵世界，还在于人的心灵与文化世界创生性所表现出的变动不居性，这远不是抽象化和程序化的科学逻辑属性所能深刻理解的。内隐性、表达性和意会性的隐喻语言创造性地表达内在意蕴和无法言说的精神世界，鲜明地表达人类对自身心灵、对生命的直接感受。今天的心理学应该追求语言的理性化，但也不应该为此以失落隐喻精神为代价。隐喻的存在不是为增添心理学的文采与修辞色彩，而是借助隐喻，使心理学家在表达心声上更具深度和个性。所以，在心理学领域中，隐喻以其人性化语言，抛开严格的科学化语言界

---

① 张祥云：《人文教育：复兴“隐喻”价值和功能》，《高等教育研究》2002年第1期。

② 石中英：《教育学的文化性格》，山西教育出版社1995年版，第147页。

定，鲜明地表达人类对自身心灵、对生命的直接感受，使原本深奥的科学理论平易近人，使冰冷的逻辑诉求充满温情。

三　心理学文化精神论评

综上，从文化学视角，在心理学动态意义上，对心理学研究对象、使用概念、心理学者生存方式、心理学习俗及心理学理论中的隐喻等元素在文化框架下进行了具体而细致的文化学分析和探讨，揭示了心理学各个元素在逻辑、理性和客观层面上自然科学精神遮蔽下的若干重要文化特征，使被遮蔽的文化精神凸显和揭示出来，成为与自然科学精神相对应的另一种精神。这两种精神的力量在人类探求自身秘密历史进程中，此消彼长，交互更迭，在博弈中见证着人类认识自己的深度与宽度的不断变化。

由于心理学诸要素的以上若干文化特征，用“心理学文化品性”这个命题来代替“心理学文化精神”来表达对心理学总体性质的看法，也是从文化视角对“什么是心理学”这个根本问题的回答。汉语中，“品性”是“品质、性格”之意[①]，是事物本来具有的性质和特色。引申到人身上，“品性”是指在生理素质基础上，在社会文化实践中形成和发展起来的独特品质，有着鲜明的个体差异性。当在汉语语境下使用“品性”这个词时，会发现尽管该词汇有着生理的、自然的、静态的特性的一面，但是，从内在根源上进一步分析，它则有文化的、生成的、动态的特性的另一面[②]，而且，这一方面是主要的。于是，将“品性”概念特征与文化结合起来后，赋予心理学，很显然，心理学文化品性是指心理学本来具有的文化层面的品质和性格，即心理学原来应该存有的文化精神，这便建立起一个文化解释框架。用这一命题来阐释在文化解释框架思维内对心理学问题的根本认识，对逻辑的、技术的外表下心理学诸要素的文化特征的总体概括和深入挖掘，从而，实现对心理学完整、深刻的把握。我们以心理学自然科学观为例。长期以来，学界一直关注心理学外在的自然科学的技术、实验等特征层面，试图依据心理学的理性特征来实现对心理学的解读。事实已经证明，这样的研究视野与研究立场始终是外在于心理学的，

---

① 《现代汉语词典》，商务印书馆 1996 年版，第 976 页。

② 石中英：《教育学的文化性格》，山西教育出版社 1995 年版，第 188 页。

对心理学的描述与解说难免只是心理学的某一侧面或某一方面，科学主义心态窄化了学界求真和反思的研究视域。心理学文化精神作为心理学本身固有的一种性质，应该成为重新审视和理解心理学本真面目的深度视角，应该是心理学的一种分析框架，也应该是心理学之所以是“心理学”的根本。进而言之，我们所做的心理学文化精神的探寻就是做心理学“思想考古”工作。分析心理学文化精神正是借助“思想考古学”这一方法论，通过对心理学概念系统、基本命题、逻辑推理、话语方式等进行文化“考古”分析，描述和解构其已有的话语形态，将被遮蔽的东西彰显出来，揭示出来，从中发现和建构新的话语实践，使之成为重新解读心理学的理论依据，以便发现和辨析隐匿在心理学自然科学精神背后思想运动的秘密力量——心理学文化精神。这种精神便是我们重新认识和理解心理学的全新视角与内在核心。

第二章　文化视域下心理学观

心理学观是心理学的理论前提与逻辑起点，心理学的各种理论都是在各自不同的心理学观基础上建立起来的。所谓心理学观，就是关于什么是心理学，什么是科学的心理学的基本认识和基本理解[①]。心理学观的问题是理论心理学元理论的基本范畴[②]，也是心理学发展、建设及未来走向的指南和航标。它以或隐或显的形式，影响、制约和规范着心理学范围和边界、研究方法的可信性和有效性、理论构造合理性、知识体系的评价标准和评价程序以及应用技术手段的适当性和限度等。所以，心理学观既是心理学家关注的焦点，也是哲学家论述的主题[③]。纵观中外心理学的家对心理学的不同理解，从历史到现在，心理学观一直随时代精神的演进、哲学旨趣更迭及自然科学的发展而不断嬗变和传承，反映了心理学家不同的哲学观、科学观和理智背景，折射出那个时代的社会文化形态，提供了理解心理学的不同视角和侧面。

作为贯穿于心理学发展过程中的一种精神、理念和意识，心理学观的演变直接推动着心理学的发展，心理学学科关于统一与分裂论争的推进历程，也见证了心理学观的内在演化轨迹。从文化学视角，对心理学观的解读，折射出的是对心理学内在发展逻辑线索的理顺和理解。

第一节　发展哲学视角下的心理学观

心理学自诞生后，在心理学发展和演进的过程中，主要形成了实证主

---

① 葛鲁嘉：《新心性心理学宣言：中国本土心理学原始性理论建构》，人民出版社 2008 年版，第 320 页

② 叶浩生：《理论心理学辨析》，《心理科学》1999 年第 6 期。

③ 葛鲁嘉：《心理文化论要》，辽宁师范大学出版社 1995 年版，第 290 页。

义和人文主义两种心理学观。这两种心理学观彼此互相质疑、指责或包容、借鉴，不但印证了心理学内在发展的逻辑线索，反映了心理学家不同的科学观、哲学观，而且也决定着心理学是自然科学还是人文科学的学科性质，决定着对心理学研究对象的理解和研究方式的确定，是自然属性还是社会属性的人。两者长期存在争议与矛盾的一个重要原因是对人的属性认识的局限性。发展哲学作为研究人类自身发展规律的学说，为引领和推动全新的心理学观的树立，全面地认识人类自身提供了不同的视角和理论前提。

一　实证主义心理学观

从西方哲学中孕育、分离出来的心理学，一开始就受到了实证主义科学观与方法论的支配。综观西方心理学产生与发展的历史，从笛卡尔的“人是机器”，到英国的联想主义以洛克、霍布斯和哈特莱等人为代表，再到德国赫尔姆霍茨的生理心理学，以及费希纳的心理物理学，近代人对心理本质和规律的探索大都是基于自然科学的原则和方法进行的。冯特创立第一个心理学实验室，被看成是心理学作为一门科学正式独立的标志。而且冯特自己也认为：“一旦我们把心理看作是一种自然现象，而且把心理学看作是一门自然科学，那么这门科学一定也是完全能够充分应用实验方法的。”① 冯特宣告用自然科学的方法来研究经验的要素及其复合，用异常精确的实验来控制内省的方法。从他的开创性研究开始，心理学研究走上了自然科学的道路。华生从实证科学方法出发，把不能以证实的方法进行研究的主观意识从心理学中剔除出去，创立了研究“刺激—反应”的行为主义心理学。在华生看来，“心理学纯粹是自然科学的一个客观实验分支。它的理论目标是对行为的预测和控制”②。信息加工的认知心理学以不同于前人的视角解读人的心理，但作为其方法论基础的“人机类比”思想却是控制论、系统科学以及计算机科学高度发展条件下“人是机器”论调的翻版。它强调研究人的内部心理过程，但却是在没有情感、意志和历史文化背景的计算机模拟中进行。

---

① 张述祖：《西方心理学家文选》，人民教育出版社 1983 年版，第 16 页。

② 同上书，第 152 页。

在西方主流心理学理论之中，实证主义作为一种哲学方法论决定着心理学必须沿着自然科学的方向发展。依据实证主义的“经验证实”原则，一切不能以观察或实验来证明的概念和理论都是虚假的和没有意义的，因而不能为科学所接受。作为主流的科学心理学追求的所谓科学，实质是一种唯科学主义，“严格地依附于自然科学传统，阻碍了心理学作为科学的发展”①，其目标可以理解为：努力把心理学建设成为一门精确、客观、实证的自然科学。虽然实证主义使心理学成功地脱离了哲学的怀抱，却也使得心理学直接继承了西方近代自然科学的科学观。这种科学观一直延续至今，是心理学传统的旧科学观，或称狭隘的小科学观②。实证主义心理学观对于心理学的研究对象以及与之相应的研究方法都产生了深远的影响。

（一）研究对象——自然属性的人

冯特通过将心理现象界定为“直接经验”将“灵魂”驱逐出心理学之外，但他保留了意识，在心与物的关系上也持心身平行论的主张。冯特认为心理复合体由感觉、感情等元素构成，他的理论中心理复合体具有明显的机械物的特征，即有统一性、因果决定性、线性可加性。华生则认为“心理学放弃与意识的一切关系的时机似乎已经到来”③，于是将意识排斥在心理学门外。华生认为复杂的行为是由比之简单的许多分子行为构成，并且具有线性可加性，认为行为反应可以归结为肌肉的运动与腺体的分泌，可以概括为物理与化学变化的总和，具有简单性和统一性。信息加工的认知心理学将心理学对象确定为人的认知过程与行为，重新将意识研究纳入心理学研究范畴之中，相对于行为主义心理学而言有一定的进步意义。但认知心理学对于认知过程的研究其最终目的还是对行为的复杂性予以合理的解释，与行为主义那样单纯地简化不同，认知过程更多的是作为一种方便的理论假定，将计算机的工作与运算过程与人的心理操作过程加

---

① Kim, V. &Berry, J. W. “The indigenous psychologies approach and the scientific traditions”, In U. Kim &J, W. Berry (Eds), *Indigenous psychologies: Research and experience in cultural context.* Newbury Park, CA: Sase Publication. 1993: 50.

② 葛鲁嘉：《心理学的科学观与统一观》，《吉林大学社会科学学报》1996 年第 3 期。

③ Weisstein, N. “Psychology constructs the female, or the fantasy life of the male psychologist”. *Social Education.* 1971. 35: 362 - 373.

以类比。

实证主义心理学观将心理现象作为心理学的研究对象。这里的心理现象建立在两个基本点上：一是研究者和研究对象是绝对分离的，研究者仅仅是观察者、旁观者和中立者；二是研究者必须通过感官来观察对象，而不能加入思想的臆断推测①。在这样的前提下，心理现象等同自然现象，是一种客观实在，人的感官可以对心理现象进行验证，由若干要素所组成，能把复杂的心理活动还原成简单的物理或生理现象。具体地说，表现在三个方面，一是强调研究对象的可观察性和验证性，只有被感官和工具所能把握的心理现象才能确立为心理学的研究对象，并且把那些感官所无法把握的心理现象排斥在心理学的研究对象之外；二是坚持元素主义，人为地把人类的心理分解成为若干要素，从而确立各个要素之间的联系，忽视人类心理的整体性；三是采用还原分析法，将心理现象还原成其他的低级现象，这样便于进行实证研究，如把人的心理还原成行为、信息加工过程和神经系统。

实证主义心理学只对能够被观察、实验证实的经验进行研究，因此科学心理学要么像构造派将主观心理活动分解为可证实的、精确的元素；要么则像行为主义那样从根本上否认主观意识的存在，只将外部行为作为心理学的研究对象。这样的研究对象虽然可以使刚刚脱离哲学范畴的心理学拥有属于自己的领域，但也在很大程度上，限制了心理学家的视野，缩小了心理学的研究对象，限制了新时代下心理学的发展。

（二）研究方法——量化的方法

奉行实证主义的心理学观认为科学所提供的知识必须能为人的感官和逻辑所证实，把实证方法作为心理学研究的唯一方法，并排斥其他方法，把是否运用实证的方法作为衡量心理学科学性的唯一划界标准。从自然科学研究中总结出的实证科学方法是寻求真理唯一有效的方法，所以，广泛采用实证的方法，以树立自己的科学形象。因此，数学的方法、统计的方法、实验的方法、测验的方法等被广泛地运用到心理学研究中。冯特首先将实验与内省相结合，建立了科学心理学。由此开始，实验方法被奉为心

① 葛鲁嘉：《心理生活论纲——关于心理学研究对象的另类考察》，《陕西师范大学学报》（哲学社会科学版）2005 年第 2 期。

理学研究的唯一合法方法，但他的方法中也因为存在内省的成分而受到批评，华生的“言语报告法”同样受到质疑。实验原则的极致应用，导致心理学中“实证方法为中心”的倾向，表现为主流心理学内部对理论建构的忽视，在主流心理学外部对其他心理学理论的极端排斥。

实证主义心理学观对实证方法的崇拜，导致了心理学研究中唯实证方法的倾向。这种以定量分析为主的研究取向，以方法为中心，过分强调技术设备的先进性，研究对象间数量的关系，把它视作心理学研究目的本身，并且往往不由自主地使自己的问题适合于自己的技术，必然会忽视一些本属于心理学研究对象的重要内容。于是，心理学家们便选择性地无视心理现象的复杂性，满足于现有的实证科学方法，以此为研究的唯一合法方法，却不去探索适合心理现象本身特点的其他研究方法。

二　人文主义心理学观

几乎在科学启蒙时代的同时，一种非理性的人文思潮诞生。这种思潮不以科学为满足，认为除了科学知识之外，人生另有其价值和意义，而那是科学所无能为力的。与笛卡尔比肩的另一位人物帕斯卡指责笛卡尔哲学对科学的完全信任，他认为理智不足以认识全面的人生，他认为：“心灵有其自己的思维方式，那是理智所不能把握的。”[①] 意大利的维柯力图在笛卡尔式的数理科学之外建立了一种关于人类行为与思想的文化活动的“新科学”。德国的赫尔德认为人类生命与自然世界的环境与背景是相互联系的，他从人的自然与精神的统一双重特征出发，“承认人性不是一个给定的数据而是一个问题；不是到处都一致的某种东西，它的基本特征可以一劳永逸地被人发现，而是可变的东西，它的特征要求在特殊的事例中进行单独的调查研究[②]。”狄尔泰认为，精神科学与自然科学从根本上是完全不同的，并且存在着重大的差异：自然科学研究的是外在于人的客观或物质现象，而精神科学研究的则是人的精神生活，这一根本上的差异也决定了两种科学从研究对象到研究方法上有着根本的区别，精神生活的中心或基本内容是价值和意义的体验、表达和理解。

① 朱红文：《人文精神与人文科学》，中共中央党校出版社 1994 年版，第 67 页。

② 同上书，第 77 页。

（一）研究对象——社会属性的人

人文主义心理学强调要抓住统摄经验的有意义结构，因此要以作为整体的人及其心理为研究对象。格式塔心理学用心理的整体解释取代心理元素主义，人本主义心理学以作为整体的经验的人及其意义为自己的研究对象，把重点放在人类所固有的一些特性上，如选择性、创造性、价值观、自我实现等，反对根据机械论和还原论的观点来研究人的心理。

人文主义心理学继承现象学的精神，支持胡塞尔的观点，那就是"对于精神来说，从来没有、也将永远不会有一件客体（或客观，Objectivity）的科学。对于灵魂来说，也不会有一种客体的理论"。这里所说的"客体"的意思是：我们可以把具有空间性和时间性的实存赋予灵魂或者人的共同体[①]。所以人文主义认为人类的心理不是一种客观性的物质实存，而是一种主观性的精神存在，因此不能仅仅使用自然科学的方法对人类的心理进行元素分析和还原分析。人文主义心理学从三个方面突出心理的主观性：一是强调人类心理的独特性；人文主义心理学把人类所独有的高级心理作为研究对象，如善性、动机、潜能、价值、自我实现等。二是坚持整体主义；因为人的心理是一个整体，是各个部分复杂的有机结合，而不是各个要素的简单相加。当我们人为地对心理进行分割时，就已经注定了我们无法从整体的高度认识人类的心理，人文主义心理学认为心理是一种精神现象，不能像物质那样分解成为元素。三是坚持非还原论；人文主义心理学家认为意识主体和外部客体构成了一个不可还原的整体，由行为的研究还原到人类的心理，存在着诸多不可逆的问题。所以他们提倡在心理的水平上研究心理，提出在行为的水平上研究行为，通过对心理现象的如实描述来发现现象本身的结构和关系。

（二）研究方法——质化的方法

人文主义心理学对实证主义的方法中心论进行了批判，反对心理学研究那些道德中立、价值中立的纯客观问题，认为心理学应该研究对个人和人类有意义的问题。马斯洛认为"方法中心就是认为科学的本质在于它的仪器、技术、程序以及方法，而并非它的疑难、问题、功能或者目

---

① 胡塞尔：《现象学与哲学的危机》，吕祥译，国际文化出版公司1988年版，第171页。

的"[①]。他曾幽默地讽刺这种现象，他说，假如你所有的唯一工具是锤子，诱惑人的想法就是把一切都当作钉子来对待。[②] 因此，人文主义心理学主张以问题为中心，研究问题决定着使用的方法。心理问题应该采用主观的质的研究方法来进行描述和理解，只有对心理问题进行准确的描述之后，才有可能进行量的解释和说明，也就是说人文主义坚持的是先质后量的研究原则。人文主义心理学对心理现象采取理解而不是客观描述的态度，在研究中运用人文的方法，如个案法、谈话法、临床法、历史法等。

与实证主义心理学将人的心理等同于自然现象一样的客观存在不同，人文主义心理学研究整体的人，强调人的主体性，关心人的价值、人的存在和尊严，这恰恰是科学心理学所忽视的问题，在某种程度上，人文取向的心理学更接近人的真实心理。人文取向的心理学反对将人视作物，反对用研究自然物质的方法来研究人的精神世界，主张从人的现实存在出发，用非自然科学的人文方法研究心理学。虽然被排除在正统科学之外，但是，人文主义心理学为打破实证主义在心理学中长期以来的垄断，开阔心理学家的视野，反思与整合心理学发展至今的成就与不足提供了新的视角。

三　发展哲学论要

（一）发展哲学——新时代的主流哲学

发展哲学是时代的产物，是在实践发展过程中形成的系统化、理论化的发展观。"发展哲学是对经济、政治、文化、生态及人的发展知识的概括总结，是以最一般的概念、逻辑的形式反映社会发展存在的特殊意识形态，是理论化、系统化的发展观。"[③] 当今发展观理论经历了传统发展理论、生态哲学和发展哲学三个阶段，最终确立了以人为本的可持续发展观。以人为本是发展哲学的核心价值，以人为本就是以人为前提、以人为基础、以人为目的、以人为动力。把人作为维护人的利益的一种需要、追求和目的，将人作为发展的一种原则和衡量的尺度。它的内涵十分丰富，

① 车文博：《人本主义心理学》，浙江教育出版社 2001 年版，第 336 页。

② 同上书，337 页。

③ 邱耕田：《发展哲学导论》，中国社会科学出版社 2001 年版，第 1 页。

主要包括以下几个方面：首先，强调了发展中人的主体地位，即人的地位。人是发展的前提与基础，以人为本并不是简单地承认人的存在，而是要明确人在发展中的主体性本质；其次，强调了对人的尊重。人是人类社会的主体，人本身是具有独立人格的主体。人有自己的尊严与个性，人性需要关心、爱护、理解以及尊重，对人的尊重是以人为本的基本要求；最后，强调的是人的价值和意义。人的有目的的创造活动体现了人的价值和意义，创造价值和意义是人的存在和活动的目的。同时，人积极地创造价值和意义不仅仅可以满足个体的需要，同时能够满足社会全体的需要。

（二）发展哲学中对人的理解

衣俊卿认为发展哲学要以人的现代化和文化转型为核心，因此发展哲学的核心问题是新文化精神、新文化模式的确立。它之所以是发展哲学的核心问题在于：（1）它本身构成社会发展所追求的宗旨或目标；（2）它在深层次上影响和制约人与社会的各个方面的具体发展。这种新文化模式以现代性为基本要素，以科学精神和人文精神为主要内涵[①]。“科学精神”与“人文精神”的摩擦和碰撞，不但是发展哲学需要面对的问题，同时也是心理学中长期存在的问题，更体现在人类生活的各个领域中，推动着人类思想的不断进步与发展，其实，两种精神都是统一在“人”这一概念之内的。

发展哲学的产生与发展，不单是人类对于自己长久以来发展模式的反思，更是对人类自身的反思，想要对人进行更加全面的认识，就不能够将着眼点仅仅拘束于实证主义或者是人文主义。“科学精神”与“人文精神”之间斗争，最终的结果不是一种精神被另一种精神完全磨灭，而是完美平衡地被人这一主体所统一。这一平衡的可能性已经被发展哲学所证实。以人为本的可持续发展观的提出与认可，从一定程度上体现了人类对于这一时代主题的定义，那就是曾经一度统治着人类思想的科学，被人类自身所替代。通过对以往发展模式、取得成果和发展代价的回顾，人类本身才是发展的终极目的与根本动力。

人类曾一度坚持并奉为真理的理论，并不代表可以一直坚持下去，就像科学时代终结了神学时代一样。就西方而言，上帝死了，神启的智慧不

① 衣俊卿：《社会发展与文化转型》，《哲学动态》2000 年第 3 期。

再是我们的规定性。就中国而言，自然智慧在我们的世界不再起关键作用，在现代和后现代的社会里，传统的智慧已经终结了。人学时代终将替代科学时代，成为人类思想发展的下一个时代。人学时代可以简单概括为：科学精神与人文精神完美统一于人，不仅仅是人文的科学主义或者是科学的人文主义那样简单地相加与整合，而是为人这一主体所平衡。

四　发展哲学视野下心理学观论说

发展哲学的产生与发展，不仅仅是人类社会进步的体现，更是人类思想发展的结晶，对于新时代中的心理学的发展同样具有指导意义，对于新的心理学科学观的构建也有着一定的作用。发展哲学对于当下时代的贡献在于，通过对人类社会发展经验的总结与归纳，用人类的视角，以科学的方法，得出了以人为本的可持续发展观，这是“科学精神”与“人文精神”完美平衡于人这一主体的先例，开创了人类社会的先河，可以成为一个时代的起点。

（一）心理学研究目的思考——人类对自己的探索

中外的著名心理学教材都把心理学的研究目的定位在对心理现象的“描述、解释、预测和控制”[①②]，自然科学研究方法支配下的心理学研究表现出客观性、验证性和系统性等特征，研究目的表现出与自然科学相同的特征：描述、解释、预测、控制、应用[③]。人文科学取向的心理学是以存在主义和现象学为哲学基础的。存在主义是一种特殊的人生哲学，其中心主题是人的选择、价值与自由，人存在的根本目的是人的自我实现与潜能发挥。心理现象不是演绎而来，人是活生生的、具体的可以直接感受、思考和直觉到的。心理学任务是描述鲜活经验的直接给予当代意向性，而不是仅仅通过假设建构外在原因去给复杂的心理现象一个简单的解释。坚持建设一门人文科学心理学的根本目的是真正实现心理学研究人之为人的全部心理经验[④]。

---

① 查理德·格里格、菲利普·津巴多：《心理学与生活》，王垒等译，人民邮电出版社2003年版，第4—6页。

② 黄希庭、郑涌：《心理学十五讲》，北京大学出版社2005年版，第7—8页。

③ 张春兴：《论心理学发展的困境与出路》，《心理科学》2002年第5期。

④ 伍麟、郭增花：《作为人文科学的心理学》，《自然辩证法研究》2003年第7期。

发展价值是从发展对主体的效用上进行考察，揭示发展本身的功能和作用，方向是客体指向主体，体现了发展的主体性尺度[①]。那么人学时代下的心理学如何发展，以怎样的研究目的从事的研究活动，才能够最大程度地体现心理学存在的价值，让心理学走在时代最前沿。如果说哲学是关于世界观的学问，即人们对于整个世界的根本观点，是对自然、社会和思维知识的概括与总结，那么心理学则是关于人们对于认识人类自己的根本观点，是对认识自然、社会和拥有思维的人的一门学问，是关于人性观、心理观及认识人的本质的学问。这种学科定性会去掉心理学发展的种种桎梏，促进心理学这门“人学”在探求人类知识，研究人，提升完善人类的过程中融合、跨越地发展[②]，也可以让心理学在这个人学的时代中走得更远。心理学理应是研究人类优点的学科，研究人类积极品质，关注人类生存与发展。以当代的人类的实践特点，心理学应致力于清楚地认识人的本质，进而提升人的本质，以此为心理学研究的目标。

（二）研究对象——全面的人

诚如我国著名心理学家潘菽曾说，心理学是研究人自己的一门主要科学，心理学的研究要从人出发，而又归结到人，它所以要从人出发，就在于研究开始之前对人是什么这个问题首先有一定的大体正确的看法以作为研究工作的一种指针，而心理学的根本任务又是要科学地阐明人是什么，以求得对人的实质有充分的正确理解，所以，人的实质问题对心理学是一个重要的问题[③]。作为人类研究了解自己的学科，如何选取研究对象才能够符合人学时代的背景，对人类自己有一个清楚的认识，是摆在心理学家面前的另一个问题。心理学研究的对象“人”除了巴赫金所讲：“认识物与认识人，需要作为两个端来说明。一个是纯粹死的东西，它只有外表，为他人而存在……而另一个，则是对话，是提问，是祈祷。”[④] 心理学研究对象的特殊性，决定着心理学为了追求单纯的科学而将研究对象限定在生物定义的人上，在这个人学的时代中，对人类本身属性的全面认识，更

① 倪锋：《关于发展哲学研究的几个问题》，《江西科技师范学院学报》2004 年第 4 期。

② 蔡笑岳、于龙：《心理学：研究人的另类科学》，《中山大学学报》2005 年第 5 期。

③ 巴赫金：《文本对话与人文》，河北教育出版社 1998 年版，第 54 页。

④ 蔡笑岳、于龙：《心理学：研究人的另类科学》，《中山大学学报》2005 年第 5 期。

是不可或缺的。从个体上讲，人应是“三体一位”的结合体，所谓的“三体一位”就是指人是自然的物质实体、社会的活动本体、精神的依存主体，而这“三体”的完美结合及发展构成了人这一复杂的立体一位性[①]。而“类生命[②]”则是针对于“种生命”与个体的突破与超越，实践式的思维方式打破了从单一生命纬度认识人的本体论的思维方式，从人生命的两重性的角度审视心理学观[③]，也不失是一种全面认识人类自己的新途径，由于人不仅是一种生物的存在，更是一种文化历史的存在，所以，不管是心理学研究对象，还是心理学研究主体，都是一种文化存在[④]。当下时代，人类对自己的认识也不会仅仅停留在实证主义与人文主义所能够看到的两个方面。不论采用怎样的方式，何种角度与途径，都可以清楚地看到，在人学时代背景下，人类对自己的认识终将会越来越全面、完整。作为人类认识自己的一门学科，心理学正在采用与实证主义和人文主义不同的视角对人类自己进行更加全面、完整、清楚地认识与探索，也只有在人类对自己的认识更加全面的基础上，才能够建立起更加完整的心理学观，推动心理学的发展。

（三）研究方法——量化与质化的结合

人学时代的最主要特征就是“科学精神”与“人文精神”在人的概念上平衡，要求打破以往对人认识不全的局面，只有全面地认识了人之后，才能够树立起新的心理学观。那么在所采用研究方法上面，也应该符合时代的潮流，打破原本实证主义与人文主义方法论方面无法兼容的局面，逐步走向多元化。

量化研究以自然科学的推理和证明模式为基础，以实证性求解难题为趋向，着力于对可观察现象的精确描述，建立各种概念之间的因果关系；质化研究来源于自然主义而非实证主义，它以特定的哲学立场和哲学方法论为背景，以对基本概念的语义约定为前提，以分析性求解难题为趋向，强调在自然状态下，由观察者参与体验，并最终获得和解释关于研究对象

① 蔡笑岳、于龙：《心理学：研究人的另类科学》，《中山大学学报》2005 年第 5 期。

② 高清海、胡海波、贺来：《人的类生命与类哲学》，吉林人民出版社 1998 年版，第 9 页。

③ 冯大彪、张晓明：《现代心理学科学观的哲学反思与理论重构》，《湖南第一师范学院学报》2010 年第 3 期。

④ 麻彦坤：《当代心理学文化转向的方法论意义》，《心理学探新》2004 年第 2 期。

的深度信息。事实上，在质化研究方法中包含着量化研究的成分，在量化研究中渗透着质化分析的因素，两者的统一改变了单一的研究结构，促进了双方各自方法论功能更充分地发挥。新时代的背景下，尽可能多地掌握对人这一主体的更多角度更多内容的认识，才是最重要的任务。"在这种意义上，那些坚持方法论多元化的科学家通过多样化方法的使用，可以对心理生活的各个侧面有所了解，可以提供一个有关心理现象的更为全面的叙述。"①

综上所述，不同的哲学观、立场和理智背景，反映在心理学观上就会出现不同的解读，折射出不同时代的社会文化形态。虽然种种心理学观都存在着自己的缺陷与不足，但不可否认，它们在丰富心理学研究的内容、开阔心理学者的视野、开辟心理学研究领域上，都做出了自己的贡献。如舒尔茨（G. Schultze）所说："心理学在其研究过程中，先是失掉了'心'，然后失掉了'灵魂'，再是失掉了'意识'，现在又不见了'人'"②。不同心理学观之间产生分歧的原因可以概括为以下两种：第一，归之于文化，心理学的困境在于无法走出西方主客二分的文化背景。温特在《生态心理学》一书中分析了这一西方传统文化的消极影响③。第二，归之于对自然科学的盲目效仿，也可以说是对于实证主义的完全接受与奉行，因为实证主义是为自然科学服务的哲学。两种原因的分析，究其根本可以概括为对人的概念认识不全。发展哲学为人类提供了认识自身的全新视角，以人类自身为出发点，最终又回归到人类本身，这就要求在新的时代里，需要将实证主义与人文主义两种长期以来争论不断的心理学观平衡地统一在人这一主体内，才能够引领和推动全新的心理学观的构建和发展。

---

① Spence, J. "Centrifugal and centripetal forces in psychology: Will the center hold". *American Psychologist*. 2001, 42 (1): 42 - 45.

② 杜·舒尔茨：《现代心理学史》，沈德灿等译，人民教育出版社 1981 年版，第 117 页。

③ Winter, D. D. N. *Ecological Psychology – Healing the Split Between Planet and Self*. HarperCollins College Publishers, 1996, pp. 25—58.

第二节 多元文化心理观：全球化与本土化之间的理性选择

从文化视角，对心理学观的划分与分析，还可以进一步细化与具体。其实，心理学观始终是以或隐或显的方式存在的。对其理解与解读也是多层次和全方位的。不同的视角与不同的层次，会有不同的心理学观。

一 心理学观的其他划分

（一）实证观

心理学实证科学观在心理学领域占据着绝对的优势力量。心理学的哲学基础是实证论。实证主义的内在精神被心理学吸纳过来，对心理学的研究理念产生了深远影响，从而推动了心理学自然科学化历程，演变成为今天现代主流心理学。应该说，对心理学自然科学化的理解无论是在1879年以来的一百余年时间发展历程中，还是在当代，无论是西方还是在我国，从当初的行为主义心理学到今天的认知心理学，都拥有着优势的话语权，并在这种理念的推动和支配下，不断地促进心理学自然科学化的建设，开拓着心理学研究的新领域。葛鲁嘉在深入分析和探究了今天科学心理学所隐含的实证科学心理学观后，将其称为狭隘的小心理学观——一种将西方近代自然科学观直接继承为自己的科学观[①]。其实，心理学从其科学化以来，一直运用着自然科学方法如实验法、测验法、统计法等，这是使心理学成为自然科学的根本，因为自然科学研究方法支配下的心理学研究表现出客观性、验证性和系统性等特征，研究目的表现出如自然科学相同的特征：描述、解释、预测、控制、应用[②]。此外，加拿大心理学家斯坦维奇（Keich. E. Stanovich）坚持心理学是一门自然科学，是一门以数据为根基的行为科学[③]。金（U. Kim）和伯利（J. W. Berry）则认为“心理学严格地依附于自然科学传统，这种依附取之于当时的自然科学精神，从

① 葛鲁嘉：《心理文化论要》，辽宁师范大学出版社1995年版，第34页。

② 张春兴：《论心理学发展的困境与出路》，《心理科学》2002年第5期。

③ 斯坦维奇：《与“众”不同的心理学》，范照等译，中国轻工业出版社2005年版，第17页。

而将其继承过来，也使自身发散着自然科学的味道”①。

应该说，心理学实证科学观无论是在1879年以来的一百余年时间发展历程中，还是在当代，它把握和领略到了自然科学精神，试图凭借自然科学精神为心理学披上科学的合法外衣，这在当时，既是时代发展的必然，也是心理学顺应时代精神召唤而做出的积极应对。时至今日，心理学实证科学观依然是占据主流地位的心理学观。

（二）人文观

心理学人文科学观以存在主义和现象学为哲学基础，至今已经演变成为心理学界不容忽视的心理学观。该心理学观主张，人不仅仅是生物性存在，也是社会文化存在。人的心理不仅具有遗传属性，也具有文化属性。所以，人文科学取向的心理学反对科学心理学以逻辑分析、客观数据和精致的实验设计贯穿和支持整个心理学研究所带来的心理现象形式化、凝固化、简约化和平面化研究，主张以诸如个案研究、个别访谈、人物传记等质化研究方法来实现对人的“解读”。存在主义是一种人生哲学，其中核心主题是人的自由、选择和价值，将人的自我实现和潜能发挥视为人存在的根本目的。心理学需要某种哲学为这种扩展提供合法说明，现象学正是能够提供这种合法性说明的哲学。维果茨基（Vygotskg. L. S）认为，质化研究方法在人文科学取向心理学那里，具有“提供系统描述和分析不同语境下心理现象意义结构的便利”②。伍麟博士也主张心理学是一门人文科学。他认为心理现象不是演绎而来的，人是具体、活生生的可以直接体验、反思和直觉到的。坚持建设一门人文科学心理学的根本目的是真正实现心理学研究人之为人的全部心理经验③。

心理学人文科学观既是对心理学自然科学取向的一种反抗与试图超越，期望能为心理学发展开辟出一条不同于自然科学取向的道路，创造出解读人类自身的独特视角。尤其是在强调构建和谐社会和提升心理生活质量的当代社会，它俨然成为与实证科学观分庭抗礼的心理学观。但是，由

---

① Kim, U. & Berry, J. W. *The indigenous psychplogies research and experience in cultural context*, Newburry Park: CA Sage Publications, 1993.

② Ratner, C. *Culture Psychology and Qualitative Methodology*, New York: Plenum Press, 1997, pp. 56 – 99.

③ 伍麟：《心理学的人文取向》，《西北师大学报》2003年第6期。

于哲学观和方法论的局限，决定了这种取向的心理学还无法真正将现实的“人”从科学世界之中找寻回来。现象学还原思维方式的根本目的在于苦苦追问人背后抽象的、单一的、纯粹的“人”的本质，这是另外层面的“人”的抽象化[①]，这种局限是注定的。另外，如何将现象学和存在主义中的精神内核“移植”或融汇到心理学中，也是人文心理学没有解决好的一个难题。[②]

（三）文化观

以文化为“镜”来认识和理解心理学，这是当前心理学领域出现文化转向思潮以后形成的心理学观。维亚（Vindhya. U）指出，心理学的主要思想与观念都是在一定社会历史条件下形成的。它不会在真空中产生，只有在特定历史条件下，才具有意义。心理学的真理性就在于它是文化性质[③]。苏联心理学维果茨基在积极的人—积极的环境这一系统中，发明和构建了第三因素即作为中介的文化符号，由此，使得系统中的两端因素实现相互作用。“符号的使用为人类带来了一种完全新型的特殊的行为结构，挣脱了生理发展束缚，首次创造了新型的以文化为基础的心理过程，并将心理学置于社会文化的背景和框架中来理解”[④]。维果茨基的社会文化理论复兴和唤醒了西方现代心理学的文化意识，推动了心理学文化性质的深入理解。“维果茨基工作给美国人上了很好一课，也就是提供了可供选择的世界观和思维模式……我们忽略了心理学根植于美国个体主义的文化土壤之中现实，揭示并科学地证明这一点和理解心理学，是我们从维果茨基思想中吸取的最深刻的教训和启示”[⑤]。我国学者葛鲁嘉在考证了文

---

① Wertz, F. J. “the Role of Humanistic Movement in the History of Psycholog”, *Journal of Humanistic Psychology*, 1998, 38 (1).

② 伍麟：《心理学的人文取向》，《西北师大学报》2003 年第 6 期。

③ Vindhya, U. “feminist challenge to psychology”, *Psychology and Developing Societies*, 1998, 10 (1).

④ Marie, J. *the collected works of L. S. Vygotsky*, New York and London: Plenum Press, 1998, p. 115; Newman, F. & Holzman, L. Vygotsky, L. *Revolutionary scientist*, London and New York: Routledge, 1993, pp. 31 –33；葛鲁嘉：《心理文化论要》，辽宁师范大学出版社 1995 年版，第 29 页；王小章：《社会心理学：从“现代”到“后现代”》，《浙江社会科学》1997 年第 2 期。

⑤ Seligman, M. E. P. & Csikszentmihalyi, M. “positive psychology: an introduction”, *American Psychologist*, 2000, (3).

化与人类心理之间关系，并在全面分析科学心理学特征后指出，可以将心理学看作是文化历史的构成，是文化历史传统[①]。王小章认为，社会心理学乃至整个心理学研究与其说是对永恒真理的探求和发现，毋宁说是对特定社会文化状况的反映乃至响应，应随历史时代的演变和社会文化变化而改变其模式和姿态[②]。可以说，心理学文化观在心理学自然科学观和人文科学观基础上，正在文化转向的理论层面进行宏观探讨和思索，一方面引发学界对心理学文化性质的深层次探究；另一方面，在一定程度上讲，心理学的文化观出现也是心理学思维方式的变革，为重新理解心理学提供了意义基础、前提和语义场。但是，该心理学观最大问题是从文化层面探讨心理学，还只是将心理学与文化分离开来讨论，文化并没有成为解读心理学的一种框架或直接背景，文化只是一种标签。

（四）积极心理学观

进入21世纪以来，以塞里格曼（Seligman）为代表的积极心理学势头正盛，矛头直指近一个多世纪以来占主导地位的他们所认为的消极心理学模式，提出了积极心理观。他们主张心理学不应该只是局限于对人类消极品质的关注，还应该关注促进个人与社会发展，如何帮助人们走向幸福，使儿童健康成长，家庭幸福，公众称心如意。心理学理应是研究人类优点的学科，研究人类积极品质，关注人类生存与发展[③]。这是西方心理学发展历史上第一次对其认识有了重大改变，看到了心理学另外的“积极品质”。

综上，心理学观是心理学研究中的根本问题。它构成了心理学家的视野，导致了他们能看到什么和看不到什么，以及容纳什么和排斥什么[④]。这是事关心理学将会获得怎样发展和面临着发展到怎样程度的问题。每一种心理学观都是不约而同地站在了“自己”的立场上，只关注和论证自己所持观点的合理性而反对和批驳对方观点的局限性，这样，这些观点在表达的时候，要么只是从自己的立场出发，只关注和论证自己所持观点的

---

① 葛鲁嘉：《心理文化论要》，辽宁师范大学出版社1995年版，第22页。

② 王小章：《社会心理学：从“现代”到“后现代”》，《浙江社会科学》1997年第2期。

③ Seligman, M. E. P. & Csikszentmihalyi, M. “positive psychology: an introduction”, *American Psychologist*, 2000, (3).

④ 葛鲁嘉：《心理文化论要》，辽宁师范大学出版社1995年版，第22页。

合理性而反对和批驳对方观点的局限性；要么是从外在于心理学的视角来审视心理学，关注焦点只是停留于心理学表层，被心理学某一特征遮住了进一步洞察的视线。如此试图以偏概全地来认识和概括心理学全貌，研究视野注定是有局限的。即便是近来关于心理学文化性质的探讨，也是以分析人的心理和行为的文化特性的“日常性观念”为前提，没有考虑到人类心理对于文化而言具有怎样的意义，文化之于心理学而言，到底应该有着什么样的关系。所以，“当我们考虑到文化形成离不开 mind 的时候，这种单向度的、纯粹的文化决定论，其局限性也是显而易见的”①。所以，各种心理学观之间的论争和质疑，既引领和推动关于心理学分裂与统一的论争形式不断发生嬗变，反映了论争的必然性和必要性，同时，也揭示了心理学科学划界标准的模糊性与不确定性。

二 文化全球化语境下的心理学论析

毫无疑问，当前，我们正处于全球化进程当中。全球化作为一种话语已经变得越来越普遍。美国学者约翰·汤姆森指出，全球化指的是快速发展、不断密集的相互联系和相互依存的网络系统②，这个网络系统是多维度的，包括社会、经济、政治、文化诸多领域的变革，这些领域变革的总趋势是相互交往的加深和扩大，相互联系的加强和密切。文化作为全球化的一个维度，必然呈现出全球化交融趋势，它是经济全球化的逻辑结果。但是，“文化全球化不是指所有民族文化的趋同化，而是一种跨文化的对话和系统的机制”③。所以，在基于普遍的文化理解与价值共识建立共同认可的规范同时，必须保持着自己本土特色。事关心理学，即便是以关注人与社会内在关联为突出特征的本土心理学，也主张立足于本土文化，回到特殊的文化氛围和真实情景之中，去把握心理具体的表现形式和丰富多彩的样态。

心理学作为一种文化形式，其发展的全球化态势已成大势所趋。从文化学视角，心理学研究一直是文化理智背景所渲染的人类活动，有其文化

① 熊哲宏：《“模块心理学”的挑战：反“文化心理学观”》，《华中师范大学学报》（人文社科版）2005 年第 4 期。

② 约翰·汤姆森：《全球化与文化》，郭迎剑译，南京大学出版社 2002 年版，第 46 页。

③ 衣俊卿：《全球化的文化逻辑与中国的文化境遇》，《社会科学辑刊》2002 年第 1 期。

适用性。从文化层面，并不是所有行为都能用一套范畴和维度加以解释，而是要首先考虑一个既定维度、概念或范畴是否有意义，以及如何在一个既定的文化语境中使用它们。在这里，文化并非仅仅是单纯的背景或无关变量。人的任何内在、深层的心理结构及其变化都蕴含于文化背景之中和之上。心理学者永远不可能将自己、研究对象与文化情景相剥离。因此，心理学作为奠基于文化根基之上的人类特殊活动形式，在文化全球化语境下，心理学活动是深受它赖以存在和发展的文化传统的制约，从价值到风格，从内容到文化，从方法到哲学思潮，从习俗到理论演化，都深深地打上了文化烙印。很难说哪一个心理学形式比另一个更科学、更先进、更符合人类心理特征。它们都是在各自文化传统内，为不同的心理生活需要，形成和构筑更彰显文化传统，更能理解和解释人们心理生活的心理学。概言之，文化的可能就是心理学的可能，文化的取向就是心理学的取向，文化的不可能亦是心理学的不可能。正是文化个性与精神赋予了心理学的个性与精神。所以，应把心理学置于历史文化框架中来予以审视，即随着文化的迥异与变迁，心理学观也应有所差异与转型。这样，从文化价值层面，为心理学观的客观性与合理性找到了理论依据。尽管这样的合理性在无形中也推动了心理学分裂与统一的论争趋势，但其实心理学观的演进与嬗变与心理学分裂与统一的论争是一个问题的两个方面，其实质是一个问题。

三　多元文化心理观：全球化语境下的选择

（一）心理学观：多元化的合理性观点

20 世纪以来西方社会外来移民增加和以讲求多元、解构和去中心为特质的后现代思潮形成了深刻的社会文化背景，以及世界范围内的本土心理学运动也推动了心理学从强调单一的白人文化传统向其他文化形式寻求理解，因此，即便是在全球化语境下，当代社会依然进入到多元文化社会。多元文化论强调文化的多样性与价值的平等性，认为所有文化群体和各种类型的文化价值观都可以在平等基础上对话和沟通。心理学观作为在各自的不同文化背景下所形成的关于对心理学不同解读的文化理念和文化精神，其实也是文化语境的产物。不同的文化背景会产生不同的心理学观，心理学实证科学观如此，其他的心理学观亦是如此。不同文化背景之间的纠结与碰撞直接导致和推动了各种心理学观之间的论争和质疑，心理学观之间的论辩也推动了心理学实现了从不同角度理解。

（二）多元文化心理观：一种整合的观点

心理学发展到今天，为了心理学更好发展，需要厘清的不是大心理学观还是小心理学观的问题，而是要尊重心理学历史，不疏忽任何细节地梳理心理学成长历史，以求确定今天的科学心理学观，促进心理学健康地发展[①]。多元文化心理观是在全球化语境下心理学分裂与统一论争中作出的一种当然选择。它不是要否定现在的心理学观，而是以文化框架作为审视心理学的深度视角，扩展现有的心理学观的边界，从而，为心理学带来更宽泛和更具深度的研究视野，体现出一种包容的文化心态和多元的整合观点。将“多元文化”这一术语置于“心理观”前面，是对心理学在当前多元文化特征与时代精神的总体概括和认识，也是对现有心理学观的理性反思、认同与思维界域的进一步拓展，其核心精神就是主张放开眼界，运思判断力，欢迎和接纳一切能够推动和促进心理学建设和发展的活动方式，尤其注重心理学的现实化研究方式，注重文化框架的搭建，考察人与文化之间关联的意义。

多元文化心理观的具体主张如下：第一，坚持和主张心理学的文化立场。从文化学视角看，心理学研究活动就是人的文化活动，心理学是人类活动的产物，是人类在长期历史实践过程中沉淀和创造出来的一种文化形式，它经历了久远的时间跨度和历史的沉淀。文化多样性与差异性是人的心理行为多样性与差异性函数。

第二，坚持和主张现有心理学观的合理性。不排斥和不拒绝当前现有的心理学观。以心理学实证科学观为代表的现有的心理学观尽管表现形态各异，但是，作为从事心理学活动的一种理念和精神，心理学观始终贯穿于心理学家从事心理学活动始终，不仅反映了文化背景下心理学家的某种观念和主张，而且，从某一侧面实现对心理学的理解与认识，扩展了心理学的研究视野，开辟了心理学新的研究领域，其意义是巨大的，其存在是合理的。

第三，坚持和主张心理学关于分裂与统一论争是心理学观支配下的多元化表现形态。当前心理学分裂与统一的论争尽管有愈演愈烈的趋势，但

---

① 王身佩：《科学的心理学观》，《自然辩证法研究》1996年第11期。

是，从文化学视角深入审视会发现，当前心理学分裂与统一的论争就是心理学观之间的立场与主张不同而已。作为多元文化时代下文化语境产物的心理学观，它会引领和支配整个心理学研究活动的走向与思想轨迹。从这个层面来讲，其实可以将心理学今天所谓的分裂与统一的论争视为以学科分化与多样性为表征的学科进步。

第四，坚持和主张心理学观的平等性。毫无疑问，不同的文化境遇会产生和构筑表现各异的心理学观。在承认现有的心理学观合理性基础上，必须认同各种心理学观之间的平等性，这种平等性是建立在文化范畴之间价值平等基础上的。即便是心理学实证科学观一直占据着主流地位，但是其他类型心理学观依然持有一席之地。历史的发展已经证明，它们都对心理学发展做出了和正在做出着贡献，它们之间的论辩与纷争也反映了心理学学科必然向其他自然科学一样日益走向蓬勃和成熟，或者是正处于成熟之前的必然阶段。

第五，坚持和主张心理学在公约基础上实现多元化统一。多元文化心理学观始终坚持心理学的未来前景是统一的，这种统一并非是一元的统一，而是在公约基础上的多元化统一。心理学的公约性是一种公共性约定，意味着不同形态的心理学之间并非是隔绝和割裂的，心理学观之间可以通过一种公共性的约定与基础而实现沟通和对话。这种基础从自然科学精神角度可以解读为人类对理性的真诚信仰，对知识和真理的渴求，对可操作程序与技术的执着追求，对公正、普遍和创新等准则的遵循；从文化精神角度就是对人的价值、潜能的至高推崇，对人类自身命运的无限关怀，对开放、民主、自由等准则的不懈追求①。二者之间的意义和精神从内涵上都是人类精神内核②。心理学正是在这种人类精神内核的公约基础上，实现着各种心理学之间的融汇与交流。无论是体现实证科学观的西方心理学，还是提倡心理学人文科学观的本土心理学，二者之间看似水火不容，但是，从心理学内在公约性基础来看，它们所蕴含的人类核心精神却是相通的，这也就潜蕴着未来统一心理学的可能性与前提。

---

① 巴伯：《科学与社会秩序》，顾昕译，生活·读书·新知三联书店1997年版，第81—101页。

② 高清海：《寻找失去的“哲学自我”》，北京师范大学出版社2005年版，第17页。

第六，坚持和主张非相对主义。多元文化心理观主张心理学文化形式的平等性，坚持心理学观的多元化，这从道德角度无可厚非，但却存在滑入相对主义误区的风险和可能。如果多种心理学观之间丧失评价标准，缺失共通的基础，则可能会陷入相对主义。事实上，多元文化心理学观反对相对主义，它的前提是心理学的公约性，它的内在精神是人类对自身秘密的求解和追问，它的核心理念是对话和交流，这就不但从根本上防止陷于相对主义，而且，各种心理学观会以平等、理智、宽容、尊重等心态来审视和理解自己的心理学和他人心理学，以自己性格与他人对话、交流和反思，实现心理学观之间的融通与契合。

综上分析，从心理学发展历史来看，各种心理学观之间的论战、质疑与对话为心理学的成长贡献着不同的理智背景、哲学观、科学观与时代精神，推动心理学不断取长补短，修正偏狭。在全球化语境下，文化概念的逃离与回归为反思和重建当下心理学观提供了思想前提与可能。多元文化心理观正是在这样的语境下应时而生，它为心理学发展无疑提供了更为宽泛和更为包容的心理学观，这种心理学观支配和引领着心理学统一与分裂论战的走向，会为未来的心理学的整合提供思想和观念上的基础与可能。

第三节　鲁利亚心理学观的文化阐释

谈到心理学观的问题，一定也绕不开苏联心理学家亚历山大·鲁利亚(Alexander Romanovich Luria，1902—1977)，他在西方心理学发展史上占有一席之地和重要影响，他所提出的文化心理学观在引领和推动苏联的心理学的发展做出了巨大的贡献。目前，国外掀起了一股研究鲁利亚的热潮[①]。综观鲁利亚一生的学术思想，有特色且别具一格的是以实证方法验证与其师维果茨基提出的文化历史发展理论，以及由此而形成的其独具文化意蕴的心理学观。挖掘鲁利亚的学术思想，尤其是他独具特色的文化心理学观，对建设和发展当代心理学具有重大的理论与现实意义。

---

① 石文山、陈家麟：《心理健康：维列鲁学派活动理论的诠释》，《心理科学》2004 年第 5 期。

一 鲁利亚文化心理学观概论

（一）文化心理学观解读：从文化历史发展理论视角

早在20世纪二三十年代，鲁利亚早期工作的重要方面是与维果茨基和列昂捷夫一道组成的“三人小组”共同研究并提出“文化历史发展论”，即高级心理机能的社会起源理论。该理论也成为彰显鲁利亚心理学观的根本和重要表现方面，即以文化来作为解读和阐释人的高级心理机能的媒介。作为维列鲁学派的核心理论之一，文化历史发展理论强调在人类历史发展过程中形成的物质文化和精神文化对人的心理发展起着决定作用，即心理学要在实践本身中进行研究。这一理论反对当时那种把意识排除在心理学研究之外的思想，主张心理学必须研究意识，研究人类的高级心理机能，认为高级的心理机能（如言语思维、逻辑记忆、随意注意等）是随着人类文化历史的发展而发展起来的。从人类种系发生史来看，人的心理是在物质世界的长期进化中，从现实世界的物质活动中相对独立出来的一种特殊的活动形式。它是人脑的机能，是对客观现实的主观的、能动的反映；从其个体发生史来看，人的心理则是在个体与客观世界的互动中，在人创造社会文化的实践活动过程中生成和建构起来的一种功能性的关系存在，它只能在它的对象世界，即人的社会文化环境的关系中才是现实的，可以得到规定和理解。布鲁纳曾指出，心理概念只是一个隐喻，它所代表的是“具有情绪和能力的整个的人与环境之间进行反思性和社会性相互作用的能力”①。这就是说，心理的本质源于人与环境相互作用的实践活动过程。

关于人的高级心理机能起源，该理论主张，人的一切高级心理机能都是通过人与人之间的交往而获得的。大脑虽是高级心理机能的物质本体，但并不是心理发展的源泉，源泉只能到客观环境中去找。儿童是在特定的文化氛围中生活的，而任何文化究其根源都是人的社会、生活和社会活动的产物。在与周围人的相互交往和相互作用中，人的高级心理机能由外及内发生发展着。从最初的外部人际交往，通过中介发展为内部的心理机

---

① 小威廉姆·E. 多尔：《后现代课程观》，王红宇译，教育科学出版社2000年版，第170页。

能。这个中介就是心理工具，即各种符号、记号、语词、语言等。在具体社会中，儿童利用心理工具进行心理活动和精神生产。心理工具越复杂，心理机能和精神生产也越复杂。借助于心理工具，通过人与人之间的社会交往，人的高级心理机能得以产生和发展，这标志着鲁利亚的文化心理学观的逐步形成。

为进一步解说人的高级心理起源，该理论阐释了两个重要的思想。一个是关于“中介”的思想。认为在人的心理活动中存在一个特点，它与人在劳动过程中使用工具这一特点相适应，人在生产劳动中使用物质的工具，增强、扩大并改变了人的生产活动，改变了人类器官的自然功能；人在高级心理过程中也使用“工具”，即通过使用语言这种“精神工具”来实现，其结果是增强了人的精神力量，改造了所有的心理活动，使低级的心理活动向高级的心理活动发展。另一个是关于“内化”的思想。语言这种符号的发生和发展是一种由外部转向内部的过程，因为语言是一种社会交际的手段，先是在共同生活中形成，然后变成个人的心理手段、工具，因此，所有的高级心理机能在自己的发展过程中也必须先通过外部的阶段，然后再转化为内部的东西，并认为这是人类高级心理机能发展的辩证规律。它们是高级心理机能产生与发展极为重要的机制。可见，文化历史发展理论强调社会文化决定个体心理含有下列图式：集体（社会）活动—文化—符号—个体活动。作为心理学研究对象的人的各种高级心理机能，就像人的实践活动以劳动工具为中介一样，是以社会文化的产物——符号为中介。人正是借助于符号，特别是语词系统的中介，从根本上改变着一切心理活动。鲁利亚主张，人的心理特点是由于人们的生活与活动条件所造成的，而不是预先由遗传因素决定的，不是某个“落后”民族所固有的东西。生活改变、教育普及文化水平提高等因素，在很大程度上也能发展该民族的心理机能。

（二）鲁利亚文化心理学观论评

鲁利亚的文化心理学观核心思想实质上是试图将辩证唯物主义和历史唯物主义关于社会存在决定人们思想意识的这一基本原理具体地运用到心理学的研究之中，用以说明人类的高级心理机能发展的原因、动力、结构和过程等，这为意识的研究注入了新的生命力。在心理学历史上，由于哲学观点和研究方法的局限，传统心理学对意识的研究一直未能通向真谛，加上行为主义对意识研究的排斥，造成了意识研究的偏离现象。鲁利亚一直主张，意识是人在社会活动之前对活动结果的映像，它是客观现象的反映，是人的高级心理机能的一个系统，对人的活动起调节作用，与社会活动紧密相连。这种通过活动来研究意识的观点既有别于传统心理学中的身心平行论，又反对行为主义将意识排斥在心理学研究之外的错误，是一种可贵的正确观点。他既着重研究了高级心理机能发生发展的条件，又着重通过实验的方法研究了高级心理机能的个体发生发展，从理论和实践两个方面为克服西方传统心理学在研究对象上从意识到行为的自然主义做出了积极的贡献。此外，鲁利亚在分析高级心理机能的发展时，尽管总是强调它受社会文化历史的制约，但并没有忽视有机体生物结构的影响，始终认为外界环境的变化会影响到人的神经生物机构。这在当时，该观点极其具有前瞻性与开创性。把有机体的生物结构看作是不变的或不受文化历史影响的观点，是没有根据的。①

不过，鲁利亚的文化心理学观过于强调了两种心理机能的对立，将低级机能看作是先天遗传的自然过程，不具有中介性质，并不符合人的心理过程的实际。尽管他在后期理论承认低级心理机能也具有同样的中介心理结构，但他并没有对两种心理机能的中介心理结构予以区分。

二 鲁利亚文化心理学观与当代心理学发展

鲁利亚心理学观所反映的文化理论意蕴与文化观点，对今天的心理学的发展与促进，起着重要的引领和推动作用，其价值依然是可圈可点。

（一）为推动心理学从实证科学观向具身观转变提供借鉴

心理学观是理解和把握心理学学科性质，实现对心理学全面认识的前提和根本。它是对心理学如何发生和构造的基本认识，涉及研究方法的可信性和有效性、理论构造合理性和合法性、知识体系的评价标准和评价程序、应用技术手段的适当性和限度，等等。一直以来，主流心理学占支配和优势地位的心理学观是实证科学观。鲁利亚文化心理学观表明，考察与确定心理学观的视野与边界须进一步延伸和扩展，而不仅仅局限于实证科学观。他的文化心理学观体现的是一种包容的文化心态和多元的整合观

---

① 王淑合：《对维果茨基心理发展观的述评》，《求实》2004 年第 11 期。

点。因此，鲁利亚的文化心理学观对于推动心理学从实证科学观转向具身观具有重要意义。当前，认知心理学研究范式开始从强调符号计算范式的第一代认知科学转向以强调具身认知（embodied cognition）概念为核心的第二代认知科学。第二代认知科学强调把认知放到实际生活中加以考察，将认知的本质视为一个活的身体实时（real time）环境中的活动，突出强调情境性、具身性、动力性等特征[①]。第二代认知科学有着这样基本的理念，即人的鲜活经验的变化，可以由脑与行为的变化来说明；反之亦然。认知科学从符号范式、联结主义范式到具身范式，其实是暗含了这样的一种心理学观的转变：从自然的，到自然的与现象的整合[②]。如果说第一代认知科学展示了人类有意识的符号思维活动的重要特点，即一种遵循规则的逻辑能力，但是这个范式不能充分地描述常常是无意识的身体水平的认知和行为方式，具身认知方式则不是描述的、序列的、离线的（off - line），而是协调的、并行的、在线（on - line）[③]。两者之间的关系，不能作非此即彼（either - or）的取舍，而是应该采取克兰西深入分析的"既—又"（both - and）的综合方法。这与鲁利亚文化心理学观的主张和洞见有着一定程度的契合。

（二）为引领心理学从文化兴起转向文化神经科学范式提供启示

谈到心理学文化思潮兴起，就不能不提到鲁利亚的文化历史发展理论的独特贡献。他的文化心理学观重视社会文化对人的心理产生和发展的影响，客观上增强了心理学的应用效度。在这个意义上，他的文化观点对推动西方心理学文化思潮兴起具有重要推动和影响作用。20 世纪六七十年代以来，西方心理学展现出对文化影响的持续关注，反思传统中立化心理科学模式的缺陷和弊端，分析文化与心理现象的关系，讨论社会文化对心理科学的影响。跨文化心理学、文化心理学、本土心理学、多元文化心理学等分支学科领域的崛起，标志着心理学正在试图寻找新的方法与范式来

---

① 叶浩生：《认知心理学：困境与转向》，《华东师范大学学报》（教育科学版），2010 年第 1 期。

② 胡谊、桑标：《教育神经科学：探究人类认知与学习的一条整合式途径》，《心理科学》2010 年第 3 期。

③ Clancy, W. J. *Situated Cognition*: *On Human Knowledge and Computer Represention s*, Cambridge University Press, 1997, p. 1.

解释人类心理实质与原因，重新引领学界对心理学本身学科性质的探讨，重视不同社会文化背景对个体心理发展的影响，寻找新的有价值的信息来构造新的理论模式。John Pichering 曾指出："心理学并未置身于后现代境况之外，它的注意力从个体的认知结构转向了文化的过程，文化过程出现于个体之间，并创造了每一个体的个体认知结构。近年对心理学的批评，以其不同的方式强调了这样的需要，即，从其生物的和文化的背景中去考虑心理生活，使过分强调内在认知机制的学科重新得以平衡"。[①] Michael Cole 也坦诚他的心理学观多年来深受维列鲁学派主张的文化观点的影响，从而提出了"文化相对主义"观点。他说："恰当地理解文化在发展中的作用，对于解释独一无二的'社会性'具有重大意义，而且能对实践提供更有效的指导，这是现有理论所缺乏的。"[②]

近 10 多年来，蓬勃发展的文化心理学为社会认知神经科学提供了一个广阔的舞台。在 Nisbett 等人的推动下，文化心理学已用实验证明，东方亚洲人与西方人在认知过程方面存在着显著的差别，这些差别来自于文化背景的影响与塑造[③]。文化塑造改变了不同自我结构（selfconstruction）的相关脑区[④]。类似地，Ochner 和 Liberman 研究表明，将人格与社会背景的维度分别与三者联接组成社会认知神经科学，将不仅能克服认知神经科学的不足——它不强调社会、文化、动机行为等的重要性，也将克服社会心理学的不足——它不涉及神经机制[⑤]。事实上，人类自身及其周围环境各自有着文化、社会以及历史的特殊性。人类所处的社会文化和生态环境也在影响、塑造、改变或建构其自身的思维、行为与感知的内容与方式[⑥]。于是，文化神经科学（Cultural Neuroscience）崛起就成为一种趋势。这是一门通过整合心理学、人类学、遗传学、神经科学等学科的理论和方法，研究心

---

① 葛鲁嘉：《心理文化论要》，辽宁师范大学出版社 1995 年版，第 2 页。

② Lucien, T. , Winegar, J. V. （ed）. *Development Psychology*（*third edition*）. Lawrence Erlbam Associates Inc Hillsdale. New Jesey, 1992, pp. 5 - 61.

③ Nisbett, R. E. Masuda T. *Culture and point of view*. PNAS, 2003, 100（19）: 11163 - 11170.

④ 朱滢、隋洁：《社会认知神经科学——一个很有前途的交叉学科》，《心理与行为研究》2004 年第 2 期。

⑤ Ochner, K. N. , Liberman, M. D. "The emergence of social cognitive neuroscience". *American Psycholoist*, 2001, 56（9）: 717 - 734.

⑥ Heine, S. J. *Cultural Psychology*. NewYork, NY: W. W. Norton, 2008, p. 86.

理、神经、基因过程中的文化差异，并阐明这些过程及其结果与文化之间的双向关系的综合科学[①]。文化神经科学研究文化价值、习俗、信念是如何塑造脑功能的。它试图阐明文化特质与生物机制之间的双向互动作用，其目的是用文化、心理、神经、遗传协同互动的观点来解释特定的心理与行为现象[②]。从这个意义而言，鲁利亚关于人的心理、神经生物结构与文化背景之间关系的阐释，可称得上是文化神经科学的先驱，对于推动和促进文化神经科学的发展具有重要的作用。新兴的文化神经科学构建了沟通文化心理学与认知神经科学之间的桥梁，证实了文化与心理、大脑之间的关系，为统一的心理学提供了具有希望的愿景和富有启示性的研究框架。

（三）为促进心理学生态化方法论转向提供参考

心理学生态化运动（The Ecological Movement）是强调在自然和社会文化背景下去研究人的心理的普遍倾向。它主张在真实环境中研究人的心理和行为，即研究人的现实行为和自然发生的心理过程，这既是当前心理学的一种改造运动，又是日益受到关注的一种心理学方法论。它在方法上采用的技术要求尽量保持心理和行为发生的自然性，如采用准实验设计、无觉察技术等。Robert Wozniak 和 Kurt Fischer 在其主编的《背景下的发展：具体环境中的实践和思考》一书说："以鲁利亚为代表的维列鲁学派是心理学'生态化运动'的先驱，他们对于从交互作用、社会文化情景和结构主义途径去理解心理发展过程做出了重要的方法论贡献。"[③] 生态化运动的代表人物 Wozniak 也坦诚其"心理学共构元理论"（Constructive Metatheory For Psychology）的方法论源泉来自维果茨基、鲁利亚等人[④]。维列鲁学派一个突出的研究理念或原则是历史原则。历史原则就是要求从历史的观点，不是从抽象的观点，在社会环境之中，而不是在社会环境之外去研究意识和心理的发展，正如有学者指出："正是历史原则构成了该

---

① Chiao, J. Y. *Cultural neuroscience*: *Cultural influences on brain function*. *Progress in Brain Research*. Elsevier Press, 2009, pp. 287 – 304.

② 刘将、葛鲁嘉：《文化神经科学的进展与前瞻》，《心理研究》2010 年第 6 期。

③ Wozniak, R. H , Fischer, K. W. (ed.) . *Development In Context*: *Acting And Thinking In Specific Envirronments*. Lawrence Erlbaum Associates , Hilldale, New Jersey, 1993, p. 21.

④ 张建卫、刘玉新：《维果茨基发展心理研究方法体系之初探》，《东北师大学报（哲学社会科学版）》1999 年第 5 期。

学派的全部理论的核心，作为苏联心理学家的维果茨基们的主要的功绩及其在苏联心理学发展中所作的巨大贡献，也就在于此”[①]。鲁利亚文化心理学观没有把一个事件或对象分成不具生命意义的元素，而是发现了保留事件内在运动和意义的分析单元——这一单元负载着个体与社会背景交互作用的变化过程。从过去把认知视为心理变化的静态结果（如思想、图式、记忆、计划等）推至今天把认知（如思维、叙述、识记、回忆、策略、选择等）视为问题解决的动态过程。这样的转变，对西方心理学的生态化运动起到了推波助澜的作用。

第四节　科学划界观视野下心理学观再思考

心理学科学划界的问题其实也是心理学观的问题。如何对心理学进行科学划界，关涉到秉持着什么样的心理学观。心理学观会指引如何进行心理学科学划界。所以，心理学划界观即心理学如何划界既是心理学家关注的焦点，也是哲学家论述的主题。可以说，心理学观演变直接推动着心理学理论创新发展，而心理学整个学科的推进历程，也见证了心理学科学划界的内在演变轨迹。

一　沉思科学划界标准

（一）科学划界标准述评

科学划界是科学哲学中元问题之一，从这个意义上说，要判断一门学科是否属于科学，必须研究科学划界标准，其理论旨趣就在于它为有关科学观、科学理论结构、科学合理性、科学进步、科学价值评判等问题的哲学反思提供理论上的支持背景。所以，萨伽得说：“科学哲学中最重要的规范问题就是划界”[②]。所谓科学划界就是在科学与非科学之间作出区分。科学划界从某种意义上说，构成了科技哲学及科技史研究的出发点和逻辑起点。科技哲学发展历程，究其质，其实是科学与非科学之间不断斗争、

---

① A. A. 斯米尔诺夫：《苏联心理科学的发展与现状》，李沂译，人民教育出版社1984年版，第312页。

② Thagard, P. *Computational Philosophy of Science*, the MIT Press, 1988, p. 157.

排斥和压制也即划界的历史。

科学划界的思想渊源可以追溯到毕达哥拉斯提出的精确性原则。在他看来，科学要以精确性为前提，只有确定性、逻辑性才是万物始基的特征。此后，亚里士多德提出溯因标准、证明极致和语义标准，这些标准不仅构成了科学划界的古典形态，而且，在整个中世纪后期和文艺复兴中支配着科学本质讨论，也为17世纪重新考虑这些问题提供了重要背景。最早提出科学划界标准的是逻辑实证主义那些科学家们[①]。自科学哲学诞生以来，科学划界大致经历了以下几个阶段：第一阶段是逻辑经验主义和证伪主义的逻辑标准，其划界标准追求的是科学与非科学之间的绝对、一元和逻辑的划分。后期的代表人物如卡尔纳普、赖欣巴哈等人对这一划界标准提出了修正，尽管修正后的标准向整体和实践回归，但经验基础并没有动摇，只是，该划界标准无法解决诸如“不仅有许多科学陈述不能完全被证实，而且大量非科学的信念系统也具有可证实成分”等问题[②]；第二阶段是以库恩和拉卡托斯为代表的历史主义相对标准，其划界标准追求的是一元、变化而且是相对的，“范式”与“研究纲领”分别是他们提出的划界单元。问题在于“范式”中带有的历史相对主义和实用主义科学观，使得其“范式”理论与科学发展史相悖离；“研究纲领”中也避免不了带有逻辑经验标准性及一定的绝对性[③]。这样，从逻辑经验主义和波普尔的朴素证伪主义，再到库恩的历史主义和拉卡托斯的精致证伪主义，“我们看到的是一根批判链条，这根链条前两段是绝对标准，后两段分别是库恩的“软化”和拉卡托斯的“韧性”[④]；第三阶段是以费耶阿本德、罗丹和罗蒂等人主张的标准消解论，他们追求的是没有标准，无须标准，划界标准彰显的是反“科学主义”本质观，主张完全消解科学划界。他们认为正是因为人为的科学划界，才将科学与解放必然地联系起来，导致科学成为压迫其他思想的“专制工具”而陷于科学沙文主义，所以，他们批评

---

① 洪谦：《逻辑经验主义》，商务印书馆1982年版，第5—37页。

② Laudan, L. *The Demise of the Demarcation Problem*. In R. S Cohen and L. Laudan. Philosophy and Psychologysis, D. Reided Publishing Company, 1983, p. 120

③ Lakatos, I. *Science and Pseudoscience*, *Philosophical Paperps*, Cambridge University Press, 1977, pp. 1－8.

④ 陈健：《科学划界——论科学与非科学与伪科学区别》，东方出版社1997年版，第1页。

现代科学禁锢了思想自由[①]；第四阶段是以萨伽德和邦格为代表的多元划界标准，追求的是多元、动态且开放的划界标准。在萨伽德看来，科学与非科学可以通过一组多元标准加以识别。如果与这个多元标准产生错位，则可能会滑向伪科学。邦格则在此基础上，又提出一个更为具体、更为精致、更为“多元”的划界模型：E =（C、S、D、G、F、B、P、K、A、M）[②]。多元划界标准没有考虑到各个元的变化、元与元之间的关系以及在判断时的加权，这就使得人们在理解、把握和应用该模型时会遇到很多矛盾。另外，邦格的“精确性”思维方式是他把精确化与可错性结合起来，是从分析哲学中采集元素嫁接到可错论[③]。所以，他的“精确性”理念中隐含着某种现代二元对立思维，忽视了“知识领域”因为复杂性、整体性和变更性而具有的模糊性。

（二）关于科学划界标准的思考

针对以上科学划界的争论、分歧与历史沿革，可以这样认为：

第一，科学划界问题是科学哲学的基本问题之一，也是科学发展史上必须面对的现实问题，其直接推动科学的创新发展历程。尽管自历史主义诞生以来，科学哲学通常承认科学与伪科学之间没有绝对的划界标准，但是“没有绝对的划界标准”并不意味着没有划界标准。从逻辑主义和波普尔的绝对标准到库恩提倡的相对主义标准，其内在清晰的发展思路已经昭示，科学划界标准不是一劳永逸的，也不是静止僵化的，更不是保守封闭的。不同的历史社会情境、不同的科学发展背景、不同的具体问题，都可能会促使科学划界标准不断衍变、传承和创新，并向新的时代语境开放，寻求对话。而相应的时代语境则向科学标准赋予特定时代精神，从而使之生成特定语境性。所以，科学划界问题是一个十分复杂而又系统的工程。它不会停滞不前，相反，科学本身发展及日益猖獗的伪科学在不断提醒该问题所面临的压力及变数。

第二，关于经验问题、事实检验问题。无论是逻辑主义的一元绝对化标准，还是现代的多元划界标准，尽管他们持有的科学观和方法论各自有

---

① Feyerabend, P. *How To Defend Against Society*, Kle mke et Introductory Reading in the Philosophy of science, NewYork Promethews Books, 1998, p. 5.

② 邦格：《什么是伪科学》，《哲学研究》1987 年第 4 期。

③ Agassi, J. & Cohen, R. S. *Scientific Philosophy Today*, Dordrecht. Boston, 1982, p. 46.

差异，但是，他们并不否认科学结论必须得到经验事实可靠检验，这是一条基本原则，也是每一个划界主义者的理论基石。因为他们都懂得，能否为经验证实或证伪，直接关涉到一个科学命题或知识领域的存亡，科学的客观性与不证自明性也正源于此，换言之，一个科学命题或知识领域只有在得到经验事实的验证后，才能称其为科学。但是，这里就存在着这样的悖论：有些科学理论或假设，由于其前瞻性而一时无法由经验证实，可能会被认为是非科学而遭扼杀；经验由于本身感官的局限性或工具无法拓展，可能会使一些非科学堂皇地登上科学殿堂。这种循环悖论尽管无法确切解决到底是经验检验理论，还是理论解说经验这样的问题，并且，在很短时间内，这个问题还将是个问题，但是，经验（实验）的事实检验是新老划界主义者无法逾越而又必须面对的问题。

第三，值得一提的是，后现代主义者如费耶阿本德、劳丹及罗蒂等人，主张消解科学划界论，表明他们强调人类知识体系的多样性和丰富性，强调科学和其他知识领域的内在关联，反对仅仅用自然科学的方法论和立场来评判其他文化体系的科学沙文主义的基本态度，这并非表明科学与非科学之间没有界限。无政府主义划界消解论与其说是消解了科学与非科学之间的界限，是为争得其他叙事方式与科学享有同等地位的一种努力或尝试，不如说是对今天科学具体指称自然科学话语霸权方式与立场的一种批判和解构，正如美国当代哲学家莫尔顿·怀特所说："当我们一旦弄清楚学科之间没有明确的分界线，而且，没有一门学科可以称得起在认识分类表中占有一个唯我独尊的位置时，当我们弄清楚了人类各种经验形式也和认识同样重要时，只有到那个时候，才算打通了最广义的、关于人的哲学研究道路"。

第四，抛开科学划界所彰显的某个划界理论所处的时代背景以及对科学与非科学是否同属一个领域的追问，思考后便可发现，科学划界问题之所以一直是科学哲学的中心问题之一，是源于对科学的一种自尊心态的辩护和强势地位的继续维系。事实上，当古代思想家试图做理解自然界最初尝试时，哲学与科学是一同发生、互相渗透在一起的。自然哲学即是当时哲学，也是当时科学①。后来，当自然界中一个个领域与一个个问题演变成为自然科学，并相继离开哲学这一母体以后，自然科学成为"科学"

① 刘大椿：《科学哲学》，人民出版社1998年版，第2页。

的代名词，发展成为一个统领人类实践生活领域的宏大叙事结构，也演变成人类利用和征服自然界无所不包、无所不能的强大工具，并上升和膨胀到自然界甚至是人类的立法者的位置。近现代以来的科学划界理论无论是一元标准还是多元标准，似乎就是在为本就强大的科学继续“跑马圈地”，对科学话语霸权的进一步张扬，而把那些无法划归科学范畴但却关联到人类体验、直观、信念及价值等范畴的深层领域的带有“非科学”的、“形而上”色彩的叙事方式，采取了脏水和孩子一起倒掉的一刀切做法，将其关在了理性王国门外。究其实质，这是科学至上的现代性意识或理念的生动再现。

二　心理学划界“观”评议

对科学划界标准进行简短梳理与评述后，接下来，该思考心理学的学科划界问题。一个直接问题就是，心理学是科学吗？如果是，它是怎样的一种科学？如果不是，为何始终以科学自居？面对这种“康德式命题”的追问，需要从心理学科学划界观入手来深入思考。不可否认，今天，无论是学界内还是学界外，心理学的学科性质一直是人们关注的根本话题，也不断引发人们对心理学科学划界标准的探究与追问。仔细梳理，会发现关于心理学科学性质有几种论调，兹略述之。

（一）心理学自然科学观

坚持心理学是自然科学观念在心理学领域占据着绝对的优势力量。心理学研究从其科学化以来，一直运用着自然科学方法如实验法、测验法、统计法等，这是使心理学成为自然科学的根本，因为自然科学研究方法支配下的心理学研究表现出客观性、验证性和系统性等特征，研究目的表现出如自然科学相同的特征：描述、解释、预测、控制、应用①。此外，心理学的哲学基础是实证论。斯塔兹（Staats）指出，心理学统一的哲学基础应该是实证主义②。实证主义的内在精神被心理学吸纳过来，对心理学的研究理念产生了深远影响，尤其是对早期的行为主义心理学的影响更是

---

① 张春兴：《论心理学发展的困境与出路》，《心理科学》2002 年第 5 期。

② Staats, F. A. W. “Unified Positivism and Unification Psychology”, *American Psychologist*, 1991, 46 (9).

巨大[①]，推动了心理学自然科学化历程，并逐渐形成了一种研究传统，演变成为今天的现代主流心理学。加拿大心理学家斯坦维齐（Stanovich）坚持心理学是一门自然科学。他认为，心理学有别于其他行为学科，其一，在于心理学研究所得的有关行为结论是从科学实证中得来；其二，是心理学的实际应用都源于科学方法；其三，他提出心理学之所以为心理学，就是一门以数据为根基的行为科学[②]。金（Kim）和伯利（Berry）则认为“心理学严格地依附于自然科学传统，这种依附取之于当时的自然科学精神，从而将其继承过来，也使自身发散着自然科学的味道”[③]。

应该说，对心理学自然科学化的理解无论是在1879年以来的一百余年时间发展历程中，还是在当代，无论是西方还是在我国，从当初的行为主义心理学到今天的认知心理学，都拥有着优越的话语权，并在这种理念的推动和支配下，不断地促进心理学自然科学化的建设，开拓着心理学研究的新领域。在我国，只要翻开心理学的重要期刊《心理学报》《心理科学》以及其他学术期刊如《心理科学进展》《心理发展与教育》及《心理与行为研究》等，无不充满了浓郁的自然科学的精神与理念，数据、图表、数学模型、统计分析、逻辑推理等自然科学要素随处可见。正如荆其诚在分析了当前的时代精神后指出：“心理学理论和方法受益于生物学和生理学等自然科学，又受益于社会学和人类学等人文科学。心理学受时代精神或社会思潮的影响是很明显的，同时，它也与周围的科学观念进行着频繁的碰撞，时代精神对心理学影响最显著地体现在心理学主流理论构建上”，“心理学尽管与其他学科交融大大增多了，但仍不失为一门独立科学”[④]。心理学的自然科学观把握和领略到了自然科学精神，试图凭借自然科学精神为心理学披上科学的合法外衣，这在当时，既是时代发展的必然，也是心理学顺应时代精神召唤而做出的积极应对。但是，心理学自然科学研究模式一直面临着这样的质疑与追问：只看到心理学观照着人类

---

① 郭本禹、郭德侠：《实证主义与心理学方法论》，《西北师范大学学报》1998年第4期。

② 斯坦维奇：《与众不同的心理学》，范照等译，中国轻工业出版社2005年版，第17—18页。

③ Kim，U & Berry，J. W. *The indigenous psychologies research and experience in cultural context*，Newburry Park：CA Sage Publications，1993.

④ 荆其诚、张航：《时代精神与当代心理学》，《心理科学进展》2005年第2期。

心理的客观性、生物性和遗传性特征，而忽视了人类心理的主观性、社会性和历史性；只看到人类心理行为须以物理语言来精确描述，而忽略了人类心理也需要“理解”之镜来洞察，割断了人类心理与历史文化背景之间的关联。这是现代心理学无可回避的最为棘手问题之一。

（二）心理学人文科学观

心理学人文科学观思想在西方主要以存在主义心理学和人本主义心理学为代表。他们主张，人不仅仅是生物性存在，也是社会文化存在。人的心理不仅具有遗传属性，也具有文化属性。所以，人文科学取向心理学反对科学心理学以逻辑分析、客观数据和精致的实验设计贯穿和支持整个心理学研究所带来心理现象形式化、凝固化、简约化和平面化研究，主张以诸如个案研究、个别访谈、人物传记等质化研究方法来实现对人的“解读”。质化研究是理解人的现场研究，一般以参与观察、无结构访谈或深度访谈来收集资料①。维果茨基就认为，实证方法只是触及到人类心理表层而无法揭示人类心理深层结构。所以，质化研究方法在人文科学取向心理学那里，具有“提供系统描述和分析不同语境下心理现象意义结构的便利”②。人文科学取向心理学是以存在主义和现象学为哲学基础。存在主义是一种人生哲学，其中心主题是人的自由、选择和价值，将人的自我实现和潜能发挥视为人存在的根本目的。心理学需要科学概念扩展，以便能有效研究心理现象。同时需要某种哲学为这种扩展提供合法说明，现象学正是能够提供这种合法性说明的哲学③。伍麟也主张心理学是一门人文科学。他认为心理学应以追求人文科学取向为主。心理现象不是演绎而来，而是具体、活生生的可以直接体验、反思和直觉到的。心理学任务是描述鲜活经验的直接给予当代意向性，而不是通过假设建构外在原因去解释。坚持建设一门人文科学心理学的根本目的是真正实现心理学研究人之

---

① Burges, R. G. *In the Field: An Introduction to Fiekd Research*, London: George, Allen&Uinivin Ltd, 1984. pp. 56 – 102.

② Ratner, C. *Culture Psychology and Qualitative Methodology*, New York : Plenum Press. 1997. p. 78.

③ Giorg, , *A. Exist Phonomenological Pholosophies as Grounding for person – Centred Science.* In Educational Research and Developmental of Royal Melboure Instiute of Technology. Occasional Papper, 1993 (3): 3 –4.

为人的全部心理经验[①]。

将心理学视为人文科学，既是对心理学自然科学取向的一种反抗与试图超越，期望着能为心理学发展打通一条不同于自然科学取向的道路，开辟出解读人类自身的独特视角。“世界蕴含着人，人也蕴含着他的‘此在世界’，存在——现象学心理学思想的一个重要价值就是对人与世界统一体强调”[②]。但是，由于哲学观和方法论局限，决定了这种取向的心理学还无法真正将现实的“人”从科学世界之中找寻回来。现象学还原的思维方式根本目的在于苦苦追问人背后抽象的、单一的、纯粹的“人”的本质，这是另外层面的“人”的抽象化[③]，这种局限是注定的。另外，如何将现象学和存在主义中的精神内核“移植”或融汇到心理学中，也是人文心理学没有解决好的一个难题[④]。

（三）心理学边缘科学观

主张心理学是交叉科学或边缘科学的理念以车文博为代表。他在系统考察心理学自然科学性质与人文科学性质以后，发现这两种视角并不足以全面反映心理学本真面目。于是，他提出了心理学是边缘科学的命题：“从人的心理主体、心理器官（脑）、心理内容、心理过程的性质及心理规律的双重制约来看，心理学是一门介于自然科学与社会科学之间的中间学科（或边缘学科）。目前，无充分理由说明心理学作为中间科学应偏向哪一边。至于不同分支因研究的具体方面不同，有的可作为社会科学来研究，有的可作为自然科学来研究”[⑤]。在车文博看来，尽管心理学基本是属于人的精神科学范畴，但却不宜把心理学简单地划归到人文科学。同样，划归到自然科学更是不合时宜的。心理学分支学科如社会心理学便属于社会科学，而神经生理心理学则属于自然科学。所以，他强调“我们还应该坚持心理学是中间科学定向”。应该说，视心理学为交叉科学或边缘科学的观点无论在国内还是国外，有着相当的市场，以较为宽泛的理论

---

① 伍麟：《作为人文科学的心理学》，《自然辩证法研究》2003 年第 7 期。

② Giorgi，A. “Psychology：Human Science”，*Social Research*，1969（36）.

③ Wertz，F. J. “the Role of Humanistic Movement in the History of Psychology”，*Journal of Humanistic Psychology*，1998. 38（1）.

④ 伍麟：《心理学的人文取向》，《西北师范大学学报》2003 年第 6 期。

⑤ 车文博：《心理学基本理论问题研究（提纲）》，《心理学探新》1991 年第 3 期。

视野和较为深刻的洞察力，对于解读心理学有着一定的合理性，既看到了心理学人文性质一面，也看到了心理学自然科学性质一面。但是，如何将这两种性质整合起来观照心理学，也就是说，该如何解读边缘学科性质，却是个颇为棘手的问题，正如吉尔吉所说："大写的科学必须包括两个方面：自然科学和人文科学，这种思想预设是自然现象和与人相关现象有着不同地方，必然需要发展不同上述二者范式，而这种范式却不仅仅把二者机械地揉和在一起就万事大吉了"①。

（四）心理学文化观

当心理学自然科学研究取向在世界范围内招致质疑和批评时，心理学出现了文化转向趋向，试图以文化为"镜"来认识和理解心理学。文化心理学的基本思想在于人类内在心灵的统一体不可能被预先假定，人的心理活动过程根植并依赖于符号和社会组织系统②。文化心理学者认为，并不是所有行为都能用一套范畴和维度加以解释，而是首先考虑一个既定维度、概念或范畴是否有意义，以及如何在一个既定的文化语境中使用它们。在这里，文化并非仅仅是单纯的背景或无关变量。人的任何内在、深层的心理结构及其变化都蕴含于文化背景之中和之上。心理学者永远不可能将自己研究对象与文化情景相剥离。谈到心理学文化转向，就不能绕过苏联心理学维果茨基（Vygotsky）。他在积极的人—积极的环境这一系统中，创新和构建了第三因素即作为中介的文化符号，由此，使得系统中的两端因素实现相互作用。"符号的使用为人类带来了一种完全新型的特殊的行为结构，挣脱了生理发展束缚，首次创造了新型的以文化为基础的心理过程，并将心理学置于社会文化的背景和框架中来理解"③。维果茨基的社会文化理论复兴和唤醒了西方现代心理学的文化意识，促使学界开始反思和追问主流心理学的实证取向，推动了心理学文化性质的深入理解，也成为了近日心理学文化转向的重要思想源流之一。"维果茨基工作给美

---

① Giorgi, A. *Phenomological Psychology: Rethink Psychology*, London: Sage Publication, 1995, p. 2.

② Fowers, B. J., Richardon, F. C. "Why is Multiculturalism Good", *American Psychologist*. 1996, 51 (6).

③ Marie, J. *the collected works of L. S. Vygotsky*, New York and London: Plenum Press, 1998, p. 115.

国人上了很好的一课，也就是提供了可供选择的世界观和思维模式……我们忽略了心理学根植于美国个体主义的文化土壤之中现实，揭示并科学地证明这一点和理解心理学，是我们从维果茨基思想中吸取的最深刻的教训和启示。”①

关于心理学是否具有文化性质，心理学研究是否应该涉及文化问题和如何能涉及到文化问题，人类心理之于文化、文化之于心理学之间关系到底如何把握等，这些都是有关心理学发展的根本问题和关键问题。心理学界至今依旧在文化转向的理论层面宏观探讨和思索，鲜有对心理学文化转向内在深层机理的具体挖掘和梳理。所以，心理学者所关涉的心理学“文化”层面的命题，在突出了心理学方法论意义之余，还缺失一定的说服力和深刻性。另外，从文化层面来探讨心理学，还只是将心理学与文化分离开来讨论，文化只是作为一种标签，并没有成为解读心理学的一种框架或直接背景。尽管心理学文化转向思潮在浓郁的科学主义氛围里开辟了一个新的研究领域，拓宽了心理学者的研究视野，而且在一定程度上变革了心理学研究方式和思维方式，对于反思和重构心理学，具有重要价值，但是，由于现代二元对立思维的束缚和制约，在回答“心理学是什么”这一根本问题和重建心理学上，还是有相当难度②。

（五）其他观点

此外，台湾心理学家张春兴先生提出“心理学是超科学”的观点③。他认为，心理学是一门科学，而且是一门超科学，即心理学是“超科学的科学”。他强调，心理学是一门科学，但与其他科学相比，心理学又是不一样的科学，因为在依靠自然科学研究解决了人类生存问题之后，事关人类福祉的心理科学研究，必须依靠心理学。中国学者很深刻地将心理学价值与人类心灵幸福关联起来，使人们对心理学的认识和理解又上了一个新的台阶。但是，张春兴并没有就该命题的内在立论依据和提出的合理性作深入探讨。

---

① Newman, F. &Holzman, L. *Vygotsky*, *L. Revolutionary scientist*, London and New York: Routledge, 1993, pp. 31 – 33.

② 孟维杰：《从心理学文化转向到心理学文化品性探寻》，《自然辩证法通讯》2006 年第 1 期。

③ 张春兴：《现代心理学》，台北：东华书局股份有限公司 1991 年版，第 7—8 页。

蔡笑岳和于龙提出了“心理学是研究人的另类科学”主张[①]。他们将心理学定位于综合性“人学”，在考察了心理学研究对象、研究方法、研究内容和知识形式的“另类性”后，指出心理学既不同于自然科学，也不同于人文科学，更不同于社会科学，而是一门特殊学问。从其应用价值讲，既有“工具性”，又有“非工具性”；从其知识形态讲，既是科学，又是文化；从其科学角度讲，既是“硬科学”，又是“软科学”。

三 关于心理学“观”的思索

心理学如何划界，如何理解心理学本身问题是心理学理论建设根本问题，事关心理学创新与发展。站在什么立场上，以什么视角，直接关涉到心理学者持有怎样的科学观、怎样的心理学观以及怎样的哲学观，这也是事关心理学将会获得怎样发展和面临着发展到怎样程度的问题。纵观中外心理学家对心理学的不同理解和对心理学划界标准理解，可谓见仁见智，无不反映了心理学家不同的哲学观、科学观和理智背景，折射出那个时代的社会文化形态，提供了理解心理学的不同视角和侧面。尽管各自观点和划界标准可能会因为时代精神、哲学观、方法论等方面局限而表现出这样或那样的缺陷和不足，但是，在丰富心理学研究的内容和取向，推动心理学自身建设和发展，开辟心理学研究领域，拓宽心理学研究视野上，做出了自己的贡献和价值，这是必须予以肯定的。问题就在于，在对心理学性质的理解上，每一种观点和划界标准都不约而同地站在了“自己”的立场上，或者是站在批判和反对另一方观点的立场上。这样，这些观点在表达的时候，要么只是从自己的立场出发，只关注和论证自己所持观点的合理性，而反对和批驳对方观点的局限性，从而不可避免地走向极端化；要么是从外在于心理学的视角来审视心理学，关注焦点只是停留于心理学表层，被心理学某一特征遮住了进一步洞察的视线，试图以偏概全地来认识和概括心理学全貌，研究视野注定是有局限的。即便是近来关于心理学文化性质的探讨，也是以分析人的心理和行为的文化特性的“日常性观念”为前提，没有考虑到人类心理对于文化而言具有怎样的意义，文化之于心

---

① 蔡笑岳、于龙：《心理学：研究人的另类科学——对心理学学科性质的再认识》，《中山大学学报》2005 年第 5 期。

理学而言到底应该有着怎样的关系。所以，“当我们考虑到文化形成离不开 mind 的时候，这种单向度的、纯粹的文化决定论，其局限性也是显而易见的”[①]。换言之，这是将“心理学文化性质”的命题奠基于对文化与人类心理、心理学之间关系的考证还不明晰的基础上。尽管该观点指出了心理学研究宏观上的方向，但是，却缺乏就这一观点做进一步深入的、细致的、具有说服力的论述和考评。

毋庸讳言，心理学至今也没有令人满意的科学划界标准。那么，要想对心理学有一个全面和整体的认识和理解，应该站在什么样的立场和采取什么样的研究视角来审视和考察呢？这是一个当代心理学者必须要面对并需要回答的问题。很清楚，心理学科学划界的发展历史表明，一方面，这个问题之所以一直是心理学的中心问题之一，是源于对科学的一种自尊心态的辩护和强势地位的继续维系，是对心理学中的科学话语权力的进一步张扬；另一方面，心理学科学划界观也强调了人类知识体系的多样性和丰富性，强调科学和其他知识领域的内在关联，反对仅仅用自然科学的方法论和立场来评判其他文化体系的科学沙文主义的基本态度，是对今天科学具体指称自然科学话语权力与方式及立场的一种批判和解构。因此，心理学科学划界标准之间的纷争、歧义和传承历史，也是对心理学作为科学本身这一命题进一步深入思考的历史，更是从根本上回答“心理学是什么”和“心理学何以可能”这一牵涉到心理学生存和发展的重大问题进行深层次思索的历史。对心理学科学划界问题的沉思永远不会停止，它会随着人们对心理学本身命题的思索而渐渐深化和深邃，并使之向新的时代语境开放，不断生成新的意义。“人类的事情往往就是这样，当问题进入人们意识，被人们当作不能不解决的‘问题’看待时，就意味着人们已经开始有解决问题的手段，否则人们是不会感到那是个‘问题’。”[②]

---

① 熊哲宏：《“模块心理学”的挑战：反“文化心理学观”》，《华中师范大学学报》（人文社科版）2005 年第 4 期。

② 高清海：《找回失去的“哲学自我”》，北京师范大学出版社 2004 年版，第 281 页。

第三章　心理学另类性格考察

前文已述，现代心理学除了自然科学的品性以外，通过思想考古学的方法论，深入挖掘和梳理了心理学的另一种品性——文化品性。这是对心理学自然科学品性的“解蔽”和反思，也是对心理学本来面貌的还原，有助于对心理学实现全面和深入的理解。只有如此，才能让心理学更加立体和丰满，也才能让心理学更加贴近人类主体，更近地走进人的内心世界，对人的观照也才深刻。心理学的自然科学品性和文化品性是从大的范畴来进行划分。事实上，除了这两种比较大的范畴划分的角度，如果再深入探究，会发现心理学还有其他的性格隐匿其中。适度挖掘和还原这些另类性格，会还原出更加真实和立体的心理学全貌。

第一节　心理学人文精神

虽然科学心理学经历了百余年的发展，但对于心理学科学性的探讨依然没有定论。在以本体论、实证主义为主流的心理学科学发展史中，心理学这一以人为研究对象的特殊科学，却越来越背离其初衷；跳脱出“人”这一特殊的研究对象，将“人”与自然科学研究的物相等同，不断地向自然科学靠拢，形成了心理学浓郁的自然科学品性。人文精神是一种普遍的人类的自我关怀，表现为对人的尊严、价值以及命运的维护，对人的理想、自由和平等的一种追求，对一种全面发展的理想人格的肯定和塑造。它是人类精神文化现象的一种积淀，是人类精神文明程度的一种标志。

一　心理学人文精神与科学精神之论辩

心理学自19世纪从哲学的襁褓中挣脱出来，成为独立学科之日起，科学界针对心理学学科性质的探讨就一直不曾停歇。对此的争论主要集中在以下四种观点：其一，心理学是与物理学、生物学等同的自然科学，心理学只有采用客观、严格的科学方法，才能达成心理科学的研究目的，这种为迎合自然科学的科学性的唯科学主义状况从科学心理学诞生开始一直蔓延至今；其二，对于科学性质的界定取决于研究对象的属性，而不是所采用方法的属性，心理学作为一种以人为研究对象的科学，必然属于人文科学的一部分；其三，在前两种绝对化的观点争论相持不下的局面下，有人主张用折中的方式将心理学看成一门中间学科，这种观点在当下尤为盛行；其四，科学心理学的发展不过一百多年，理论学派林立冗杂，学科的归属问题需要在其进一步发展后才能准确界定①。

心理学是同时具有人文精神与科学精神的，这一点毋庸置疑。科学心理学自成立之初，就积极向自然科学靠拢，在冯特的开创性研究之后，心理学的自然科学立场就被奠定了。在之后的主流心理学中，机能主义与行为主义更是将这种自然科学倾向发挥到极致，将心理学的价值完全依托在这种自然科学的实现上。可以说心理学的科学之路是用其标榜的科学精神为敲门砖的，然而在心理学科学发展历程中，心理学的科学性仍然饱受诟病。著名心理学家科克曾指出，心理学自一百多年前脱离哲学以来，一直未能成为独立科学，并且因受其自身条件所限，心理学也将永远无法发展成为一门独立科学②。与此同时，心理学人文精神倡导者，以此为契机将心理学的发展困境归结于其科学道路的失败，从而为心理学人文精神的价值与地位正名。

心理学作为一种以人为研究对象的科学，承担着关注人的社会性和主观感受、强调人的价值和意义、揭示人的真实心理生活的责任和义务。这与自然科学以物为对象，意在解释自然界的普遍规律性是显然不同的。而人文精神的本体以四字概之就是唯人主义，它意在探求人与自然、人与社会、人与自身的关系，追求自我实现，这与心理学的初衷作为人的学科不

---

① 赵海燕、张锋：《作为自然科学的心理学的困境》，《云南师范大学学报》2000 年第 5 期。

② Koch, S. *The nature and limits of psychological know lodey: Lessons of century qua science.* In S. Koch & D. E. Leary (eds.), A century of psychology as science. New York: Mc - Graw - hill. 1985, pp. 72 - 73.

谋而合。在追求真、善、美的人文精神的天性功能论中，这种天性功能更是涵盖了认识、行为、情感、理智、意志和感受等心理学的研究对象。这样看来，心理学与人文精神本就存在着不容忽视的理论相关。

对任何一种科学的探知，都有其深刻的动机和目的，心理学也不例外。追溯 1879 年科学心理学独立之前直至公元前 500 年左右，有历史文献记载表明，古、近代哲学家们出于对认识人（人性）自身的强烈好奇和兴趣，建立了关于心理问题的形形色色的思辨性推想或猜测①。这些推想和猜测也正是之后心理学这一学科所研究的对象。简而言之，心理学在形成一门科学之前，就借着人文精神的助力在探索家的世界里得到了重视与关注。在心理学所经历的科学洗礼之中，心理学对科学精神的过分关注与推崇，导致了心理学的人文精神异常缺失甚至趋于衰落，而以客观性、逻辑性、严密性来衡量这一本身以人为研究目标的学科，显然出现了严重的偏颇，科学方法的应用是否就足以决定学科本身的科学性呢？在顾此失彼的科学之路上，心理学人文精神的回归，既是心理学持续向前发展的必须，更是大众认知下心理学走向之必然。

二　心理学人文精神表达

心理学起源于西方，深受西方文化的影响，从心理学漫长的发展和衍生历史来看，在心理学独立于哲学之前，它和哲学一样是西方宗教价值观念与启蒙文化的产物，这其中不乏西方人文精神的观照。如今，当我们迫切地想要复归心理学人文精神时，我们必然要从其哲学源起、理论建构、研究方法、本土化研究以及心理学主体等方面进行探知，才能探寻到心理学真正的人文精神表达。

（一）心理学哲学起源的人文主张

心理学在以冯特在莱比锡建立实验室为标志的独立之前，一直都被包含在哲学之中，深受各种哲学流派思想的深远影响。有怎样的哲学理论就孕育着怎样的心理学，早在心理学成为独立学科之前，哲学家或思想家就对人类心灵的性质与活动进行了解说和阐释，他们早早建立起了有关人类心灵与其外在活动的思想体系。正如实证主义哲学成为科学主义心理学的

---

① 伍麟：《心理学哲学的位置》，《吉林大学社会科学学报》2002 年第 2 期。

先导一样，存在主义哲学、胡塞尔的现象学以及海德格尔的解释学对科学主义的自觉批判，对人的独特本性与人的特有研究方式的高度弘扬，铸就了心理学人文精神的基本内核，并被后续研究者所延习和继承，成为心理学人文精神的哲学起源。

1. 以人为核心的存在主义哲学思潮

实证主义哲学在科学心理学的发展之初，的确为心理学的科学化带来了启示与指引，推动了心理学研究方法的改善，为心理学科学地位的巩固与发展做出了不可磨灭的贡献。不过，实证主义下的心理学忽视了历史、文化对人心理的影响，将人简单地看成与动物、机械无异的“物”。它给心理学发展带来的后果已经日益体现。西方哲学在尼采之后，开始了从主体理性转移到个体的生存实践的研究上，对主体理性的反叛，对存在的追求，正是西方哲学从近现代到后现代转变的核心。心理学的研究受到了来自哲学变革的影响，也开始对建构于主体理性哲学基础之上的科学主义心理学展开了一系列的批判，开始关注作为存在的人而不是作为主体的人的真实状态①。

存在主义产生于第一次世界大战之后，新时代的到来让人们的归属感异常缺失，人对于自身存在的追求就应运而生了。存在主义的思想核心是以人为中心、尊重人的个性和自由，认为人的存在本身没有意义，但是人可以在存在的基础上实现自我价值。与实证主义相比，存在主义对人、人性、人的整体性的关注是具有创造性价值的，它让“人”真正体会到了作为“人”的特殊性。在实证主义心理学的观照下，心理学者举起了存在主义的大旗。心理学的研究在本质上就是人与人的交往过程；而存在主义所强调的个体与文化以及个体之间、个体与群体之间的交互作用也成为了心理学对心理个体与心理生活的研究意义的体现。而正如前文所提到的那样，人文精神也是对人与人、人与自然、人与社会关系的探究，在这点上三者有极大的共通之处。这种对相互作用和互动关系的强调，为之后心理学的本土化研究以及主体心理学向存在主义心理学的转化奠定了哲学基础。

---

① 周宁：《心理学哲学视野中的主体心理学与存在心理学》，《学习与探索》2003 年第 4 期。

2. 胡塞尔的哲学心理学

胡塞尔现象学是在德国著名哲学家、心理学家布伦塔诺的意向心理哲学的影响下开创的，它在成立之初就与心理学有着千丝万缕的联系。现象学以“现象”为对象，研究人的意识，研究各种体验、行为和行为相关项，以现象学还原法为基本方法，主张让事物自己说明自己的企图。按照这种还原法，我们将排除属于每一种自然研究方式本质的认识障碍，并转变它们固有的片面注意方向，而专注于探究先验的纯粹意识领域，从而达到我们所说的特殊意义上的现象学领域①。胡塞尔现象学主张用反思分析的方法来认识自我，主张关注意识本质而不是事实，认为寓于客观主义与实在论的方式是无法达到对先验意识的探知的。胡塞尔本身对心理学保有非常高的关注，他试图通过解决心理学的哲学基础问题，为心理学的科学发展铺平道路，后来者将胡塞尔的相关心理学思想统称为胡塞尔的哲学心理学。现象学作为一种哲学思潮，它所主张的对人的经验、价值、主体性的研究被格式塔心理学和人本主义心理学所继承和发扬。

3. 心理学方法论解释学转向

解释学的历史可追溯到古希腊时代。到了 19 世纪上半叶海德格尔的解释学也被称为现象解释学，他既继承了古典解释学，又融合了现象学的理念，使解释学由人文科学的方法论转变为一种哲学。解释学认为科学的目的就是为研究对象寻找一个合理的解释；描述、说明、理解这些被排除在科学研究方法之外的方式都是解释学哲学的高级形式。解释学开创性地提出了解释者与被解释者之间存在着相互影响的互动关系，它首创性地关注了研究与被研究之间存在的历史、文化、社会环境、主观感受等诸多影响因素，对于心理学这种用人研究人的科学的启示是不言而喻的。解释学对心理学的重大贡献还表现在其对心理学方法论的变革，解释学的方法论主张多样性、多元性和深入性，在实证主义哲学影响下的客观理性方法论后，提出了心理学研究的新出路。解释学以蕴涵丰富的人生意义的文本为对象，促成了心理学中人文价值取向的形成，树立了人文科学心理学知识的合法地位，支持了人文科学倾向的心理学的发展。在众多解释学哲学的研究中得出：解释学对人文科学以及其他学科都具有普遍意义，这使我们

① 冯建军：《西方心理学研究中现象学方法论述评》，《南京师大学报》1998 年第 3 期。

认识到主流的科学心理学和人文科学心理学一样存在着理解和解释，人文科学心理学知识的合法性得到了确证①。

（二）心理学研究方法的人文转向

在以科学心理学为主流的心理学发展史上，心理学一直以自然科学所推崇的客观性、精确性的逻辑思维方式作为其根本研究方法。行为主义者的环境决定论正是决定论严格遵循因果关系的极致体现，从严格的S-R模型到S-O-R模型的转化，证明了行为主义者在研究后期已经注意到决定论不能与心理学研究相等同。自然科学是人研究物，物这一对象没有意识、情感、主观能动性，这为自然科学研究的客观、程式化提供了先天条件。反观心理学，用人研究人，无论是研究者还是被研究者，他们都具有人所特有的情感、价值判断。当严密的科学方法应用于心理学研究中，这种环境、主观感受所带来的不确定性就大大增加。在心理学以构筑人的完整形象，展示人的全面本质，促进人的全面发展的根本目标下，能否确立与人的本性相适应的心理学研究方式，是实现这一目标的关键②。

1. 人文主义方法论对心理学的观照

心理学的研究方法经历了唯自然科学和唯人文科学两种极端方法论的演变。人文科学方法论坚持摒弃一切自然科学研究方法，将人文主义的兴起视为心理学研究方法上革命性的转机，人文主义将研究对象人作为社会历史的存在，就其价值性、历史性、社会性、整体性的基本特点，发展出与自然科学方法论截然不同的研究方式，既为自身的理论主张服务，也为心理学摆脱自然科学方法的局限提供了一定帮助。

彭运石认为人文主义心理学的方法论主要包括如下六点③：第一，人文科学的研究取向：反对心理学的自然科学取向，强调以人文科学的方法作为自己的研究方法。第二，问题中心论的科学本质观：主张问题的性质应该作为心理学方法选择的依据，关注心理学的对象或问题的特征，不应对自然科学的方法照搬照抄。第三，直觉主义的人本学：认为人的本真状态为活生生的有机体，只有通过非逻辑的直觉体验或内在体悟才能获得完

---

① 陈竹：《解释学及其心理学方法论蕴涵》，《玉溪师范学院学报》2005年第8期。

② 彭运石、林崇德、车文博：《西方心理学的方法论危机及其超越》，《华东师范大学学报》（教育科学版）2006年第2期。

③ 同上。

整的把握。第四，整体主义的研究路线：将人及其心理、行为看成是不可分割的整体，主张心理学应以理解人及其心理、行为的本质为己任，以立足于整体的理解与质的把握为基本方法。第五，主观主义研究范式：心理学的知识有着主观性、历史性、相对性的特点；目的、价值乃至人的整个精神生活都可以作为心理学的对象；内省、直觉、体验、理解、解释等则应为心理学的基本方法。第六，非决定论的心理学解释框架：认为人有别于物，有着心理、意识、目的、意志等，存在于自然界的因果规律并不适于人的心理、行为。

人文主义方法论充分地体现出人文精神的内在要求，与人文主义心理学的哲学渊源和理论的发展都是相契合的，让心理学研究摆脱冰冷机械的实验研究，将方法导向转为人性导向，体现出心理学在研究上始终围绕人这一根本命题。然而在人文精神主张追求的真善美中，人文主义的方法论在科学的求真性上存在明显的美中不足。那么心理学自然科学方法论是否也包含了人文精神内核呢？科学活动作为一种崇高的社会理想，作为整个人类文化生活的重要组成部分的科学活动，它所体现的精神就是一种人文精神，更确切地说，是人文精神不可分割的重要组成部分[①]。孟建伟先生显然是主张将科学精神包含于人文精神。

2. 心理学方法的道德涉入

正如在心理学方法的应用上，无论是科学主义所推崇的实验法、测量法，还是人文主义主张的解释法和联想法，他们都应该以尊重和保护被研究者为前提。不论是出于怎样的科学研究目的，科学家在研究方法的执行上都有可能产生道德问题。科学作为一种理论具有价值中立性，但是作为一种实践上的行为，它始终逃脱不了道德的约束和评价，这一点与人类的其他行为无异。例如华生先生在研究恐惧情绪是先天遗传还是后天习得的这一实验中，对被研究者小阿尔伯特造成了终身的伤害一样，虽然在科学研究上达到了目的，但是其所带来的道德质疑也是不能忽视的。总之，科学研究活动应该是学术价值与其社会应用价值的结合，在根本上二者应该是吻合的，但也不乏相互冲突的状况。这时，作为一名有责任的科学研究者，就应将研究的学术价值让位于社会价值，学术责任应让位于道义和责

① 孟建伟：《科学与人文精神》，《哲学研究》1996 年第 8 期。

任。心理学的研究也正是在始终坚持以对人权的呵护为前提向前发展的。这不仅体现出心理学学科本身对人文的关注，也体现出心理学研究者的人文修养和对道德的崇尚。

（三）心理学研究主体的人文立场

1. 心理学研究的人际效应

心理学者的生存方式在唯科学主义的指引下主要表现在三个方面[①]：主客体的绝对二分、主体与生活世界割裂、主体活动的价值无涉性。正如海德格尔“解释学循环”理论中所提及的解释者与被解释对象间存在认知、情感的因素循环；在心理学中研究者与被研究者在此方面同样不能免俗。心理学研究不同于一般的自然科学研究，即便是实验研究，心理学也远远不及自然科学实验研究那样严密科学，无论进行怎样的严格控制，被研究对象都会受到来自于外界环境、内心价值观念的影响。事实上，受试的反应未必直接由刺激所引起，而多半是以刺激为线索针对主试所做的主观反应[②]。显然，心理学研究的主客体之间存在不能规避的人际效应，割裂二者之间的联系，必然无法达到科学研究的目的。

2. 心理学研究主体的历史文化属性

心理学主体同客体一样，具有历史文化属性。试图将心理学者看成是自然科学研究的物理工具，剥离其主观感受和价值倾向是心理学试图保证其科学性的方式。心理学者是深受历史文化浸染、受社会生活感召、受人际互动影响的；心理学者所做出的研究解释是基于自身价值观念的，是带有主观立场的，要求心理学者绝对的价值中立是不可能实现的。心理学作为应用科学的一部分，它必然要走向社会生活的实际中去，也只有真正为社会所用，这门科学才有长久存在和发展的必要。心理学者的研究选择，在一定程度上决定了心理学研究的应用价值。心理学科学研究下所得出的精确的数据、程式化的说明，能否解释变化莫测的人类心理与行为？能否作为社会现象背后的心理学依据？事实证明，其难以担当此重任。心理学者一直固执地认为，心理学研究若是加入了社会性这一不可控因素，其科学性就大大消减了；然而将心理学禁锢在实验室的狭窄空间，正是心理学

---

① 孟维杰：《心理学主体生存论探新》，《自然辩证法通讯》2009 年第 3 期。

② 张春兴：《论心理学发展的困境与出路》，《心理科学》2002 年第 5 期。

科学道路失败的根源。

心理学者研究倾向的转变对于心理学道路的转变有着至关重要的作用，只有心理学者本身关注社会文化在心理学研究中不可忽视的作用，将自己的研究从唯科学性的狭隘中摆脱出来，才能让它充分沾染人文精神。心理学者只有担负起社会责任与科学研究使命，才能使心理学真正充满人文的温情。

综上，心理学实质并非如自然科学那样严密、精致和中立的纯粹的自然科学，而是以文化背景为依托，是个性、精神、价值、意义的流露，充满了人文价值和文化意义阐释。用“心理学人文精神”这一命题来表达和解说对心理学问题的根本认识，是对逻辑的、技术的外表下心理学人文精神特征的总概括和深入挖掘。该命题的提出即是对心理学客观性一面的认同和肯定，因为这种客观性不仅体现在心理学各要素的逻辑表征中，而且，提出此命题并不是以心理学人文精神反对科学精神，而是突破了原来对心理学根本问题“唯科学主义”的执着，真正深入地理解、阐释和表达心理学活动的全貌和本质，对“心理学是什么”这一根本问题，对心理学活动实质有一个完整而深刻的理解和回答。事实上，这是对心理学的“思想考古”。借助“思想考古学”这一方法论，对心理学进行“考古”分析，描述和解构其已有的话语形态，将被遮蔽的人文精神彰显出来、揭示出来，从中发现和建构新的话语实践，使之成为重新解读心理学的理论依据。

第二节　心理学生态品性

心理学品性关乎心理学的学科性质问题，回答“心理学是什么”和“科学心理学何以可能”的追问，从哲学到文化，“学界就有关于心理学性质的自然科学观、人文科学观、边缘科学观、文化观、超科学观、另类科学观等观点”[①]。每种观点都在某一个或几个维度、层面上引导着研究者去研究、把握、应用心理学，推动着心理学的发展，但在深层次上概括起来，这种“研究视野始终围绕着心理学本身静态意义上的知识体系打

① 孟维杰、葛鲁嘉：《论心理学文化品性》，《心理科学》2008 年第 1 期。

转，也始终是在比较狭窄层面的科学上来认识心理学"①，这种静态的、平面化的、封闭的、分析式的研究，也是导致心理学科学性备受质疑的原因之一。

生态学思想的迅速发展为弥补心理学的这一缺失提供了契机。"生态学的出现不仅仅是一个新兴学科的诞生，而且是一种思考方式的形成"②。它以共生为核心原则，注重系统性，强调以动态、整体的观念来认识、解读事物，突破了传统分离的、孤立的、隔绝的思考。心理学生态品性具有一定的现实基础、理论基础和逻辑前提，旨在阐明心理学应有而未有的生态品性，将一种整体的、共生的、发展的、开放的生态思想或生态思想背后的"理"融入心理学，置心理学于现实生活之中，为心理学提供一个更具包容力的人性架构。

一　心理学生态品性界定

心理学生态品性是指心理学本身所应具有的生态思想层面的品质和风格，是利用统整、开放、共生的生态思想来研究、解释、理解心理学问题所展现出的心理学整体、多元共生、开放等的生态面貌品格。可以认为，心理、心理学都是一个由多种要素构成的、具有整体综合效应的心理生态系统。此心理生态系统可以看成是内部诸心理过程、诸心理学要素之间和谐共生、相互作用及其与外部环境（历史的、文化的、自然的或是其他学科）之间的信息（学术思想等）的交换关系。基于心理生态系统，尊重心理、心理学自身的发展规律，心理学合理汲取生态思想或生态思想背后的"理"融入心理学，可以考察心理学生态品性，即：以多元共生为原则，在研究心理、理解心理中遵循交互作用的循环解释法则，坚持开放的、系统的、整体的思维观念等。所谓共生，"不仅是指共同生存或共同依赖的生存，而且是指共同发展或共同促进的发展"③。心理学生态系统中的共生主要包括：研究者与心理学的共生，心理学各个概念之间的共生，心理学各学派、各分支学科之间以及与外部其他学科的共生，心理普

① 孟维杰、葛鲁嘉：《论心理学文化品性》，《心理科学》2008 年第 1 期。

② 薛为昶：《超越与建构：生态理念及其方法论意义》，《东南大学学报》（哲学社会科学版）2003 年第 4 期。

③ 葛鲁嘉：《心理学研究的生态学方法论》，《社会科学研究》2009 年第 2 期。

遍性与个体特殊性的共生等。所谓交互作用的循环解释法则是指，在生活世界中，心理、心理学内部诸要素以及与外部环境是相互联系、交互作用的，原因和效应之间具有依存性，因而在理解、解释心理问题时拒绝二元论的单向因果理论而采取多元的循环解释法则。所谓开放的、系统的、整体的思维观念则指依据心理生态系统的一体性、开放性，放弃纯粹的二元分析式思维模式，以开放的姿态寻求对心理的整体理解。

二 心理学生态品性转向前提

（一）哲学心理学：形而上的思辨

“哲学心理学是哲学家通过思辨的方式对人的心理行为的说明、阐述和解释”[①]。在哲学心理学时代，哲人或是说心理学者通过观察生活、思辨性地推理构造出形而上的抽象概念或体系化的理论，以达成对人“心”的透彻理解。可以认为，“哲学心理学只是建立在心理生活直观经验上的哲学探索”[②]。这种哲学探索把人的心理或灵魂、生活经验从现实生活中抽离出来，只是在头脑中孤立地思辨、推断、猜想，不仅切断了心理与环境的共生联系，也使得心理学过于抽象而脱离生活大众。而只依靠个人的智慧思辨，忽略人的生活实践、持续发展以及人与其生活世界的共生关系和交互作用，缺少一个整体的观念去系统地认识人、认识人“心”，必然是不全面的。

（二）科学心理学：生态效度的缺失

科学心理学是当代心理学研究的主流范式，主张主客二分，强调以自然科学的研究模式研究心理、规范心理学。在科学心理学研究中，人类心理从其所生长的“生态环境”中被剥离出来，被看作是单一、纯粹、抽象的“物”，去除可能会影响和制约实验过程和结果的所有“生态性”因素，在人为设计的实验室中，让人的心理只是面对有限的若干刺激，检验研究假设，然后将实验结果推广到现实生活中的人类心理[③]。这种完全人

---

① 葛鲁嘉：《哲学形态的心理学考评——心理学的五种历史形态考察之二》，《河北师范大学学报》（教育科学版）2005 年第 4 期。

② 孟维杰：《从哲学到文化：心理学范式评述》，《哲学动态》2004 年第 8 期。

③ 孟维杰：《现代心理学自然科学品性探析》，《南京师大学报》（社会科学版）2007 年第 5 期。

为设计、操控的实验、研究一再倡导价值无涉，不顾现实而剥离人性、生态因素等关键因素却声称“科学”，不得不令人怀疑其结果的真实性。科学心理学的这种研究剥离了人与其所在的生活世界、生态系统，置人的社会文化属性等人性于不顾，对人的意义追求、内心向往等弃之不理，这就使心理学面临一个严峻的问题：生态品性缺失。

（三）人文心理学：交互共生的忽视

人文心理学相对科学心理学而出现。人文心理学虽然以人及其问题情境为中心，利用系统性、整体性分析追求对心理的整体理解，发挥人的潜能以及心理的建构等生活意义，极大地丰富了心理学的人文精神内涵，但这种系统性、整体性并未能弥补其生态品性的缺失。“它们不约而同地、过多地注重人的超验性与先验性，剔除了人的经验性与实践性在人性形成中的作用，无形中割裂了人与社会之间的连续性与生成性以及内在关联性”①。而在马斯洛等人本心理学家心目中，人的社会性动机、智能性动机等仍是一种先定性的、普适性的、凝固性的存在②。人文心理学对人与社会之间生成性、连续性的割裂使得其未能真正的将“人—自然—社会”视为一个整体，未能意识到三者之间的共生关系；而其先定性、普适性、凝固性的人生追求则忽视人与生活世界的交互作用。因此，人文心理学依然是僵化抽象的、普遍主义的、缺失个性的心理学，这直接导致了其生态品性的缺失。

（四）文化心理学：文化的极致追求

文化心理学开启了心理学文化转向之路，其“在整体论而非原子论的观照下，更重视特殊性和主体的解释性”③，以及对社会文化因素的重视等在整体层面上可以认为是具备了一定的生态品性。然而，心理学文化转向纳入文化因素的同时难免会带来先入之见的影响，而忽视其生态属性等。似乎是在除去物化心理学的同时，又一味地追求意义化，这其实是和物化的心理学一样，同样造成对心理、对人性的歪曲理解。可以认为，“它只是从一个侧面、一个角度来揭示人与文化之间关联，还没有从全面

① 孟维杰：《从哲学到文化：心理学范式评述》，《哲学动态》2004年第8期。

② 彭运石、林崇德、徐冬英：《论主客同一的心理学研究范式》，《心理科学》2006年第1期。

③ 葛鲁嘉：《心理文化论要》，辽宁师范大学出版社1995年版，第6页。

和深层次上揭示人与文化之间的相生相伴和共生性”①。究其本质而言，仍然是将文化视为外在于人的一种“实体存在”，追求文化范围内的统一性、普遍性，而其对人与文化共生性的忽视造成其无法跳脱现代主义二元对立模式。而文化心理学中这种二元对立模式与生态品性的整体、系统性相对立，可以视为是对心理学生态品性中共生原则、整体思维的抛弃。

（五）生态心理学：准生态品性

随着生态学的发展以及社会生态危机等问题的恶化，旨在研究人与生态、环境关系的生态心理学越来越受到重视。生态心理学主张生态世界观、生态人性观，以系统性、整体性、交互作用为原则，运用生态学方法论探究人与生态、环境的关系。可以说，生态心理学在人与其环境的关系研究中对生态学思想的运用已经具备了生态品性。遗憾的是，这里的生态品性仅限于人与环境的关系方面，没有深入心理学本身，只是在心理学的某一个侧面发挥作用。生态心理学只是作为一种研究取向或学科把生态思想、生态方法论等用于研究人与生态的关系上，而没有汲取思想、精神等，由此及彼地融入心理学，从而形成心理学本身所具有的品格。其对环境的过度关注，造成其忽视主体，只着眼于心理学研究对象、研究视域的有限扩展，难以弥补心理学本身的生态品性缺失。

上述每一种心理学理论或心理研究范式所能描述和解释的不过是心理现象的某些方面或某一层次，它强调一个方面的同时也模糊了另一方面，未能反映出人类心理的完整图景。而且，“思想家们都有一种拒斥他人理论以保护自己理论的势力范围从而证明自己理论的至高无上的自然倾向”②。细细深究会发现，上述观点似乎有一种将自己发展成一种“宏大话语”的趋势，无形中割裂了心理、心理学诸要素的关联性等，以期利用单一的理论解释复杂的人类心理。由于构成心理这样复杂系统的要素多种多样且相互重叠，所以这种单一的、孤立的理论很难预知影响它的全部条件，也很难了解这样的系统对突然的变化将做出怎样的反应。这种分离的、孤立的、隔绝的思考既造成了心理学静态平面化，抽象、脱离生活世

① 孟维杰：《从心理学文化转向到心理学文化品性探寻》，《自然辩证法通讯》2006 年第 1 期。

② 郑葳、王大为：《生态学习观：一种审视学习的新视角》，《心理科学》2006 年第 4 期。

界，以致难以真正理解人的心理，又造成其科学性一直备受怀疑，加剧了现代心理学的分裂。关于心理学学科性质之争精彩纷呈，呼唤着心理学生态品性的回归。

三　心理学生态品性的可能性和必要性

（一）生态品性的可能：生态与心理的交叉

生态学源于研究者们对人类进化、生态、环境等问题的科学研究，以交互作用和共生原则为核心。“所谓的共生不仅是指共同生存或共同依赖的生存，而且是指共同发展或共同促进的发展”①。生态学研究从共生的方面来考察、认识和理解，人类、环境、社会及其关系等，否定片面的、孤立的认识和理解，强调系统整体的、共生的、动态的、持续发展的认识和理解。随着生态科学的发展以及其对其他学科影响的加深，这种强调共生原则的研究逐步发展成为一种系统的、动态的、共生的思考方式，突破了传统分离、割裂的、片面的思维方式。新的思考方式的形成扩展了研究者的研究视域，促进了人类对世界、事物的科学理解，甚至在一定程度上改变了生活和行动方式。这为生态促进心理、融入心理学奠定了理论前提，这种思考方式也使统合地理解人的存在、人的心理、人的生活世界成为可能。

“生态学的含义不仅仅是指生物学意义上的，而且包含着文化学、社会学和心理学的意义”②。心理学意义上的生态推动了心理学与生态学的交叉，促使心理学借鉴生态方法论研究人的心理与生态环境、生态危机的关系等。“近些年来，越来越多的心理学家通过多元的和互动的观点来理解人的心理，来理解人的心理与环境的关系”③。研究者们运用生态学方法论于心理研究之中，强调贯彻整体主义和共生主义的观点和主张，以此来考察、探讨、干预，人、人的心理及其所在的生活世界、生活过程和生活内容。

---

①　葛鲁嘉：《心理学研究的生态学方法论》，《社会科学研究》2009 年第 2 期。

②　葛鲁嘉：《从心理环境的建构到生态共生原则的创立》，《南京师大学报》（社会科学版）2011 年第 5 期。

③　傅荣、翟宏：《行为、心理、精神生态学发展研究》，《北京师范大学学报》（人文社会科学版）2000 年第 5 期。

生态与心理的交叉使心理学研究者以相互促进、相互制约、相互构成、共生的方式，研究人的心理行为、心理行为与环境的关系、心理学学科与其他学科之间的关系，把握心理学研究所应树立的观念、所应采用的方法、所应包含的内容等，理解心理学研究者寓于其中的、所能观察到的生活成为可能。但这种交叉，仅仅是为心理学生态品性提供了理论可能性，心理学生态品性的确立还需要现实的需要和基础。同时，生态品性也不仅仅止步于这种交叉，它是生态对心理的融入，是心理学本身应该具有的品性。

（二）生态品性的必要性：人性的需要

潘菽先生曾说“心理学是研究人自身的一门主要科学。心理学的研究要从人出发而又归结到人”①。心理学研究的主体是人，是活生生的人，人性在很大程度上决定了心理学的品性。可以认为，“心理学研究的逻辑起点是人性”②。生态品性之于心理学有着现实的人性需要。

1. 人的生态性

人的生态性主要体现在两个方面：人生发展的生态系统及连续性；心理与“环境”的共生性。一方面，人生发展处于一个以个体自我为核心的、包括微系统和宏系统的生态系统之中。小到个体的家庭、工作、教育等环境，大到社会发展、文化组织等，无不影响着个体的发展。可以认为，“社会的存在，不仅是个体生活的背景，是个体生活的依据，而且是个体生活的方式，是个体生活的内容”③。由于这个社会体系（生态系统）并不是片段的、零碎的、偶然的延伸，而是连续的、完整的、必然的延伸，所以，与其共生一体的人的心理并不是一成不变的。随着这个生态系统变化以及个体认知的发展，每个人的心理成长都是持续发展、动态不拘的。另一方面，人的环境与人的心理是一个共生的过程。这里的“环境”不仅仅指外在于人的物理环境、社会环境等，更多的是指内在的心理环境，即人的心理所觉知到的、人的心理所理解到的、人的心理所创造出

① 潘菽：《论人的实质的自然方面——新三界论》，《潘菽心理学文选》，江苏教育出版社1987年版。

② 刘华：《人性：构建心理学统一范式的逻辑起点》，《南京师大学报》（社会科学版）2001年第5期。

③ 葛鲁嘉：《人的心理与人的环境》，《阴山学刊》2009年第4期。

的，“对人来说最切近的环境”[1]。心理与“环境”表现为一个适应与创造的、共生的交互作用过程。心理既要改变自身以适应环境要求，又要创造环境以满足自身要求。适应与创造的这一过程就是心理与环境共同发展、相互促进的共生过程。没有适应就没有健康的心理生活，而没有创造就没有合意的心理生活。每个人的心理与环境都是共生的一体，脱离任何一方都是不健全的、不可能的。

人生发展的持续性以及心理与“环境”的共生性决定了传统心理研究中分离的、单一的、静态的思考模式、思维向度，而这样是不可能全面、正确地把握、认知、理解人的心理行为、心理过程、心理意义的。因此，基于生态性，基于心理的动态持续发展以及心理与环境的共生关系，心理学研究需要参照系统的、整体的、共生的、动态发展的生态品性思维。

2. 人的境界

现实生活中的任何一个人和任何一个物一样，都是宇宙间万事万物相互关联（相互联系、相互作用）的网络中的一个聚焦点或交叉点。人之所以不同于物就在于人这个聚焦点是“灵明”的，它能超越在场，把在场者与背后千丝万缕的不在场的联系结合为一。正是“灵明”构成了一个人的“境界”，即“境界”就是灵明所照亮了的、人所生活于其中的、有意义的世界[2]。每一个人都有自己的境界，都生活在一定意义的境域或意境之中，都诗意地栖居于一定的境界之中，亲自经历着自己的意境。“境界这个范畴可以说是对于人所寓于其中、融于其中的活生生的生活世界的最恰切、最深刻的表达”[3]。境界是浓缩和结合一个人的过去、现在与未来三者而构成一种思维导向，它表现于外就是风格，表现于内就是心理状态。一个人有什么样的境界就会内在地表现为相应的特定心理状态或心理特征，外在地表现为一定的行为做事风格。境界的特性在很大程度上决定着心理研究、心理解读的方式、方法、观念等，透过一个人的境界，

---

① 葛鲁嘉：《心理环境论说——关于心理学对象环境的重新理解》，《陕西师范大学学报》（哲学社会科学版）2006 年第 1 期。

② 张世英：《哲学导论》，北京大学出版社 2008 年版，第 69—74 页。

③ 张世英：《天人之际——中西哲学的困惑与选择》，人民出版社 2005 年版，第 275—288 页。

我们可以了解他的心理。因此，心理研究需要关注境界，心理研究的观念、方法等需要符合境界的特性。

境界的时域性要求心理学生态品性——系统、整体性思维。从时间的角度看，现实的人都生活在一定的时间、空间中，超时空的人与超时空的物一样是不现实的，因此，每个人都有各自活动的“时间性场地”（“时域”）。境界这个交叉点就是人所活动于其中的“时间性场地”，也就是每个人都拥有自己的世界。它是一个由过去与未来构成的现实的“现在”，即是一个融过去、现在与未来为一的整体。一个人的过去，包括他个人的经历、思想、感情、欲望、环境、出身等，都积淀在他的这种“现在”之中，构成他现在的境界，构成他整个这样一个人；他的未来，他对未来的种种向往、筹划、志向等，也都是构成他现在境界的内容，从而也构成他现在的整个这样一个人。也就是说，过往的经历与未来的畅想共同蕴含于现在，形成人的境界，内化为一定的心理状态、心理内容等，并通过某种行为方式或风格表现出来。因此，我们要解读一个人的心理，抑或理解、研究人的心理，就要着眼于整体，既看他的过去如何，又看他对未来想些什么，同时也包括他对自己的过去采取什么态度。基于这一需要，参考生态学所提供的整体、系统性思维方式和共生原则，可以认为，心理学生态品性（共生原则、整体思维）能够从全局上把握人的境界、通透人的心理。

“境界的独创性与客观性”① 要求心理学生态品性——共生、交互作用原则。一方面，尽管每一个人都是无穷关系网中的一个聚焦点，但每个人所聚焦的无穷关联的形式各有其独特性；另一方面，每一个人过去的经历、思想、环境以及对将来的向往、筹划等各不相同。因此，基于此所形成的每个人的境界也是千差万别、各有其独创性。境界的客观性则体现在关联中。个人的境界虽是由包括自然的、历史的、文化的、教育的以及个人具体遭遇、具体环境等无穷关联形成的，但这些关联并不是由个体自由选择的，它们是境界之所以能形成的客观因素。在独特性和客观性层面上可以认为，境界是主观与客观交融合一的产物，是人作为活动者、主导者与世界万物打交道时，所拥有的对万物的把握。现实中的人都是由客观的

---

① 张世英：《哲学导论》，北京大学出版社 2008 年版，第 69—74 页。

社会历史性和主观的创造性两者交织而成的境界的人，就是在这样的境界中生活着、实践着。境界作用于心理，造成个体心理既具有一般性、普遍性的客观历史文化特征，又具有特殊性的、个性化的主观独创性，二者交互作用、共同发展。可以认为，个体的心理既是独特性境界的创造，又受客观性境界的束缚。因此，在心理学中，若只注重客观性，必然导致心理学脱离现实生活而忽视个性，使得心理学“绝对真理化”“普遍意义化”；只注重独创性，必然导致科学性的缺失，使得心理学沦为伪科学。这种由独创性与客观性融合形成的境界、心理，呼唤一种共生原则、交互作用的循环解释方式去解读。

“境界的固执性和可移易性”①要求心理学生态品性——共生原则及持续发展观。境界一旦形成之后，它便具有相对稳定性，只会随着生活的延续逐步改变。境界的固执性和可移易性可基于“中心—周边”关系理论解释。“中心—周边”关系理论认为，中心由周边构成，“聆听来自周边的声音”，具有时滞性；周边由中心显现，具有开放性、灵敏性。因此，中心与周边是一种共生的关系。就个体的境界而言，境界居于中心，比起经济、物质等方面的接触，是间接的、无形的、深层次的，因此，运转迟钝而具有固执性；而构成境界的物质生活等居于边缘，不断向外开放、无限延伸，因此具有灵活性。由于境界由变化着的周边构成，总是“聆听周边的声音”，所以，从长远的角度来看，境界具有可移易性。心理是境界的内在表现，境界的固执性和可移易性必然为心理打上烙印。境界的稳定性使得个体的心理特征在一定时间段内同样具有稳定性，表现为某一稳定的心理状态；而境界的可移易性则会促使个体的心理特征随着周边情境的变化而发生变化。所以，在心理研究中，针对固执性和可移易性这一矛盾共生体的对立变换，必然需要一种生态共生的原则、持续发展观念去动态认知。既要注意心理的稳定性，又应该注意周边变化对心理的影响，在具体的情境中把握心理。

3. 人的非理性

人类常常利用自身的理性能力认知世界、发生行为等，但必须承认，非理性同样存在于人自身。在生活世界中，人并不是完全逻辑推理、分析

---

① 张世英：《哲学导论》，北京大学出版社 2008 年版，第 69—74 页。

式地存在着，每一个人都有感情经验、本能欲望、情感冲动等非理性的一面。人的活动等也并不都是有意义的，它有可能是无意识发生的、突然间的、无意义的。但是，“人的感性方面同样具有合法性、合理性和价值”①。因此，人的非理性及其对心理的影响值得我们去研究或在研究中加以考虑。非理性的存在使得心理并不是完全表现出分析、逻辑推理的理性一面，它时常表现出一种突然性、冲动性、易变性等。因此，利用严格的逻辑推理、分析并不能把握心理的全部。突破纯粹的逻辑推理、分析的桎梏，在理性研究基础之上，以共生主义为原则，利用动态变化、整体性的思维等生态性的思想分析心理，更有助于全面、正确地理解把握心理。

四 心理学生态品性论评

就整体而言，人类的心理和心理学都是由诸多要素构成的、具有整体综合效应的心理生态系统。心理生态系统内部诸心理过程、心理学要素之间的和谐共生、交互作用及其与外部环境（历史的、文化的、自然的或是其他学科）之间的信息（学术思想等）交换等共同构筑起心理学整体、多元共生、开放的生态面貌品性。尊重心理生态系统自身发展规律，借鉴统整、开放、共生的生态思想以考察心理学生态品性，具体包括以下几点。

心理整体性及综合性思维方式。凡是生态系统的，都是一体的。心理生态系统同样是一个统一的整体，同样具有该类生态品性。就人类的心理而言，各心理机制、心理过程以及心理与外部环境的关系，既作为心理生态系统的一部分各自发挥作用，又作为相互联系的统一系统整体，通过交互作用而产生整体综合效应。尽管每种心理机制都对应着一种心理状况，但任何单一的心理过程或心理机制都无法形成一个完整的心理。就心理学本身而言，尽管每一种心理学理论都有自身的适切性，但任何单独的一个理论都无法揭示心理的全貌，无法全面理解心理。各心理学派、心理学分支，以及其相应的心理观、方法论等聚焦于不同的心理特征，分别描述和解释着心理的不同方面，共同构成当前的心理学整体。另外，心理整体性

① 欧内斯特·盖尔纳：《理性与文化》，周邦宪译，贵州人民出版社 2009 年版，第 1—5 页。

还指以个体心理为核心的，“心理—自然—社会”的一体性。心理生态系统的整体性使得心理、心理学各部分之间相互交融在一起难以明确分割、孤立，这决定了心理学超越纯粹二元分析式思维，以整体的综合性思维方式寻求对心理的整体理解。

心理、心理学诸要素的多元共生、交互作用。生态系统的一个显著特征就是物种的丰富性、多元性和交互性，即“多元共生、交互作用”，心理生态系统亦然。所谓多元共生，是指心理学生态系统包含一切与心理有关的要素，各心理要素不仅共同生存或共同依赖地生存，而且共同发展或共同促进地发展。心理生态系统中的共生主要包括：研究者与心理学的共生，心理学各个概念之间的共生，心理学各学派、各分支学科之间以及与外部其他学科的共生，各心理机制间的共生，心理普遍性与个体特殊性的共生等。以研究者与心理学的共生为例。有什么样的心理学研究者就会产生什么样的心理学，而一定的心理学体系之下又会培养出持相应观点、理论的心理学研究者，二者相互依存、共同发展。心理学诸要素，即各心理机制、心理过程，以及影响心理的文化、历史等环境因素平等地存在于同一个心理学共同体中，通过一定的心理活动相互关联、发生作用。

心理学研究方法论上遵循交互作用的循环解释法则。生态学认为生态系统各物种之间是交互作用的，在认识论和方法论中不能采用分离的研究和解释。心理生态系统作为生态系统的一种，同样具有这一生态品性。从生态的视角审视心理与行为、心理与环境等心理诸要素之间的关系，认为心理与行为、环境等心理要素之间的共生性，决定了他们之间是相互依赖、交互影响的。这种交互性既包含着整合或一体化的心理，又包含着原因与效应的依存性，同时排斥独立原因的单一效应以及单向的因果性。心理生态系统中原因与效应的依存性决定了心理研究在认识论和方法论层面，对二元论单向因果理论的放弃与超越，而采用原因与效应依存的循环解释。依生态视角审视，心理学在研究方法论上遵循交互作用的循环解释法则是心理学生态品性的有效体现与保证。

遵循自身的发展规律。生态意味着变化、开放以及对自身发展规律的遵循。心理生态系统同其他生态系统一样，是变化的、开放的，尊重差异性，遵循自身发展规律。其变化、开放一方面体现于心理学不故步自封于心理学本身，而以开放的姿态接纳相关学科的学术思想、原理等不断完善自身；另一方面体现于生态思想下，心理学尊重一体性中的个体差异性，即注重心理普遍原理与个体特殊性的矛盾一体、辩证统一关系。其自身发展规律的遵循则体现于越来越多的心理学家运用生态学方法论针对具体的心理特性研究心理学问题，而并不是完全照搬生态学等其他学科的研究方法。

心理学生态品性是心理学本身所应具有的生态层面的品质或风格。它不是或不仅仅是一种研究取向或新学科的形成，也不是生态学的简单"观照"，而是心理学运用统整、开放、共生的生态思想来研究、解释、理解心理学问题所展现出的心理学整体、多元共生、开放等的生态面貌品格。主要包括心理整体性及综合性的思维观念，心理、心理学诸要素的多元共生、交互作用，心理学研究方法论上遵循交互作用的循环解释法则等。生态品性通过对生态思想或是说其背后的"理"的汲取、融入、确立，以共生、发展、动态、整体的观点、手段和技术来研究、干预人的行为、心理过程、心理意义以及人的生活世界等，既是研究的方式和方法，也是解读的方式和方法，还是干预的方式和方法。心理学生态品性通过共生主义原则、交互作用的循环解释、持续发展观等为心理学提供一个生态解释框架，为心理学各部分之间提供了一个相互接近、趋于平衡、融为一体的平台，从而更完整、更科学地探索心理学。

第三节　心理学常识性

心理学可分为两种水平：被心理学家所把持、研究的，科学化、逻辑化水平的心理学，即科学心理学；另一种就是被现实生活中大众所理解、所应用的，日常性、习俗性水平的心理学，即常识心理学。目前，这两种心理学分属两个世界：前者属于科学世界，属合理心理学，但不合乎常情；后者属于生活世界，属合情心理学，但不合乎理性[①]。科学心理学以严密、理智和宏大的叙事结构特征，置实证方法于中心地位，拒绝社会现实问题；远离日常生活，拒绝习俗；崇尚文化立场中立，拒绝价值涉入，

① 孟维杰：《常识性心理学与科学心理学关联的批判性反思》，《自然辩证法通讯》2007 年第 2 期。

彰显着浓郁的自然科学品性，已发展成为心理学主流话语形态。常识心理学的解释和描述是一种具体、生动、情景性的描述和解释，不似科学心理学那样冷静、理智和抽象的逻辑化说明。它内隐于人类日常活动中，以习俗性特征存在于特定文化背景下每个人的内心深处。每个人都可以凭借自己的生活经验，毫无困难地掌握它、理解它和把握它。这种常识性心理学尽管不合乎理性，但却合情地存在于人们日常生活之中，指引着人们日常生活。今天，有必要分析和考评常识心理学概念图式，来解读常识心理学对于现实生活中的人民大众、对于当代科学心理学发展，甚而对于心理学学科性质而言具有怎样的意义。这或许为联通科学世界与生活世界之间、科学心理学与常识心理学之间的隔裂提供全新的语境与意义场。

一 常识心理学——构建生活世界的可能

（一）常识心理学概念图式

所谓常识心理学是指常人在长期的生产、生活活动中，所创造、传承、演变和积累的，并伴有鲜明地域性、复杂性、民族性等文化历史象征的日常规范、准则、制度、习俗、谚语、神话、故事、诗歌、仪式等文化遗留物，作为人类历史承续、积淀、享用的心理智慧，绵延不绝地支配、指引和解释着人们的日常心理生活和日常活动。常识性心理学包含着生活世界中人们对常人心理的认知、感情、命令、信仰等，既非逻辑体系的知识体系，亦非纯粹的价值知识，不追问为什么，只突出“应然性”，凸显着源自日常生活朴素的人生信条和人性信仰。在日常生活中，存在着更多的是表达性概念而非陈述性知识体系，是应然性意识而非实然性知识。正是这些表达性概念或应然性意识使常人有可能涉入自己和他人的心理生活，达成相互理解和沟通，培养着人们日常活动的基本信念，养成基本的心理信条，使构建生活世界成为可能。它来自于常人的心理生活经验，通过日常交往而成为普遍的共识，并在人际之间得以传递和流行①。常识性心理学一直以来隐藏于习俗传统、日常习惯、诗歌曲赋等文化形式中，演变成为指引人类日常活动，以及人类对自身心理生活的设定、理解和构筑的心理学。从一定意义上，它要比科学心理学理论更能深入人心。可以说，正是常识心

---

① 葛鲁嘉：《常识形态的心理学论评》，《安徽师范大学学报》2004 年第 6 期。

理学中介着个体心理生活与社会文化传统，并使之以特殊方式联结在一起[①]。是常识心理学而非科学心理学使得人们日常心理生活成为可能。

就理论形态和内涵而言，科学心理学与常识心理学之间似乎势同水火，互不欣赏。科学心理学家以“前科学”或“非科学”之名，拒绝与常识心理学对话和交流；常识心理学则以“学术”或“与生活无涉”为名，避免落入与科学心理学类似的窠臼。一定意义上讲，前者属“居庙堂之高”；后者属“处江湖之远”，二者之间沟壑林立，貌似无法逾越。事实上，科学与常识并不矛盾。美国心理学家凯利提出了“每个人都是科学家”的命题。他认为，在日常生活中，我们每个人都像科学家一样，运用自己语言对发生在身边的事情进行归因、判断和理解[②]，这一判断、推理过程与科学家的研究活动并没有质上的区别。所有心理学家都在科学思考中运用常识观念，但是，通常他们并不分析它们，使之明晰化[③]。尽管科学心理学家耻于与常识心理学混为一谈，然而，他们作为日常生活中的个体，在专业的学术活动中，举手抬足之间其实已经落入了常识心理学之“网”中而不自知。这种专业上人为的狭隘分野，导致常识心理学与科学心理学理论之间难以对话和通约，常识心理学无法为科学心理学提供学术资源与专业支持，清晰的分解界限成为二者之间难以对话的屏障[④]。当然，近来的情况有一些改变，一部分心理学家开始尝试透过常识心理学来了解人的心理生活；一部分哲学家和心理学家则开始尝试透过常识心理学来重构实证的科学心理学[⑤]，只是这个过程注定是个曲折和漫长的过程。

（二）常识心理学文化特征论析

发生、流传和演变于特定的民族、经济和文化氛围中的常识心理学，以不同于科学心理学的鲜明的文化特色和文化底蕴，支持、指引着日常生活中人们的心理生活，使常人的心理生活由可能成为现实。从一定意义上

---

① 葛鲁嘉：《心理文化论要》，辽宁师范大学出版社 1995 年版，第 217 页。

② Kelly, G. A. *The psychology of Personal Constructs: A theory of Personality*. New York . Norton, 1995, pp. 56 – 67.

③ Heider, F. *The psychology of Interpersonal Relations*, London: Wiley, 1958, pp. 87 – 102.

④ Joynson, R. B. *Psychology and common sense*, London: Routledge&Kegan Paul, 1974, pp. 74 – 114.

⑤ 葛鲁嘉：《中国心理学的科学化和本土化——中国心理学发展的跨世纪主题》，《吉林大学社会科学学报》2002 年第 2 期。

说，正是常识心理学实现着人们的生活世界得以构建、绵延和传承。

具体来分析，常识心理学具有如下文化特征：

第一，常识心理学具有民族性。不同民族文化传统可能会养成迥异的常识心理学。民族文化传统是常识心理学发生、流传和承续的根基与土壤。离开民族传统，常识心理学也就没有可能。所以，常识心理学民族性既是心理学日常性文化表征，也是其异于另一形态的常识心理学的界线。

第二，常识心理学具有传承性。过去的某一常识心理学今天可能会变换形式存在着，维持着常识心理学的民众心理功能，表现出连续性、传承性和流变性。心理学传统不是存在于某种心理学著作中，哪怕该著作是如此伟大，而是存在于生动、鲜活的常识心理学中，日久弥深，即使中断，也会有相应的另外表现形式来补充。

第三，常识心理学具有不可言说性。尽管常识心理学时刻存在或无处不在于人们的日常性生活中，但是，人们并不一定自知。常识心理学包含传统和现实中人们对心理生活的认知、情感、价值、命令及信仰等。人们可能会心照不宣，却又无法说清其逻辑结构。它们构成一个松散网络，左右、指引着人们的日常心理生活，可以意会，但无法言说。

第四，常识心理学具有合情性。常识心理学不合理，却是合情。它并不像科学心理学那样冷静、理智、客观地说明心理现象的实质或规律。它常以感觉、愿望、意图、信念、担忧、痛苦、欢乐等带有浓郁的感情色彩和价值意念等词汇来表征常人的心理生活样态和状况，表达出常人强烈的好恶和选择意向。

二　现实境遇：常识心理学去留之辩

当下，心理学界对于常识心理学态度，可谓褒贬不一：褒者主张常识心理学作为一种解释、预测行为的方法和策略，仍有其存在的理由和价值，因为对于有些复杂的人的解释，物理的设计策略要么无能为力，要么会遗漏掉被解释对象的重要内容①；贬者则强调常识心理学不合乎科学理论。心理现象常识概念是一种完全虚假的理论，因为它在解释上

① Dennett, D. "International System in Cognitive Echology", *Behavioral and Brain Science*, 1983, p. 6.

既不充分，也不可靠，有许多复杂的诸如记忆、睡眠等现象无法解释，并且，它的历史是一部只有退化而缺少进步的过程。从其内在根源上看，它反映的是非常表面化的结构，支持着一个类似于炼金术的传统。更为重要的是，它难以在神经科学的框架中得到整合。所以，它最终的命运将面临着诸如常识物理学、常识化学一样，被吞并、取消的结局①。有的学者指出，要使对心理世界的认识有实质性的飞跃，必须抹去常识心理概念、图式上的文化关联，揭示心理语言的真正意义和实在所指，追溯常识心理现象的内在条件、结构和机制②。这说明常识心理学尽管是常人普遍具有的解释、预言他人行为的心理学知识或能力，它总是流传于大众之中的而非生成于心理学家或大学讲堂之上，但是，随意性、历史性、欠缺规范性和主观性，却成为它难以登上科学大雅之堂的理由，也授人以“非科学”或“前科学”之柄，而被拒之于科学大门之外或被离弃于学界关注的视野之外。这种取消主义观点如果能够成立的话，那么，意味着对人的概念图式，尤其是关于人的心理及其与身体关系的概念图式的彻底修改或否弃。

从一定意义上讲，常识心理学的存在有其价值和意义。丘奇兰德指出，常识心理学是所有正常人理解、预测、解释、控制人和高等动物行为时都必然使用的前科学概念框架，它包括信念、愿望、疼痛等理论术语。它是我们理解人的认知情感和目的性本质基础③。人们通常认为，它代表普通人对心理结构图景、心理运动学、动力学基本看法。心理是由信念等心理事件、状态和过程所构成的内部世界，具有深浅等空间特性和先后等时间特性。心理可以对外界刺激信息和内部观念、思想进行加工。信念、思想、欲望等可以相互作用，它们同时也是行为动力，因而它们具有直接性、私人性、主观性和优先性，并且，常识心理学还与日常语言联姻，经过长期演化，逐渐内化于人文社会科学理论体系和日常表达之中，甚至于，任何科学的、有解释力的心理认知理论在解释人的时候，都要使用因

---

① Churchland, P. M. “Eliminative Materialism and the Propositional Attitudes”, *the Journal of Philosophy*, 1981, p. 7.

② 高新民：《民众心理学研究与当代哲学的新问题》，《哲学动态》2002 年第 12 期。

③ Churchland, P. M. *On the Contrary*: *Critical Essays* (1987—1997), Cambridge Mass; Mit Press, 1998, p. 3.

果、感性、功利等常识心理学原则①。因此，不管承认也好，否认也罢，常识心理学就是存在“那”的，始终以波澜不惊的姿态在常人生活中甚至在心理学家专业学术活动中发挥其或隐或显的功用。正如丹尼特强调说，常识心理学并不涉及任何真实的过程和状态，它碰巧可帮助我们解释和预测人的真实行为的发生，这正像算盘上的算盘珠，单个小珠毫无疑义，本身不等于真实存在，但拨动算盘珠却有助于我们理解真实的数量关系。科学心理家可能在学术上批判其不合理性，然而，在实践中它却有着合情之处，并且，即便是科学心理学家的研究活动，也会在不自觉中落入常识性心理学“前见”之网中，不时引用“心理学俗语”为自己的学术辩护。心理学家在从事科学研究之前和日常生活中常常按照常识及常识心理学去认知和行动，这必然会不同程度地渗透到后来的科学心理学研究之中。尽管常识心理学一直是科学心理学所回避的、排斥的、贬低的、放弃的，但是，常识心理学又是科学心理学所无法回避的、排斥的、贬低的、放弃的②。从这个层面而言，不应放弃常识心理学，也不可能放弃它，其学术资源意义和方法论价值之于心理学可谓不言而喻。遗憾的是，心理学常识与心理学科学理论之间的这种历史和现实的关联被狭隘的专业分工和唯科学心态所遮蔽了。从常识心理学传统中衍生出来的科学心理学在历经互相包容、互相指责后，在讲求对话和多元的今天，最终走向了隔绝。常识心理学历史沿革与发展境遇告诉我们，需要打破这种尴尬的割裂与对立，重新构建和把握两者之间的内在关联，这是心理学发展的题中应有之义。

三 公约性：常识心理学与心理学当代发展

应该建立一种什么样的关系以促进和生成它们之间的对话？这一问题反映的是对它们之间关系的一种内在理想主义成分设想，使提出的设想蕴含着一种未来性、合理性和正当性要求。依据常识心理学的历史沿革及其与科学心理学所蕴含的价值意义，“公约性”应该作为它们之间的内在关联基本设想。“公约性”是一种公共性约定，意味着不同形态的心理学之间并

---

① 高新民：《民间心理学与常识心理学概念图式的批判性反思》，《自然辩证法研究》2004年第4期。

② 葛鲁嘉：《常识形态的心理学论评》，《安徽师范大学学报》2004年第6期。

非是隔绝和割裂的，心理学话语形态之间可以通过一种公共性的约定与基础而实现沟通和对话。这种基础从自然科学精神角度可以解读为人类对理性的真诚信仰，对知识和真理的渴求，对可操作程序与技术的执着的追求，对公正、普遍和创新等准则的遵循；从文化精神角度就是对人的价值、潜能的至高推崇，对人类自身命运的无限关怀，对开放、民主、自由等准则的不懈追求[①]。二者之间的意义和精神从内涵上都是人类精神内核[②]。科学心理学与常识心理学可以设想在这种人类精神内核的公约基础上，实现二者心理学形态之间的融汇与贯通。以心理学“公约性”来解读科学心理学与常识心理学之间的关系，蕴含着三层意义：其一，是存在权力的公约。即无论是科学心理学，还是常识性心理学，都拥有平等存在和发展的权利，而不是凭借着话语权凌驾于对方之上，这是它们之间实现对话的基础与前提。其二，是文化价值观的公约。对于人类而言，科学心理学与常识性心理学存在价值是相同的。如果说科学心理学是以技术和逻辑特征来描述人之理性，常识性心理学则以常识和习俗关乎人之性情，前者循理，后者重情，视角不同，但意义同在。我们既要超越科学心理学“文化无涉”价值观和常识心理学单一“文化涉入”价值观的各自局限，又要融合其长处，建立文化“超越论”价值观，即科学心理学与常识心理学之间必须是以保持必要“独立”和“张力”关系为内容。其三，是发展机遇的公约，既要使科学心理学从常识心理学中汲取致发展的传统文化滋养、借鉴和启示，使科学心理学获致足够的文化资源，也要使常识心理学从科学心理学中获取新的技术、新的方法和新的程序等科学精神，以弥补其科技理性精神之缺失。这样看来，“公约性”的理想关系模式，既不是对有着优势话语权的科学心理学持批判否定态度，亦不是对常识心理学大唱赞歌，而是强调二者之间内在发展机理，使科学心理学在关注科学哲学基础同时，也将生活基础重新找寻回来，使常识心理学在关注生活世界同时，引领科学精神得以回归。所以，科学心理学与常识心理学二者之间看似相悖，但是，从公约性基础上看，它们所蕴含的出于人类对自身秘密的求解和追问的内核精

---

① ［美］巴伯：《科学与社会秩序》，顾昕译，生活·读书·新知三联书店 1997 年版，第 81—101 页。

② 高清海：《找回失去的“哲学自我”》，北京师范大学出版社 2005 年版，第 47 页。

神是相通的，这一点则促成它们会以平等、理智、宽容、尊重等心态来审视和理解自己与对方，实现二者之间的融通与契合。

常识心理学是常人在漫长日常生活中形成和积淀下来的文化生活方式最深刻、最基础的部分，是维系着常人生命存在并使其质化的宝贵质料，它们不但来源于“从前”，而且会在“现实”及“将来”的日常生活中继续新生出来，生生不息。所以，即使心理学科学化运动日渐热烈，科学话语权力日渐膨胀，也不应以其话语权力“企求”常识心理学在一定时间内消失，甚至以“落后”“不科学”为名，压制、打击常识心理学，以建立科学心理学的天下。“公约性”要求科学心理学脱掉立法者外衣，以自己的合理性认同常识心理学的合情性，在与常识心理学相互促进、相互关注和相互支持过程中，积极拓展自身，保持旺盛的内在续力。这就需要，一方面，科学心理学须避免单一理性和逻辑性姿态，关注常识心理学，从中汲取文化养料，使其理论建构和解释回归生活，回归现实。最为重要的就是科学心理学应该把常识心理学当作自己的资源，是创新资源，是发展资源[①]。海德也主张科学心理学可以从日常心理学中学到很多东西[②]。另一方面，常识心理学须从简单的传统继承中超脱出来，以科学精神为指南，以词源学与语义学对常识心理学的“术语”予以深入分析和考证，从而使其与现代科学精神发生内在关联，赋予常识心理学新时代背景下全新的意义，去除有碍理解其实质的文化尘埃，揭示其内在本质，终而形成新的常识心理学。当科学心理学普及时，心理学的科学知识变成常识，常识心理学就会通过科学化来进入和影响普通人的生活。

综上，在全球化语境下，科学心理学应该更多关注常识心理学，这种关注既非是简单地向生活世界回归的复古，亦非是对科学心理学思维非此即彼的抛弃，而是从理性视角赋予常识心理学更多的话语权利，支配和引领二者之间从割裂走向对话。在多元文化时代，“公约性”虽非见得是完美的或是万全之策，却可以打通科学心理学与常识心理学之间对话的通道，为心理学当代发展提供更为宽泛和包容的心理学观，是未来生成与构建合情合理的心理学的一种现实选择。

---

① 葛鲁嘉：《常识形态的心理学论评》，《安徽师范大学学报》2004 年第 6 期。

② Heider, F. *The psychology of Interpersonal Relation*, London, Wily, 1958, p. 5.

第四章　心理学文化转向与应答

毋庸讳言，20 世纪兴起的相对论和量子力学从根本上瓦解了机械论自然观的根基，从而带来了科学哲学转向。同时，以讲求多元、解构和去中心为特质的后现代思潮在涤荡文学、艺术、建筑等领域后，形成了深刻的社会文化背景，对心理学领域产生了当然的影响。当代社会生物学、文化人类学和进化心理学的兴起带来对心理学与文化之间关系的重新定位与重新思考，心理学领域开始由对心理学研究机制、规律或本质的追问，转向对文化与心理现象关系、社会文化对心理学影响的关注，心理学文化转向思潮已经凸显。心理学家期望当代心理学发展以文化为支点、为平台、为视角，在对科学"主义"的心理学不断反思、批判和重构的同时，试图实现心理学建设上的一种超越、一种突破，甚至是一种革命。正如有学者指出"这是一场范式的转变……文化出现，使心理学在研究的历程中获得非常重要影响和广泛的听众。"①

第一节　当代心理学文化转向方法论困境与求解

心理学文化转向思潮可谓风起云涌，且伴随着时代发展和学科的演进，大有乱花渐欲迷人眼之势。当下，心理学文化思潮是以各异的文化形态表现出来的。心理学文化转向的形态主要体现在以下几个方面。

---

① Szapocznik, J., Kurtines, I. v. "Family Psychology and Cultural Diversity", *American Psychologyist*, 1993, 48 (4).

一　当代心理学文化转向的形态论说

(一) 跨文化心理学

翰约·威廉姆（John，W. Willianma）的一段话表达了当时跨文化心理学家们的心声："我认为，假如现代心理学在印度得到发展，我们说，许多已经被西方心理学家发现的心理规律也会在那里得以证明或发现"[①]。最早的跨文化心理研究的出现直接源于当时文化人类学影响，是心理学与文化人类学两种学科传统相互融合和相互渗透的结果。当时的文化人类学所倡导的文化决定论和田野考察方式深深地影响和刺激了心理学，不仅引进了文化人类学中许多基本概念如文化、制度、角色等，而且，也使那时候的心理学家认识到，不同文化条件下人们的心态与精神面貌可能会出现差异性。于是，这种文化间比较方法适时地被引进心理学，催生了跨文化心理学。跨文化心理学家深信，无论在什么样形式的社会中，都具有一种结构性抽象存在。这种抽象在任何地方都可以得到证明，清晰地为人们所熟知，因而是一个普遍性存在。所以，跨文化心理学是"以两种以上文化资料为基础的心理学"[②]，通过两种或两种以上文化比较，检验和验证研究结果和研究过程的效度和解释力，减少研究结论受白人主流文化影响。

跨文化心理学的意义不仅改变了科学心理学研究方式，试图超越心理科学研究仅局限于欧美白人主流文化，弱化心理学对白人主流文化依赖性，而且，它为心理学提供一个崭新的方法论。但是，20 世纪 80 年代以后，对跨文化心理学检讨之声不绝于耳，根本原因在于长期以来，它以普遍主义研究取向为基础，采用强加客位研究方式，试图验证人类心理机制存在的客观性。跨文化心理学中，文化只是一种标签，一般是作为准自变量、背景变量，被认为是个体之外，与其活动分离的。事实证明，当前跨文化研究只是穿了一件文化的"新装"，从事的依旧是为西方心理学在"他文化圈"的验证性研究。

---

① Gergen, K. J. "Toward a Cultural Constructionist Psychology", *Theory and Psychology*, 1997, p. 7.

② Triandis, H. C.:《跨文化心理学前景》,《心理学报》1983 年第 3 期。

（二）本土心理学

应该说，本土心理学是心理学文化形态的另一种近乎极端的表现。世界范围内心理学本土化运动是伴随着世界殖民体系瓦解和后现代思想浪潮的冲击出现的。源起于文学艺术领域的后现代和科学哲学领域的历史学派这两种思潮兴起，引起了心理学领域的积极响应，使人们从试图建立统一心理学体系和探索普遍真理的理论追求的梦幻中清醒过来。毕竟，深受西方影响的非西方国家民众的文化失落感已成为根植于理智阶层心底的一种难以排遣的情结。为本民族、本地域的心理学取得合理与合法身份或地位，就成为他们必须面对的现实问题。本土心理学顺应这种文化心态应时而生，这是达成他们内心愿望最适合不过的途径。

今天的本土心理学研究依然面临着理性主义和解释学哲学视野上的纷争，在科学观上也存在着自然科学观和人文科学观的分野。这就使本土心理学一直在研究道路上始终无法摆脱西方现代心理学研究的影子，也一直面临着到底是退让还是坚守的现实性问题。事实上，本土心理学的兴起之意义是不言而喻的，正如有学者说："心理学本土思潮对于长期以来遭受文化悲凉心态和失落感煎熬的东方国家尤其是国人来说，肯定是一剂可以宽舒胸怀、增强自信的文化解药，因而显得魅力万千，乃至令许多人为之陶醉"①。但是，本土心理学试图获得与西方现代心理学对话或平起平坐的合法身份，却也是因为文化心态的偏执而遮蔽了其向内审视自己，向外拓展视野的动力与决心。本土心理学者以一种启蒙心态和民族主义情绪来应对西方现代心理学，并在这种情绪支配下，从事着自己的本土研究。然而，以单一心态的努力就以为能够没有任何偏见地对本土民众心理学和行为进行价值中立的解释，则充满了悲剧性色彩和美好的理想。因为，今天的本土心理学者所缺失的依然是对本土民众心理事实予以抽象思考的能力，也鲜有一种对自身的批判和再批判的警醒和勇气，"因而可能会忽视对自身学术实践的批评，归根结底，本土化运动这种学术实践，最低可能是西方学术霸权的另一种翻版"②。所以，今天本土心理学依旧面临着科

① 程刚：《魅力与困惑：心理学本土化追求的两难处境》，《沈阳师范学院学报》（哲社版）2002 年第 5 期。

② 赵旭东：《反思本土文化建构》，北京大学出版社 2003 年版，第 212 页。

学观、方法论、研究方法等亟待解决的诸多问题。对于本土心理学而言，如果一味地强调和“自恋”本身的文化传统，并将其视为本土心理学合法性存在的根基，极容易导致其倾向于本地性、自我封闭或拒绝包括西方心理学在内的外来文化滋养而陷入封闭性。所以，今天的本土心理学“不能为了时代精神而放弃永恒，不能把政治文化策略当作科学方法来理解和运用，不能因为强调特殊性而偏离科学阳光大道，更不能只顾奔竞于新奇时髦而忽略了走向肤浅平庸的可能性”[①]。

（三）文化心理学

文化心理学是将文化的作用与地位推向极致的表现形态。文化心理学的产生以1990年斯迪格勒等人主编的《文化心理学：人类发展的比较研究》出版为标志。其在该书中认为，文化心理学的基本思想在于人类内在心灵的统一体不可能被预先假定，人的心理活动过程根植并依赖于符号和社会组织系统[②]。文化心理学者认为，并不是所有行为都能用一套范畴和维度加以解释，而是首先考虑一个既定维度、概念或范畴是否有意义，以及如何在一个既定的文化语境中使用它们。在这里，文化并非仅仅是单纯的背景或无关变量。人的任何内在、深层的心理结构及其变化都蕴含于文化背景之中和之上。心理学者永远不可能将自己、研究对象与文化情景相剥离。文化心理学这种不再以从异域文化寻求理论检验为目的，而是从特定社会文化背景下特有的心理问题出发，注重以社会现实为研究重点的理念将文化元素推到令人瞩目的位置，也使人们开始重新思考和重新定位文化在人类心理和行为中的作用与价值，从而将心理学理论视野从过去传统的“心理主义”入手来推知行为原因拓展到广阔的社会文化背景中来追问，也就使心理学理论建构从原来的抽象性向具体性转向，具有相当的现实性和说服力。它强调特定的民族文化背景下人的心理特征与心理问题研究[③]。

但是，文化心理学面临的重要问题就是经验主义方法论依然渗透于文化心理学研究中，并没有意识到它本身所反映出的经验主义方法论、价值中立预设。在将文化推崇至极致化前提下，从本质上再来审视，它仍旧没

---

① 赵旭东：《反思本土文化建构》，北京大学出版社2003年版，第213页。

② Fowers, B. J., Richardon, F. C. “Why is Multiculturalism Good”, *American Psychologist.*, 1996, 51 (6).

③ Ibid.

有跳脱出西方经验主义的束缚与制约，表现为对实证方法论的批判很不彻底，依然是方法中心的预设。另外，过于仰仗和依赖文化，并且，将文化视为一种外在自变量，会导致人与文化之间的分离，忽略生物因素和科学本身的内在逻辑线索，使之从“科学主义”一极到“文化主义”一极的摇摆。今天的文化心理学研究取向就已经昭示了这一点①。甚至有人批评说，这种心理学研究取向仅仅是一种良好愿望、意识或哲学路向。②

（四）后现代心理学

作为对20世纪60年代末70年代初应对美国社会危机而引发的对现代心理学反思和重建运动的继续，以1980年美国理论心理学者格尔根（Gergen）发表的《走向后现代的心理学》专题报告为标志。后现代心理学思潮的出现，本身就已经昭示了造成今日现代心理学之危机的“现代性”本身乃是社会和文化“现代性”的一种表现或者是一个方面，也是后现代心理学以自身“后现代性”在解构“现代性”的合法性以后，通过采用新出现的后现代材料而同现代心理学脱离关系③，并在后现代知识和文化基础上试图全面重构心理学。“科学心理学已经受益于后现代思潮，承认这一点很重要。后现代思想促进了文化意识，特别是对权力和地位差异关注。”④ 后现代心理学出现后，就以不同于现代心理学的研究立场与研究视角，在促进对现代主流心理学反思和批判的同时，也推动心理学重新建构。

尽管后现代心理学是以现代主流心理学对立身份出现的，但是，在后现代思想文化多元论及其价值平等的论调中，由于还没有一个超越性存在能融合现代性的实在论和后现代性的反实在论，最终使其陷入相对主义的泥潭中。相对主义如果走向极端是有害的，它会导致对真理、确定性和普遍性的消解，从而走向认知虚无主义，尽管相对主义对于这些学科是必不可少的（人类学、社会学、制度史、思想史，甚至认知心理学等）。对于后现代心理学而言，每一种文化形态下的心理学之间难以对话或通约，不

---

① 孟维杰：《从哲学到文化：心理学范式述评》，《哲学动态》2004年第8期。

② John, A. & Walter, J. *The handbook of culture and psychology: culture and psychology at a crossroad*, New York: Oxford University Press, 2001, pp. 25 – 31.

③ Ibid..

④ Inn, P. *The Crisis in Modern Social Psychology and How to End It*, Routledge, 1989, pp. 131 – 133.

可避免地走向文化消解。尤其是，在后现代思潮的推波助澜之下，相对主义滑向另一端，夸大信念和人们对世界看法以及解释的非“惟一性”，必然会导向对整个世界认识上的虚无性和模糊性。那么，后现代心理学存在的合法性与合理性根基也将被消解至“虚无”。因此，在科学心理学视野中，后现代思潮只能在心理学人文领域等边缘地带兴风作浪，而在核心的科学地带丝毫不起作用，它可能会破坏来之不易的现代心理学共同体所建立的基本信念。尽管后现代心理学可能会在一定程度上引发心理学方法论或思维方式变革，但是，作为一种“流浪者思维”，这注定是一个漫长探索和耐心等待的过程。

二　心理学文化转向方法论难题与诉求

心理学文化思潮的凸显不仅引发了学界对“心理学到底是什么”“心理学向何处去”这样深层次问题更深、更广泛的思索和追问，而且提倡对文化的必要尊重，强调研究领域的扩展，赋予边缘势力以更多话语权，这在科技理性和逻辑语言依然统治着心理学领域的时代，对于克服现代心理学中“马太效应”的进一步膨胀和蔓延，摆脱心理科学对自然科学的极度推崇，不能不说具有一定的开创价值和现实意义。它对于解构心理学自然科学主义思维模式，不仅提供了文化这一特定的研究视角，而且，也为重新理解心理学提供了意义基础、前提和语义场，就这一点，心理学文化兴起是打开了一扇科学心理学通往文化语境的窗户，转换了现代心理学并不宽泛的研究方式，拓宽了心理学的研究视野。但是，从上述论说中，我们可以看出，心理学各异的文化表现形态，其内隐着的现代二元对立思维方式和研究视域局限，还是给自身发展带来了方法论上的难题。无论是跨文化心理学以文化名义为西方心理学关于心理机制的验证性研究，还是本土心理学激进地倡导本土文化而导致文化的自闭和视野狭隘，文化心理学研究过于仰仗文化而陷入“文化主义”误区，抑或是后现代心理学将心理学推向相对主义的风险，其实，他们的思想深处、理论预设、命题理解及结果说明，都没能跳出现代二元对立思维泥潭。“现代性二元对立思维成为我们大多数人内在的文化心理结构的潜意识，是原始文化留给我们最重要的残留物，也是我们不能解决心身问题、超越二元论的杀手锏。当人们承认人作为原始人想象力产物的灵魂实在性，亦即从潜在的二元论试图出发去解构二元论，这种解构注定是要失败的”[①]。因此，从这个意义上讲，心理学表现各异的文化形态的内在研究理念和学术思想在文化转向中并没有实现华丽转身，究其实质，依旧是科学主义研究思维和二元对立方法论的影子在整个转向过程中挥之不去。如果说心理学文化转向思潮只是部分地实现了心理学研究视角和方法论的变革，从这个意义上说，心理学文化兴起依然有着可取之处。但是，它尽管提出了“文化”这一理念，可还是没有真正将心理学根本问题放到文化框架中来考察，不但放弃了考察心理学整体的研究视野，而且也放弃了心理学与社会各因素之间的内在关联，对科学的理解依旧局限于将科学视为单纯“名词术语”这样狭隘的知识领域，将心理学视为脱离了文化支持的单纯的科学；对文化的理解，依然是将文化视为相对于人而言的外在刺激变量，在与文化分离中试图探寻和理解人的根本元素，文化也无从成为对人的一种支持系统，实现对心理学真正的解读。它只是从一个侧面、一个角度来揭示人与文化之间的关联，关注的视线仅仅停留于外在于人的文化上或外在于文化的人上，缺少广阔社会历史的洞察力和深厚的文化基础，还没有从全面和深层次上揭示人与文化之间的共生性，这不仅在方法论上招致了学界的诟病，而且不可避免地在生态学效度上会授人以柄。心理学文化的未来走向关键在于心理学研究方式与思维方式的转换，从关注外在于人的文化或外在于文化的人转向对心理学与文化之间的关联和互动的深层，从对心理学本身的文化精神入手来实现对心理学性质的真正解读，这不仅会为今天心理学文化兴起找到思想源头，而且也会为寻求解决心理学文化兴起的方法论难题提供思想上的前提与可能。

综上，当代心理学文化思潮无疑为今天的科学心理学未来发展开拓了研究视野，拓展了一个崭新的研究领域，因而有着相当的合理性。但是，心理学文化兴起的重要特点是推动文化回归心理学，最大的问题也是来自于与文化的关系——现代性二元对立思维方式始终挥之不去。人的心理与文化之间的相生相伴，决定了心理学不能脱离文化而独自理解、解释和观照人类的心理生活。重新构建心理学与文化之间关系，搭建心理学的文化

---

① 高新民、吴胜锋：《解释理论：解构二元论的有价值尝试》，《广西社会科学》2004 年第 2 期。

解释框架，实现对心理学文化精神探寻，其中折射的不仅仅是研究思维和方法论的根本转变，更重要的也是心理学观的深刻变革。反思当前的心理学观，构建一种全新的心理学观成为当下心理学文化思潮中的题中之义。

第二节　20 年中国跨文化心理学研究梳理与反思

对于我国的心理学，至20世纪末，心理学出现的文化转向产生了两个新兴的心理学研究方向：文化心理学与跨文化心理学。在这两个新兴的研究领域，文化是它们关注的重点。在这里，我们将文化定义为“特定种群的人共享的生活方式”。其中的生活方式包括：人的精神生活，如：宗教、艺术；社会生活，如：社会组织、伦理习惯、民间风俗等；物质生活包括：饮食起居的习惯等一系列在泰勒所定义的文化概念中所包含的内涵。另一方面，这种生活方式是相对于特定人群而言的，只有具有同一特性的成员才能够形成统一的文化，而其他异性因素的存在便使其偏离这一文化，因此文化具有了共同性以及特异性。然而就是这种特异性的存在使得心理学家们发现了另一个值得研究的领域：跨文化心理学。

一　跨文化心理学概念辨析

跨文化心理学在不同的学者之间有不同的定义。如川迪斯、马尔帕斯、戴维德森等人认为：“跨文化心理学包括对来自两个或两个以上的文化中的人的研究，使用相同的测量方法，测定在一般心理学理论所保持的范围内的限度和修正这些理论以使它们更具普遍性的类别。”此外，布里斯林、朗纳和桑代克认为：“跨文化心理学是对不同文化种群的成员的经验性研究。这些文化种群有不同的经历，这些经历导致行为方面的可预测和意义差异。在多数的这样的研究中，被研究的种群说不同的语言，由不同的政治团体来统治。”川迪斯于 1973 年提出“跨文化心理学是关于行为和经验的系统的研究，这些行为和经验发生在不同的文化中，受文化的影响，或导致在现存的文化中变化”。[①] 翰约（John）的一段话表达了当时跨文化心理学家们的心声：“我认为，假如现代心理学在印度得到发

① 李炳全：《文化心理学》，上海教育出版社 2007 年版，第 249—252 页。

展，我们说，许多已经被西方心理学家发现的心理规律也会在那里得以证明或发现。”[①] 最早的跨文化心理研究的出现直接源于当时文化人类学影响，是心理学与文化人类学两种学科传统相互融合和相互渗透的结果。当时的文化人类学所倡导的文化决定论和田野考察方式深深地影响和刺激了心理学，使其不仅引进了文化人类学中许多基本概念如文化、制度、角色等，而且，也使那个时候的心理学家认识到，不同文化条件下人们的心态与精神面貌可能会出现差异性。于是，这种文化间比较方法适时地被引进心理学，催生了跨文化心理学。跨文化心理学家深信，无论在什么样形式的社会中，都具有一种结构性抽象存在。这种抽象在任何地方都可以得到证明，清晰地为人们所熟知，因而是一个普遍性存在。所以，跨文化心理学是“以两种以上文化资料为基础的心理学”[②]，通过两种或两种以上文化比较，检验和验证研究结果和研究过程的效度和解释力，减少研究结论受白人主流文化影响。

总之，跨文化心理学是一种探讨文化的差异而导致的人类心理行为差异的一门心理学分支[③]。它将文化看作是外在于人的，它认为文化与心理的关系是影响与被影响的关系，文化是影响人类心理与行为的一个变量。因此跨文化心理学的目的在于对不同文化群体中被试加以比较研究，从而验证已有心理学理论概念与方法的普遍性，以建立普遍适用的心理学体系[④]。值得注意的是，跨文化心理学更多地被认为是一种心理学的研究方法或研究策略，即一种比较方法和策略。因此跨文化心理学是在现代主流心理学研究的困境上用文化研究范式来修正和发展原有的心理学研究范式而形成的一个新的研究取向，且在经济一体化以及世界全球化的促进下越来越被重视。

迄今，跨文化心理学家们已开展了很多的相关研究。早期的跨文化研究主要集中于知觉、语言、认知等方向，近 20 年的国外跨文化研究的主

① Gergen, K. J. *Toward a Cultural Constructionist Psychology*, Theory and Psychology, 1997, p. 7.

② Triandis, H. C. 《跨文化心理学前景》,《心理学报》1983 年第 3 期。

③ Miriam, S. “Current issues in cross - cultural psychology: research topics, applications, and perspectives”, *Institute of Psychology*, 2001, (11).

④ 田浩：《文化与心理学研究方式的变革》，吉林大学博士学位论文 2006 年，第 38—40 页。

要领域则是集中在认知、人格、社会心理等方向，此外健康、咨询、儿童发展、工业与管理心理等方向同样已成为跨文化研究的领域。而中国的跨文化研究到如今也取得了较大的发展，通过对中国20世纪以来的跨文化研究的汇总与梳理，可以为我国的心理学文化转向研究提供智力支持。

二　研究过程

（一）研究方法

1. 样本来源

因为本研究重点在于跨文化心理学研究的实证研究范式，所以本研究的样本源于中国心理学杂志中最具代表性的两种杂志：《心理学报》《心理科学（1988—2010）》中运用实证跨文化研究方法的文章。其中《心理学报》上收集到的文章有12篇；《心理科学》杂志收集文章21篇，总计文章33篇。

2. 编码归类

基于本研究的目的，文章的编码主要集中在跨文化研究的主题、文化群体、具体的研究方法、数据统计方法等。编码主要是根据德国心理学家Miriam Spering的跨文化研究，从心理学学科上将研究的主题进行编码。而在研究的文化群体上，则主要区分为三大类，一是不同文化的国家居民，跨国研究；二是相同国家中不同民族的群体，跨亚文化或跨民族研究；最后一种是较为新的研究群体，即那些在不同国家之间流动的人口旅居者即“sojourner”①，如：留学生、国际商人、旅行者、移民等人群。因跨文化研究的研究对象上的独特性，以及在实际上获得的论文的有效性上，我们在其具体的研究方法与数据统计方法上的编码，主要根据文章的方法进行相应的编码，其依据主要是董奇著的《心理与教育研究方法》。

（二）结果与讨论

1. 跨文化心理学研究的主题情况

表1是搜集到的跨文化心理学研究文章的具体情况，其中还包括主要研究主题方向（注：有些文章的研究涉及一个或两个方向）从表中可以

① 李炳全：《文化心理学》，上海教育出版社2007年版，第249—252页。

看出，社会心理方向是一个主要的研究领域，发表的文章约有 11 篇，百分比约为 29%，其中研究的方向也主要是集中在社会知觉与社会性别刻板印象上。对于这一现象的产生我们也不难理解，因为文化在很大程度上正是体现在人们的社会生活中，具体则体现在我们的归因方式、态度、价值观上。正如 Hofstede 对文化的定义一样“文化是一种思维的集合，这种思维能够使其的群体区别于其他的群体。”拥有相同文化的人，意味着拥有相似的语言、信仰、价值观和其他的心理特征[①]。在大多数研究中差异的最终文化维度的归因上主要是在个人主义文化—集体主义文化。

表 1　　跨文化心理学文章具体情况

文章题目	期	作者	研究主题
	心理科学：		
汉、藏、东乡族 9—12 岁儿童汉语被动句理解水平的跨文化比较研究	1991（4）	万明钢	认知心理
呼伦贝尔盟汉族、蒙族、达斡尔族、鄂温克族初中生数学推理能力的比较研究	1992（5）	玉山	认知心理
交往在儿童认知发展中的作用	1992（5）	符明弘、左梦兰	发展心理
西南地区五种民族中小学生的智力观念的跨文化研究	1995（6）	蔡笑岳、姜利琼	人格心理
一岁半到二岁半婴儿交涉行为与交换性行为的形成	1997（4）	山本登志哉、张日昇	社会心理
影响信息加工容量的语言因素研究——中国和希腊跨文化比较	1997（3）	张向葵、A. Demetriou	认知心理
初中学生问题解决能力发展的跨文化研究	1998（3）	傅金芝	人格、发展心理
关于健康社会性格的跨文化研究	1999（5）	陆剑清	社会心理

① Cheung, M. W. L., Leung, K. & Au, K. “Evaluating multilevel models in cross - cultural research: An illustration with social axioms”. *Journal of Cross - Cultural Psychology*, 2006. 37: 522 - 541.

续表

文章题目	期	作者	研究主题
关于社会性格的跨文化研究	1999（2）	陆剑清	社会心理
时间隐喻表征的跨文化研究	2000（2）	周榕、黄希庭	认知心理
学生认知方式与性格特质相互关系的跨文化研究	2001（6）	王春雷、张峰	认知、人格心理
中美大学生性别角色平等态度比较研究	2002（2）	张雷等	社会心理
大学生主观幸福感的跨文化研究：来自48个国家和地区的调查报告	2003（5）	严标宾	社会心理
应激源感知的文化和性别差异：对留学中国的非洲学生和西方学生的跨文化研究	2003（5）	Ismail Hussein Hashim、杨治良	健康心理
一项关于大学生自我概念的研究	2004（5）	胡维芳	社会心理
关于健康观认知构造的中日比较研究	2005（1）	张日昇等	健康心理
大学生生活满意度与主观幸福感关系的文化效应检验	2007（6）	严标宾、郑雪	社会心理
性别刻板印象之内隐与外显性别效应的中日跨文化研究	2008（5）	徐大真、张日昇等	社会心理
青少年职业自我同一性的跨文化研究	2009（2）	黄小忠、李伟健等	发展心理
群体参照记忆效应的跨文化研究	2009（6）	杨红升、黄希庭	认知、社会心理
文化智力的构思和准则关联效度研究	2010（2）	唐宁玉、郑兴山等	人格心理
	心理学报：		
海南岛黎汉中小学生智能发展差异性及其根源的跨文化研究	1988（2）	郑雪	人格、发展心理
三国四城市小学儿童数学成绩的比较研究——跨文化研究之一	1988（3）	方格、佟乐泉等	人格心理
中澳两国儿童社会观点采择能力的跨文化对比研究	1990（4）	方富熹等	发展、认知心理

续表

文章题目	期	作者	研究主题
学生考试成功结果的归因分析——归因理论的跨文化研究	1991（2）	孙煌明	社会心理
北京职工工作社会规范观念的基本特征——跨文化的比较研究	1993（1）	王二平、徐联仓	社会心理
记忆训练的中德跨文化研究	1993（4）	吴振云、孙长华等	认知心理
指向具体人物对象的人际信任：跨文化比较及其认知模型	1993（2）	张建新、Miehael H. Bond	社会心理
对友谊关系社会认知发展的跨文化比较研究	1994（1）	方富熹、方格	发展心理
家长对子女人格特点的自由描述——中国儿童样本对“大五”人格结构的验证	1995（3）	张雨青、林薇等	人格心理
从中德儿童技术创造性跨文化研究结果看性别差异	1999（4）	施建农、徐凡等	人格心理
中日幼儿“所有”关系的跨文化研究	1999（2）	山本登志哉、张日昇	发展心理
东西方儿童对友谊关系中的道德推理发展的跨文化研究	2002（1）	方富熹、方格等	发展心理

人格心理方面的研究主要集中在智力、特殊能力以及性格等方面，文章总共约有8篇，所占比例为23.5%。在这里我们把智力划分在人格心理内主要是因其是构成个人特质的一个重要因素。在研究中，主要体现在文化对智力以及其他的能力如问题解决、创造力等的影响，如：蔡笑岳《西南地区五种民族中小学生的智力观念的跨文化研究》（1995），此外也有学者对人格特质有相应的研究。

认知心理方向约有文章8篇，所占比重也为23.5%。而具体研究主要在语言、记忆、学习能力等方面，其中语言是较为突出的一项。人们将冯特作为文化心理学的先驱研究者，正如他在民族心理学中强调的那样，思维在很大程度上受语言、习惯、神话的制约。语言是一个文化积淀的产物，文化对其的影响是根深蒂固的，就个人而言，语言的获得也是跨文化研究的一个主题。

健康心理的方向是一个较新的研究方向，最新研究较少，仅有2篇文章，国内的研究首先是研究不同文化群体中对健康观的理解；最后则是在应激源感知的文化差异上，其结论则是在具体的应激源上存在文化的差异。而国外研究还集中在心理治疗或压力管理上的文化差异。

另一个跨文化研究主题目前尚未出现在中国的研究中，那就是工业与管理心理方向的跨文化研究。在国外，较多的研究已经涉入了组织与管理心理学，正如2001年Javidan & House的《全球化的领导者的文化敏锐：来自全球化计划的经验》以及2002年Riggio & Pirozzolo的《多样性的智力与领导力》等文章都在工业与管理的跨文化研究方向上做了相应的研究。同时在理论指导的运用上，则主要是运用于人事选择与培训上。而这些方向正是以后需要跨文化研究者们继续探讨的。

2. 跨文化研究的文化群体

表2是跨文化研究的文化人群的整体分布情况。首先我们能看到不同文化的国家之间的人群比较仍是一个主导的研究对象，约占统计的54.5%。而同一国家不同民族间即跨亚文化或跨民族间的研究如今在中国也是一个较大的研究群体。此外一种新的研究群体便是在众多文化之间"游走"的一类人群，他们是一类较特殊的人群，即"sojourner"。这类人群主要是一些留学生，或是跨国公司中的国际商人以及那些旅行者与移民、难民等，这一类人群需要面对的是在多样化的文化情境中去适应这种文化。基于第一类的研究，中国主要与日本、美国、英国、德国等国家进行比较研究，这些研究中对于其文化差异的解释绝大多数是基于"个人主义文化—集体主义文化"的文化维度。很明显，中国自古便是一个集体主义的文化群体，而西方各国则是个人主义文化，这一文化维度在解释各种文化差异上是具有较大解释力度的。

第二类研究则是跨亚文化或跨少数民族文化间的研究。中国是多民族的国家，拥有56个民族，这为中国的跨亚文化研究提供了大量的研究对象。这类研究主要包括关于各少数民族群体在文化顺应性、双重语言性及教育水平方面的比较：如1991年，万明钢的《汉、藏、东乡族9—12岁儿童汉语被动句理解水平的跨文化比较研究》，而最后的结论正是汉语被动句转换理解水平的特点在各民族之间存在着种种差异，造成这些差异的主要原因涉及被试受教育的程度，对第二语言的态度等因素。

而第三类研究人群中的主要研究对象为留学生、跨国商人、移民、旅行者与难民。对于这一类特殊的人群，主要考虑的是在不同文化交流与冲突上的适应性心理行为反应。如陆剑清、宋继文及张章新的《关于社会性格的跨文化研究》（1999）主要是考虑到在当时受外来文化的冲击、观念意识的变化而促使人们的社会性格也随之转变，在文化的交流与冲撞过程中产生的心理、性格的变化。

值得深思的是，跨文化研究的被试选择因为是来自不同的文化，无法满足随机分配的实验要求，因此便会存在其他方面的差异而导致的结果差异。所以在解释差异时，必须将其他变量的影响因素控制住，这样才能说是文化的差异而导致的心理、行为的差异。

表 2　研究群体总体情况　单位：个

	跨国间文化	跨亚文化研究	旅居者式	总数
总数	18	8	7	33
占比（%）	54.5	24.2	21.2	100

3. 跨文化研究的具体方法

介于跨文化研究的特殊对象、特殊的变量，在具体的研究方法的选择上，有很大的局限性。而跨文化研究的两大方法论便是非本位——本位性之间的区别，以及建立各种等值模型。这两个问题并不完全独立。实际上，在全部跨文化研究心理学研究中，它们都不同程度地互相渗透。①

在表 3 中，能很容易看到在具体的研究方法上，更多地采用的是问卷法（42.4%）与测验法（39.4%）。而追踪研究和横断研究则使用的很少，仅占 3%，追踪研究与横断研究主要是研究儿童创造力发展中的跨文化差异。可能是考虑人力、物力、财力等方面的众多压力，而且最重要的一点是，文化的变量作用对其的最终负载程度是很难被区分出来的，因而采用此方法的研究是较少的。

① 马尔塞拉：《跨文化心理学》，肖振远等译，吉林文史出版社 1991 年版，第 18—33 页。

表 3　　跨文化研究的具体方法　　单位：个

	实验研究	相关研究	问卷法	测验法	访谈法	观察法	追踪研究	横断研究
总数	6	2	14	13	2	3	1	1
占比（%）	18.2	6.1	42.4	39.4	6.1	9.1	3	3

考虑到研究的可操作性，在具体研究方法的选择上，极大程度上是受被试的特殊性影响的。考虑到来自不同文化的群体，采用问卷法与测验法是相对而言比较容易实施的。而且这一方法可以说是相对较容易地解决了跨文化心理学研究中的一个重要问题，概言之，在跨文化研究的测量过程中，诸多研究者用同样的量表去测量不同国家的被试，这样隐含着一个潜在的问题，即在不同文化中使用同样的测量工具所测得的结果是否等值问题[①]。

问卷法与测验法在功能等值、概念等值、测量的对等性上，可以较好地进行操作。对于这三点等值性，只要保证了问卷与量表在不同语言之间的同质性，便可以较好地实现，从而保证其信度与效度。因此在较多的跨文化研究中，问卷法、测验法便成了研究者们热衷的研究方法。

访谈法与观察法，在中国的跨文化研究还是相对较少的，使用次数少于 4 次。可能是基于场景与被试以及人、财、物力等方面的限制；另一个原因则可能是在各种等值性的操作与保证上很难做到，因而很难保证文化的效果。如 1997 年山本登志哉与张日昇的《一岁半到二岁半婴儿交涉行为与交换性行为的形成》便采用的是自然观察法。但在结果讨论中，差异的变异来源则可能是来自于物理环境或是游戏内容及老师的指导方式，而文化背景的差异可能也是一个因素。这里并不能完全地将这种文化效应独立出来，因此很难做到文化的主效应。此外，实验研究还存在一个问题，那就是由于无法控制先在的文化变量，被试的心理行为就一定存在许多不同，这样实验处理与文化背景发生混淆，无法确定比较结果究竟是由于实验处理引起还是文化背景差异造成的。因此跨文化研究常常造成事后解释，往往是对研究结果进行可能性分析，而不是检验一种理论假设的正

① 王淑燕、奚彦辉：《主观幸福感研究述评——基于个体主义—集体主义文化》，《心理研究》2008 年第 5 期。

确性[①]。

此外，还有一些新型的研究方法可以被广泛运用于跨文化研究，如内容分析法、语义分析法等都可以被用于跨文化研究。这些研究方法在操作上与测量统计上都能够较好地对收集到的材料进行有效分析，在跨文化的情景研究中可以经济、有效实施。

4. 跨文化研究的数据分析

表3是中国跨文化研究主要采用的数据分析方法。其中描述统计是使用最多的，约占总数的51.5%，在研究中主要是对其的平均数、频数以及发生率进行一般性描述。如2003年Ismail Hussein Hashim和杨治良等的《应激源感知的文化和性别差异：对留学中国的非洲学生和西方学生的跨文化研究》中，对各国学生的应激源类型的频数进行一般性的描述与比较，并未做过多其他的统计分析，在这种情况下，对差异解释的有效性可能是无法得到保证的。对于这种情况，可以看出跨文化研究的数据统计方式是受限于分类型的数据类型的，因而在数据分析上很多都是做一般性的描述统计及卡方检验（27.3%）。

相较于描述统计，方差分析是另一种使用较多的统计方法，所占比例为39.4%，因其在检验上可以有效地对文化组与其他控制组进行比较，能够很明显地得出差异性，进而能够为研究者提供他们所期望的结果，故使用的次数较多。此外方差分析是解决测量对等性的一个有效的统计方法[②]。如张向葵与Demetriou的《影响信息加工容量的语言因素研究——中国和希腊跨文化比较》（1997）中，用方差分析对文化组间进行检验，最后得出中希之间的差异的显著性。此外还有一个问题值得注意，是方差分析后需对其作进一步的事后检验，例如：徐大真、张日昇与木村裕的《性别刻板印象之内隐与外显性别效应的中日跨文化研究》（2008）性别刻板印象的方差分析文化之间不存在显著差异，而进一步的事后检验中，则发现：内隐性别刻板印象不存在文化差异，而外显性别刻板印象中存在中日性别认知差异。在控制无关变量上，协变量方差分析与多因素方差分

① 田浩：《文化与心理学研究方法的变革》，吉林大学博士学位论文2006年，第38—40页。

② 王淑燕、奚彦辉：《主观幸福感研究述评——基于个体主义—集体主义文化》，《心理研究》2008年第5期。

析也被用于文化变量的检验中。

在保证跨文化研究中的测量对等性上另一个解决方法便是采用验证性因素分析。就验证性因素分析的角度，跨文化研究的测量对等性是一个多样本比较的问题：将不同文化作为不同的样本，比较样本之间有关参数是否相同。例如唐宁玉、郑兴山等的《文化智力的构思和准则关联效度研究》中，使用了因素分析进行结果讨论。

表 3　数据分析方法　单位：个

	描述统计	相关分析	卡方检验	检验	方差分析	因素分析	回归分析	聚类分析
总数	17	6	9	4	13	7	3	1
频数（%）	51.5	18.2	27.3	12.1	39.4	21.2	9.1	3

基于跨文化研究数据的不同类型，需要采用的数据分析方法也应与之相匹配，因此，在数据分析上应考虑其他的分析方法，而不再是传统的一类。如对于层次结构的数据，应避免发生“区群谬误”与“微体谬误”效应。在这些数据面前则可以采用多层基线模型对其进行分析处理（HLM）。此外，除此类分析方法，还有很多方法是随着现代统计的进步发展起来的方法都可以运用到跨文化研究中去，提高跨文化研究的效度与信度，使文化变量真正成为一个强有力的解释变量。

（三）进一步思考

本书从跨文化心理学研究的主题、文化群体、具体研究方法以及数据处理上对中国跨文化心理学研究做了一个简单的描述性的分析。相较于国外的跨文化研究，国内的研究可以说是刚刚起步，需要得到学者们更多的关注。然而，从跨文化研究的步骤、被试的选择、水平的处理等，能够实现标准化的难度上以及学者个人的能力、精力的有限性上来说，做一项严格的有较强学术意义的跨文化研究是很难的。此外，因更具有实证意义的认知神经心理的研究已成为心理学研究中的热点，对比于 20 世纪，跨文化研究在 21 世纪似乎已经到了穷途末路之境。但是，不可否认，随着全球化的进展，心理学研究的全球化也将逐渐被世人所认可。因此作为对口研究的跨文化心理学势必会重整旗鼓，对于跨文化心理学的未来发展应该持有积极的态度。

借鉴国外的众多研究，对于中国跨文化心理学研究的发展趋势做一下分析：第一，跨文化研究的方向将会得到进一步的扩大，研究主题、文化维度也将进一步增加。如跨文化的组织与管理方向，跨文化的心理治疗方向等，这些也只是国外的研究者们目前正在研究的方向，可以说文化是构成人类社会的一项必不可少的元素，而只要是有人类存在便存在复杂的心理现象，人是文化的人，文化是人存在的方式和使人成为人的前提条件[①]。甚至有学者认为“心理学也是文化的一种产物”[②]。可以说，之前所提到的只是少数的几个研究范围，因此文化在人类心理上的影响也是存在于很多我们目前还未触及的领域；第二，跨文化的研究方法也会越来越多，如一些有关反应时、感知反应等[③]，类似于认知神经科学范式的研究将会被运用于跨文化研究。随着人们对方法这一概念的不断理解，以及社会科技的不断进步，一些新的研究方法必将运用于跨文化研究；第三，一些新的数据分析方法也会逐渐地运用到跨文化的研究中，例如多层基线模型、结构方程等；第四，在跨文化研究的运用上，随着经济全球化，要求我们在从事经济活动中考虑文化之间的差异。将文化作为一个因素运用到组织与工作中已成为我们研究的另一大要求。因此跨文化心理学研究的运用也会越来越多地被涉及。

第三节　文化转向中的道德情绪研究十年

道德是人们共同生活及其行为的准则与规范，它代表着社会的正面价值取向，对行为判断起着重要作用。随着道德心理学的发展，情绪在道德发展过程中的重要作用呼之欲出。柯尔伯格（Kohlberg）创建了具有现代意义的道德心理学，他以皮亚杰的早期理论为基础，以认知范式为模板而提出了道德推理发展的六阶段模型，认为道德推理导致了道德判断，而道德情绪并非道德判断的直接结果[④]。情感认知神经科学的发展优化和完善了这方面的研究，使心理学家们发现了这一值得研究的领域——道德

---

① 李炳全：《文化心理学》，上海教育出版社2007年版，第249—252页。

② 孟维杰：《心理学文化品性》，黑龙江大学出版社2007年版，第28—31页。

③ 梁觉、周帆：《跨文化研究方法的回顾及展望》，《心理学报》2010年第1期。

④ 罗乐：《道德情绪与道德认知对大学生道德两难判断的影响研究》，西南大学硕士学位论文2010年。

情绪。

如果把人类情绪划分为基本情绪和复合情绪两类，那么，道德情绪属于复合情绪的范畴，它是个体根据一定的道德标准评价自己或他人的行为和思想时所产生的一种情绪体验，也即道德情绪是人对客观事物与自身道德需要之关系的反映[①]。主要包括厌恶、移情、内疚、羞耻、共情、尴尬、自豪等。从内涵上来讲，无论是个体遵守或者违背道德标准与道德规范时产生的情绪都可称为道德情绪。Haidt 进一步将道德情绪分为四类：谴责别人的情绪（蔑视）；自我意识情绪（羞愧）；对他人的不幸产生的情绪（移情）；与赞赏他人相关的情绪（感激）[②]。学界很多学者也将其分为正性情绪和复性情绪。体验到道德情绪非常重要，它能够使人们正确判断行为正当与否，遵守社会准则与规范。同时道德情绪既能促进个体道德行为和道德品格的发展，也能阻断不道德行为的产生和发展。

一直以来，道德情绪没有引起研究者的足够重视。在道德研究领域，主要从认知角度探察道德推理对道德决策和道德行为的影响。直到 20 世纪末，研究者才开始关注道德情绪的研究，诸如道德归因、道德情绪推理、道德情绪与道德行为的关系等，抑或从道德角度对道德情绪的探讨等。道德情绪与文化之间的关系也成为了今后时期情绪研究领域的热点和焦点。文化的转向与应对是道德情绪发展的一种当然选择和应答。

一 道德情绪的类型

情绪与行为存在着一一对应的关系，情绪与其相对应的行为是等价的。因此，人们可以通过对具体道德情绪的研究，对相应的道德行为进行推断与预测，目前心理学研究比较多的道德情绪主要有以下几种。

（一）内疚和羞耻

当人们违背道德标准和道德准则，造成对其他社会个体或群体不可避免的伤害时，就会引发内疚情绪。也有人认为内疚是个体出现危害了别人的行为或违反了道德准则而产生的良心上的反省，是个体对行为负有责任

---

① 周详、杨治良、郝雁丽：《理性学习的局限：道德情绪理论对道德养成的启示》，《道德与文明》2007 年第 3 期。

② Haidt, J. *The moral emotions.* In R. J. Davidson, K. R. Scherer, &H. H. Goldsmith (Eds.), Handbook of affectivesciences (pp. 852 – 870), Oxford: Oxford University Press. 2003.

的一种负性体验[①]。内疚会驱使个体产生补偿行为，以弥补内心的愧疚。对内疚的研究更多的是侧重于违反社会规范或产生伤害性行为之后的内疚，但有时即使没有实质性的伤害行为，也没有违反社会准则，只要个体认为与其有关系，依旧能体验到内疚情绪，这就是所谓的虚拟内疚。研究认为虚拟内疚是移情性悲伤与认知归因相结合的产物，主要受个体已有的既往经验、移情能力、道德水平和关系程度等的影响[②]。

羞耻是一种负罪感，它往往伴随着其他的道德情绪，如内疚情绪。羞耻和内疚之间有着明显的区别，当他人在场个体产生违背社会规范的行为，造成自我伤害时，会产生羞耻情绪；由于个人的无能对别人造成伤害则会引起内疚情绪，与是否有人存在无关。研究表明，以内疚情绪的行为导向来弥补个体是内疚者的行为方式，内疚这种消极的情绪体验使个体产生补偿行为抑或是自我惩罚，对象指向于受伤害的个体。但羞耻是直接指向自我，个体的负性行为或失败被看作是“坏自我”的某种反应，也即指向自我（我是一个可恶的人）还是指向行为（我做了可恶的事）是羞耻和内疚这两种情绪的核心区别[③]。

（二）厌恶

远古时代的人们在接触黏滑的物质或不卫生的有霉臭味的食物入口时，表现出全身收缩等各种拒绝行为，由此产生了厌恶情绪。后来厌恶情绪从黏稠物体、引发疾病传播的物体推广到违反社会规范和道德准则的行为与个人的厌恶。当体验到道德厌恶时，个体会不自觉地采用某种行为策略，如回避、逃跑等。一般认为，对保护个体的存在具有重大意义的核心厌恶和个体避免意识到自身的动物性自然属性的动物性知觉厌恶这两种厌恶情绪主要是一种生存性情绪，对个体的生命存在重要影响，而为了保护灵魂安宁和维护社会秩序而回避交往的人际交往厌恶和个体对违反道德规范事件的道德性厌恶这两种是个体受社会文化和认知评价作用而产生的情

① 张晓贤、徐琴美：《人际因素促进5—9岁儿童内疚情绪理解的研究》，《心理科学》2010年第4期。

② 乔建中、王蓓：《霍夫曼虚拟内疚理论述评》，《心理学探新》2003年第3期。

③ 樊召锋、俞国良：《自尊、归因方式与内疚和羞耻的关系研究》，《心理学探新》2008年第4期。

绪，属于发展性情绪，对个体的社会性发展有重大作用[①]。

（三）尴尬

个体违背了社会习俗规则，或者是因为事件或行为超出了自己的控制时，会体验到尴尬情绪。尴尬是对社会常规的轻微侵犯，羞耻、内疚则来自于个体严重的失败或对道德规范或道德准则的侵犯。尴尬的个体所犯的道德错误是普适性的，这种错误随处可见，没有对他人和环境造成严重的伤害，尴尬情绪成为环境的调味品，使个体显得笨拙可笑。羞耻和内疚使个体产生道德暗示，认为自己不道德的行为是不可原谅的，失望随之涌出。通常，尴尬的个体往往要遵从和认可他人的行为，以帮助个人以更合适的方式与人交往，赢得他人的支持和赞赏。

（四）自豪和感戴

自豪是长期被忽视的正性道德情绪，在道德情境领域，作为道德情绪的自豪主要是指个体在自己的行为已经达到或超过公认的道德标准后而产生的一种积极情绪体验，这种积极情绪体验可以激励个体在未来更加信守承诺、促进符合社会道德标准的利他行为的出现[②]。可见自豪可以传达成功的信息，提高个体的社会形象，强化利他行为。因而体验自豪情绪，促使个体以利他方式帮助他人，会形成一个良性循环，营造良好的交际氛围。这是真实的自豪，体验这种道德情绪的个体否定或肯定自我的某一方面，来自于内部、不稳定、可控的归因。而自豪的另一种类型，自大的自豪或不自豪，来自于个体的内部、稳定、不可控的自我归因，个体否定或肯定的是整体自我。一般地，自大的自豪不利于人际交往，个体太过关注自我，倾向于不择手段，是一种适应不良的情绪。值得注意的是，自大的自豪并不是一种道德自豪，因为它并不是违反道德规范时产生的情绪，而且不具有道德动机。

感戴是另一种积极的道德情绪，从某种意义上说，施惠者的行为使受惠者感受到这种正性情绪体验，使个体的生活质量提高，同时抗压能力有所提高，而且这种情绪体验会促使个体出现利他行为和亲社会行为。所以

---

① 任俊、周凌、罗劲：《情绪变化的最近发展区探讨》，《浙江师范大学学报》（社会科学版）2010 年第 1 期。

② Tangney, J. P., Stuewig, J., & Mashek, D. J "Moral emotions and moral behavior". *Annual Review of Psychology*, 2007, 58.

从某个角度来说，感戴强化了受惠者的亲社会行为，它能够在施惠和受惠过程中传递利他行为，促进社会和谐。

二 道德情绪的归因及判断

（一）情境类型对道德情绪归因及判断的影响

1. 情境类型对儿童道德情绪归因的研究

道德情绪判断是指儿童对与道德有关的情境或事件的情绪判断[①]。儿童根据情境线索推断情绪的能力是不断发展的，他们对所处情境的理解势必会影响其道德情绪判断。20 世纪 70 年代末起，针对不同道德情境中个体对他人情绪体验与归因作出的解释与判断的研究层出不穷，其中，国外一些早期学者的研究结果表明儿童的情绪归因遵循“结果定向—意图定向—道德定向”的发展规律，当然至今研究结果仍不尽相同。一般认为行为结果的客观价值决定 3 岁以前的儿童情绪，而对 5—7 岁的儿童来说，情绪是由个人意图与行为结果之间的关系决定的，对于 10 岁的儿童在进行情绪归因时考虑的是道德因素[②]。陈少华和郑雪研究发现：在亲社会道德情境中，年幼儿童倾向于判断行为者产生消极的情绪体验，年长儿童则作出积极的情绪判断；亲社会情境的类型不影响儿童的道德情绪判断及归因[③]。我国最新研究结果表明情境类型对儿童的情绪判断及归因具有重要影响。儿童道德情绪判断归因模式的发展是在“结果定向—道德定向”的主线上向整合奖惩、移情等多种定向发展，不同类型情境中存在独特的复合归因模式[④]。

2. 情境类型对青少年道德归因的研究

王鹏等人运用情境故事考察了 246 名青少年在犯过情境中的道德情绪

① 刘国雄、方富熹：《关于儿童道德情绪判断的研究进展》，《心理科学进展》2003 年第 1 期。

② Lourenco，O. “Toward a piagetian explanation of the development of prosocial behavior in children：The force of negational thinking” . *British Journal of Developmental Psychology*，1997，11：91 - 106.

③ 陈少华、郑雪：《亲社会情境中儿童的道德情绪判断及归因模式的实验研究》，《心理发展与教育》2000 年第 1 期。

④ 陈璟、李红：《情境类型对儿童道德情绪判断及归因的影响》，《心理科学》2009 年第 1 期。

判断与归因特点，研究结果表明：犯过类别、行为者意图结果的匹配关系对青少年道德情绪判断与归因存在重要影响，青少年道德情绪判断与归因上的年龄差异主要存在于12岁组和14岁以上组之间，12岁组的情绪判断较为单一，归因上以道德定向为主，而14岁以上组出现了更多复杂情绪判断及移情定向归因①。可见，随着年龄的增长，移情、道德因素以及奖惩等归因定向得到更好的发展。

（二）情绪状态对道德情绪的归因的研究

情绪作为主观因素对个体的道德判断具有重要的影响。Fataneh 等认为，不同的情绪状态下道德推理水平有所差别，体验到悲伤情绪的个体的道德推理水平高于体验到快乐情绪和中性情绪的个体，个体倾向于采用系统、复杂的认知加工而不是简单的观念②。如同双跑道实验，小白鼠在跑道终点发现没有预期的食物时会感受到包含悲伤的负性情绪，由此产生的判断比得到食物时体验到的快乐情绪更为准确、积极。国内学者的研究与之相反，研究表明情绪状态对大学生道德判断能力具有显著影响，快乐状态下的道德判断能力高于悲伤状态③。这种国内外研究存在的不一致性可能与文化背景有一定的关联，有待进一步探究。

（三）对人格特质的理解影响对道德情绪的判断

对主人公人格特质的理解也会影响到儿童的道德情绪判断。Yuill 和 Pearson 对3—7岁儿童的研究表明，从5岁起，儿童就对相同情境中具有不同特质的行为者做出不同的情绪预期，而对其行为预期，4岁以上的儿童都相同④。郑信军在研究特质线索对儿童的道德情绪归因中得出：第一，七八岁儿童在一定程度上具备了根据他人特质推测情绪的能力，但是他们还难以做出准确的解释；第二，儿童对亲社会情境和犯过情境存在不同的情绪判断与归因模式；第三，在他人特质与行为匹配的时候，儿童更

---

① 王鹏、刘海燕、方平：《青少年道德情绪判断与归因特点研究》，《心理学探新》2011年第2期。

② Fataneh, Z., Martin, C., & Stephanie, M. "The effects of happiness and sadness on moral reasoning", *Journal of Moral Education*, 2000, 29 (4): 397-412.

③ 王云强、郭本禹、吴慧红：《情绪状态对大学生道德判断能力的影响》，《心理科学》2007年第6期。

④ 刘国雄、方富熹：《关于儿童道德情绪判断的研究进展》，《心理科学进展》2003年第1期。

容易根据他人的特质来推测其情绪反应；第四，在他人特质不良的情况下，儿童更容易根据特质来预测其行为；第五，儿童预测他人行为的能力优于对他人情绪的判断①。由此可见，4 岁以前儿童对主人公特质的理解并不全面，随着年龄的增长，儿童更容易根据他人特质来推测情绪与行为，从而做出与之对应的判断。

三 道德情绪的功能

（一）道德情绪的反馈功能

道德情绪是由自我认知和自我评价唤起的一种情绪体验，个体在评估客观事物是否符合自身道德需要时，会产生道德情绪，而这种情绪在是否被社会道德所接纳方面为个体提供了重要的即时反馈，通过反馈，个体选择一种适当的行为策略。当个体做出亲社会行为或利他行为时，会体验到自豪情绪，从而强化这种类似行为的发生；当个体对他人做出伤害性行为时，内疚、羞愧等负性道德情绪会产生，而这些负性情绪的反馈可以起到净化道德自我的作用。因此，道德情绪是对个体和现实关系的重要情绪反馈。

（二）道德情绪的强化与动力功能

道德情绪的反馈为个体提供了内在的动力，推动个体做出与之对应的道德行为，个体对道德情绪体验的能力直接影响到其行为倾向。例如，作为正性情绪的自豪为个体提供了亲社会行为的动力，促使个体做出类似行为，内疚情绪促使个体做出利他行为，体验到羞耻情绪的个体会调整自己的道德行为选择和道德价值取向。经常性的道德情绪强化，使得个体形成有意识的积极行为，将道德规范与准则内化，从而形成更高层次的道德自我。可见，道德情绪具有动力功能，它指导着人们的行为，个体会自然而然地进入一种认知模式和状态。

（三）道德情绪的调节功能

道德情绪会导致个体产生行为改变。如果个体的行为及其倾向违背了道德自我认同标准，个体不能证实道德自我的时候，会产生内疚、羞耻等

① 郑信军：《特质线索对儿童情绪、行为判断与归因的影响》，《心理科学》2002 年第 6 期。

情绪，个体会通过道歉或其他补偿行为修复道德自我①。反之当行为及其倾向符合道德标准时，则引发个体的自豪、感戴等正性道德情绪，并对积极行为起到强化作用，进一步证实道德自我。因此，道德情绪调节着个体行为，促进道德自我的发展，提高个体社会适应能力和人际交往水平，进而也推动了社会的和谐与稳定。如当体验到内疚时，在移情的影响下个体将采用补偿机制，也有研究表明，作为内部控制机制的羞耻情绪促使个体履行义务、维护和谐人际关系。这些研究都有力地证实了道德情绪对行为的调节作用。如果个体体验不到道德情绪，则可能产生人际交往问题。

四 总结与展望：文化诉求

（一）总结

随着研究者将越来越多的兴趣和关注聚焦于道德情绪，道德情绪的研究取得很大进展，并且已有的结果也显示该领域的研究很有价值。首先，道德情绪的归因与判断为亲子教育与学校教育提供了科学的理论指导，有助于个体成长，培养个体优良的道德品格与道德行为，为道德情感的培养打下坚实的基础；其次，各种道德情绪的类型与亲社会行为、利他行为的关系研究，为更好地促进人们的道德行为提供理论与实证的依据，使之更有效地形成良好的人际氛围；最后，有关道德情绪的研究进一步丰富和完善了情绪研究体系。

（二）展望

1. 注重道德情绪研究中的文化差异

现有道德情绪的研究主要基于西方文化背景，而西方的道德情绪研究根植于西方的价值体系，这与中国文化背景有着很大的差异。总体来说，一方面，西方强调“原罪”，把不道德行为看成一种罪，而中国人认为不道德行为是羞耻的，丢面子；另一方面，西方注重自我价值与独立，而中国是一种集体文化，强调个体与社会的和谐。这种东西方文化差异使得道德情绪的体验迥异。此外，羞耻情绪也备受争议。外国认为羞耻具有破坏性，当个体体验到这种道德情绪时，会回避与退缩，外化为对外界的愤

① 俞国良、赵军燕：《自我意识情绪：聚焦于自我的道德情绪研究》，《心理发展与教育》2009年第2期。

怒、厌恶等。东方的羞耻取向文化，使得"知耻"成为衡量人们道德水平的一个方面，因此，我国的道德情绪要开展本土化研究，切合我国社会现状和实践需要，在吸收外国先进研究成果基础之上，进行创新，推动人类进步和社会发展。

2. 注重群体研究与正性道德情绪的研究

研究群体的道德情绪发展轨迹及其影响因素，这是一个有待加强的研究领域。反观道德情绪的归因判断，更多的研究聚焦于幼儿群体，青少年这个特殊的群体有待进一步研究。此外，情绪个体差异的研究也是受欢迎的研究领域。该领域的研究将会扩大道德情绪研究范围、完善研究体系。与此同时，积极和消极评价通路的部分分离，提示不同性质的情绪或情感具有不同的激活功能，由此引起了人们对积极与消极情绪或情感不同作用的兴趣和关注①。纵观道德情绪的研究，相比之下，研究者比较关注负性道德情绪，正性道德情绪的研究较少。正性道德情绪基于人类最美好的道德品性，具有鼓励特质，促使个体作出道德行为，推动全社会进步。因此，从道德和价值意义的角度来看，人们应给予正性道德情绪更多的关注，探讨正性道德情绪在道德发展中的作用，而正性道德情绪的结构和功能的研究可能是最富有前景的研究课题。

3. 注重认知神经科学方面的研究

未来道德情绪应加强生物、生化、神经系统基础方面的研究。利用神经生理学的手段 FMRI 对大量病例、正常人群的研究结果显示：基本情绪和道德情绪都刺激了杏仁核、丘脑和中脑上部这些脑区的活动，并且眼眶前额叶皮层和内侧前额叶皮层、颞上沟可唤起道德情绪②。道德情绪伴随不同的神经活动，神经系统受到损失的个体体验道德情绪的能力也会受损。但这些研究都是基于个体道德情绪的，有关集体道德情绪的神经生理研究很鲜见，集体道德情绪发生的主要功能区域与个体情绪是否一致等问题尚不明确，需运用神经生理学实验手段加以探究③。

---

① 刘海燕、郭德俊：《近十年来情绪研究的回顾与展望》，《心理科学》2004 年第 3 期。

② Jorge, M., Ricardo, D., Paul, J. E., Ivanei, E. B., Janaína, Pedro, A. A., et al. "The Neural Correlates of Moral Sensitivity: A Functional Magnetic Resonance Imaging Investigation of Basic and Moral Emotions". *The Journal of Neuroscience*, 2002, 22 (7): 2730 - 2736.

③ 刘晓洁、李丹：《集体道德情绪研究述评》，《心理科学》2011 年第 2 期。

4. 注重道德情绪、道德认知与道德行为间关系研究

研究者比较关注不同类型的道德情绪的心理结构、现象学差异、归因以及行为倾向等方面的内容，但是把道德认知和道德情绪、道德行为结合起来的研究设计并不多见，因此将认知影响因素纳入实验研究中很有价值意义。将来的研究应从道德角度进一步考察道德情绪与道德认知和道德行为间的关系，培养有助于个体和社会发展的道德认知，形成正确的道德自我和道德品质，并对道德情感的培养、道德教育以及司法和社会政策的制定起到重要的指导作用。

综上，关于道德情绪的研究尽管可能会有更多的研究趋向，不过，道德情绪与文化之间关系，应该是其未来研究值得注意的方向。不同的文化背景下道德情绪发展的特点、结构、元素以及差异性等，一方面会构成道德情绪未来研究的主要基调，不太可能会溢出文化的边界；另一方面，也表明道德情绪、道德认知及道德行为之间的关系等，也只有置于文化语境下来解读和建构，才能真正有意义。

第四节　文化视野中形态共鸣与集体潜意识的新维度

从文化转向层面在对道德情绪研究梳理后，接下来从文化视野中对形态共鸣和集体潜意识之间的关联进行深入的探索。集体潜意识是荣格理论体系的核心。原型作为从集体潜意识过渡到具体事物的中介，是集体潜意识理论的根本命题。原型是一种典型的理解模式，是人的本能自身的潜意识意象，即本能行为在心灵中的存在和模型，深深地根植于人们的心灵深处，以人类不自知的方式影响和制约着人们的行为方式和行为模式。原型理论是20世纪绝对不可缺席的文化现象，该理论直接关涉到人类的心理本源、原始文化、人类进化、发生学、人类精神的共时性和历时性等理论，对于理解和解读人类心理结构、本源、人性生成及其传承等问题，提供了绝佳的路径。形态共鸣通过形态形成场积累不同的行为习惯和文化习俗，并深入根植于人类的集体潜意识。因此，形态共鸣成为理解荣格内心世界与解读集体潜意识理论的媒介，为进一步走进荣格和发现荣格，并为变革心理学发展提供了方法论的维度。

一　形态共鸣理论释义

形态共鸣理论是由英国学者鲁伯特·谢德雷克（Rupert Sheldrake）提出来的。在形态共鸣理论中，他提出了四个主要概念。

形态单位（morphic unit）：形态或组织的单位，如一个原子、分子、晶体、细胞、植物、动物、本能行为的方式，社会群体、文化元素、生态系统、星球、行星系统，或者银河系。形态单位是由单位群中的网状分层结构单位组成的。例如：一个晶体包含分子，而分子又包含原子，而原子又包含电子和原子核，而这又包含粒子，而粒子又包含着夸克粒子等。

形态场（morphic field）：一种位于形态单位之内或周围的场，即能量场。这个场使形态单位的特性结构和行为方式组织化。形态场构成复杂体各个层次子整体或形态单位的形式和行为。形态场包括形态形成、行为、社会、文化以及精神场。形态共鸣从之前相似的形态单位中塑造形态场并使之稳定，这些形态单位也受到同种场的影响。因此，它们具有一种累积记忆，并且越来越容易形成习惯，能量也就越大。

形态共鸣（morphic resonance）：形态场促使上一阶段行为结构对下一阶段相似的行为结构产生影响。通过形态共鸣，形态形成原因的影响力在空间和时间中传承，假定这些影响力不会随着空间时间的距离而消失，并且只来自过去。相似程度越高，形态共鸣的影响就越大。即在形态场中，能量的波动所造成的波动共鸣相似程度越高，越容易从以前的状态中形成自我共鸣。

形态形成场（morphogenetic fields）：场是形态形成的原因。这个词在20世纪20年代首次提出，现代发展生物学家广泛采用。但是形态形成场的本质依然不清楚。在形态形成原因的假设下，它们是由形态共鸣稳定的形态场。

谢德雷克认为形态形成场通过将一些模式强加于其他随意的或非决定性的行为模式上产生作用。形态形成场是进化的，并非永远一成不变。形态单位是最基本的单位，形态场即位于单位内或者周围。每一个形态场都是能量场，不论是宇宙空间场、生物场、生产力场、思维场、社会群体关系场、文化场、工作场、心灵场还是意识场，都具有各自的能量。每一个分子、原子、粒子等的波动所产生的能量会相互影响，并产生波动共鸣。

波动共鸣持续时间越久，越稳定，越容易形成形态共鸣，这个场也越稳定。

二 形态共鸣：集体潜意识新维度

（一）集体潜意识与原型概念辨析

集体潜意识是荣格提出来的一个最为重要的概念，也是荣格理论中最大胆的、最神秘的、引发争议最大的概念。集体潜意识是人格或心灵结构最底层的潜意识部分，是在生物进化和文化历史发展过程中所获得的心理上的沉淀物，这种沉淀物位于人类心灵深处，不但不为人类所知，而且不为人类后天习得获致，是人类始终意识不到的东西，或者用荣格本人的话来说，它是“一种不可计数的千百年来人类祖先经验的成绩，一种以实际仅仅增加极小极少变化和差异的史前社会生活经验的回声”[①]。这种回声不但在人类的各个阶段或者各个进化的片段中能够找到，而且即便是人类从灵长类演变而来的轨迹中或者动物的到祖先的漫长进化痕迹也能体现出来。这种痕迹变化极其微妙，微乎其微，成为全人类共有的经验或者共同的行为模式。集体潜意识对于全人类而言，其内容可能在本质上都是同质的，而没有太多的差异。荣格说，它是“从任何一种有关于个人的东西中分离出来的，是全人类普遍所具有的，因此它的内容到处都能找到”[②]。

原型（archetype）概念与集体无意识概念关系十分密切。正如荣格曾明确表达的那样，情结是构成个体潜意识的核心部分，原型则是构成集体无意识的核心[③]。荣格主张，原型是人类原始经验的集结，它们像命运一样伴随我们每一个人，其形象可以在我们每个人的生活中被感觉到[④]。荣格对原型意象给予了特别的关注，认为原型意象是将原型表露和描述的直接表达的路径。不过，荣格对原型和原型意象进行了一定程度的区分，因

---

① Jung, C. G., Adler, G., Hull, R. F. C., *the Archetypes and the Collective Unconscious*. Princeton: Princeton University Press, 1997, p. 162.

② Ibid, p. 66.

③ 申荷永：《荣格与分析心理学》，广东高等教育出版社2004年版，第60—72页。

④ Jung, C. G., Adler, G., Hull, R. F. C., *the Archetypes and the Collective Unconscious*. Princeton: Princeton University Press, 1997, p. 30.

为在他看来，原型是集体潜意识的核心，其本身是无意识的一种表征，原型的存在及其表现形式完全可以凭借原型意象来予以表现，比如婚姻、死亡、出生、分开等。这些原型意象的表达方式，无一例外地表现着原型的存在。以原型为基础的无意识一旦进入意识领域被发现或者觉察，原型意象便呈报给意识，意识便作出是否对无意识进行否认、拦截、压抑或者认同的决定。荣格据此提出了原型的类型，他将原型分成人格面具、阿尼玛和阿尼姆斯、阴影、自性等诸多形式，而这些原型类型从分析心理学视角来审视，则属于原型意象范畴。原型正是借助这些原型意象以人类不自知或者默默地影响和制约着人类心理和行为，深深地根植于人类的内心，并非为人类所习得，而为人类所不知，是始终意识不到的东西。

（二）形态共鸣与集体潜意识的互动路径

原型是集体智慧的结晶。那么它是如何形成的？荣格只告诉我们人类集体潜意识是通过遗传而来，却没有告诉我们集体潜意识是如何遗传的，它具体的形成路径又是什么。20 世纪 50 年代初期，日本一群科学家通过“百匹猿猴效应”的研究表明，每个猴子是一个形态单位，形态场构成复杂体各个层次子整体或形态单位的形式和行为，即猴子洗番薯的行为。形态场促使上一阶段行为结构对下一阶段相似的行为结构产生影响，即先前的猴子洗番薯的行为影响下一只猴子的行为，通过形态共鸣，形态场的影响力在空间和时间中传承，假定这些影响力不会随着空间时间的距离而消失，并且只来自过去。相似程度越高，形态共鸣的影响就越大，直到所有的猴子在一夜之间都学会了洗番薯。由此可知，动物的集体行为模式是在形态场的作用下产生形态共鸣，并且在记忆中积累起容易形成的习惯，再由遗传、进化而产生先天的本能和习性。

同样，人类的集体潜意识也是在漫长的进化过程中，通过形态形成场积累的不同行为习惯和基因遗传，来建立自己的内存记忆，即具有普遍意义和共同价值的原型。从这个角度上，原型无疑是具有普遍意义的，意即人类个体所继承或者拥有相同或类似的原型意象。那么，集体潜意识的遗传是通过什么起作用的呢？以人们恐惧蛇为例。从原型理论的视角而言，在古代原始社会，我们的祖先是居住在洞穴或树上的。由于气候湿热，蛇的种类、数量繁多，严重威胁着人类的生命。因此，通过自然演化和适者生存规则，灵长类动物的大脑深处渐渐生成了对蛇的恐惧感和畏惧感。这里，有一个问题需要追问，灵长类对蛇的恐惧反应是先天遗传而得，还是后天习得而成：如果是先天遗传而得，其遗传的机制是什么，若后天习得而成，具体路径为何。美国学者通过一系列实验研究来验证和回答了该问题。他们将实验室猴子和自然界猴子进行对比，发现实验室中的猴子在看到自然界猴子对蛇的恐惧反应的录像后，也开始表现出对蛇的恐惧反应。但是，让这些实验室猴子观看经过处理的录像，即自然界猴子表现出对花的恐惧反应，实验室猴子在观看了自然界猴子的反应后，并没有表现出与其相同或者类似的对花的恐惧感。实验表明，灵长类动物的大脑中，似乎有一种对蛇的先天的恐惧感，这种恐惧感伴随着灵长类自然进化和物竞天择的路径，在和蛇的漫长的斗争中，可能以伤害甚至是死亡等代价，深深地根植于灵长类的大脑深处，在缺少外界诱因和刺激的情况下，灵长类并不知道有这种潜意识存在，一旦有适当的刺激，这种潜意识会以原型意象方式表现出对蛇的恐惧反应。对此，形态共鸣理论的阐释是，实验室中的猴子并不自知对蛇的恐惧感的存在，但是，当自然界的猴子表现出对蛇的恐惧反应后，实验室中猴子因为形态共鸣，其潜意识中的对蛇的恐惧感被激起，它们也表现出对蛇的恐惧反应。所以，当它们看到录像和真实的野生猴子表现出对蛇的恐惧后，产生了形态共鸣。同样，人类社会发展至今，虽然许多人从来没见过蛇，但是潜意识里依然对蛇深藏恐惧感，特别是和电视报纸等媒体上的报道产生共鸣后，这种恐惧感或者被引诱出来，甚至有增无减。所以，从这个层面上，形态共鸣是形成集体潜意识不可或缺的途径或媒介。通过形态共鸣，人类在记忆深处或内心世界积淀的痕迹，会形成有关事物的原型。

三 形态共鸣：意识的直通媒介

意识是人类进化的产物和结果。意识始终伴随人类的发展而发生着重要演变和改变。因为人类有了语言、大脑进化和创造性劳动等，意识得到了深入的发展。因此，将意识看作是社会的产物也是有道理的。已经有研究表明，人的心理表现形式中，也存在动物的心理样式，并且，在人的意识形态之外，也可能会存在动物的有些类似萌芽性质的“意识”，比如类人猿的意识状态和人的思维状态很大程度上相近或者相似，其神经活动状态接近于人类的神经系统的活动特征[①]。

当今意识科学研究领域具有重要影响的哲学家约翰·塞尔（John Seare）提出了生物自然主义的基本观点，即自然化的意识理论。他的生物学自然主义就是这种意图的体现与结果。他认为，意识现象是一种生物学现象。在他看来，人类与动物其实本质上并没有什么根本区别，都是自然界的一部分，构成了自然秩序不可或缺的环节。人与动物的心理上也在某种程度上具有同源性。如此，这些动物的生物学上的特殊性，比如它们可能也和人类一样拥有较为成熟的意识系统、不低的智能体系、出色的言语表现、高超的知觉分辨技能等，这些水平很高的智能生物现象一直是在自然进化过程中进化而来。简言之，意识是人和某些动物大脑的生物学特性[②]。那么，是否可以认为这些和人一样具有丰富的意识系统、更高的智能、语言能力、出色的知觉分辨能力、理性的思维等的高等生物们在漫长的生物进化过程之后，是否也能像人类一样具有集体潜意识和原型呢？从一定意义上讲，意识对物质的反作用，就是能量场在扮演着中介和引渡的角色。在生命世界中，它的场是“基因场”。在人类世界中，“场”更为深刻和广泛，生产力场、思维场、社会群体关系场、文化场、工作场、心灵场等。“场”构成我们意识活动和观察的基础，这些“场”的存在是可以通过存在意识的自我凝视来实现的。

只要存在有机体可以保持远程联系的渠道，社会群体的形态场就可以将群体成员联系到一起，即使他们之间相隔千里。这些形态场也有助于解释心灵感应现象。也有证据可以力证许多动物具有心灵感应能力，并且这是它们交流的一种常规方式。心灵感应是正常的自然现象，并非是神秘、超自然的，同样这也存在人类之间，尤其是互为熟知的人。意识行为的形成场不仅仅局限在我们的大脑中。他们远远延伸至我们大脑以外。通过意图和关注，随时准备和外界产生波动共鸣。我们已经熟悉了那些超出它们所根植物质客体的概念场，如：磁场延伸到磁体以外、地球的重力场超出地球表面、手机的磁场也远远延伸至手机本身以外。同样地，我们大脑的

---

① 任恢忠：《物质意识场——非生命世界、生命世界、人类世界存在的哲学沉思》，上海学林出版社 1999 年版，第 30— 66 页。

② 曾向阳：《当代意识科学导论》，东南大学出版社 2003 年版，第 86—102 页。

意识场超出我们大脑以外。

谢德雷克认为，这依赖于觉察工作的方式。当我们看着某人或某物的时候所形成的图像不是位于我们的大脑，而是延伸到大脑之外。换句话说，我们的意识场延伸到我们所看到的某人或某物。这意味着我们能影响我们所看到的。如果我们从一个人的背后看他，而他又有一个良好的知觉状态的话，即便是他不知道我们在哪，他也能感觉到这种看不到的目光。就可以表明，形态场中意识能量的波动产生了共鸣。

谢德雷克通过建立一个超过2000个关于狗和猫与主人有心电感应现象的数据库研究表明，宠物能够感知主人快要回来的预知能力不是依靠对主人回来的常规时间的判断、脚步声的熟悉或者家里人的反应等线索，而是依赖于一种心电感应纽带。他把宠物的预知能力解释为在形态场的条件下，主人要回家的意图能量的波动传达到了宠物预知能量场，产生了波动共鸣。因此，每个个体都会借鉴并贡献其物种的集体记忆。这意味着一种新的行为模式会比其他可能的方式传播的更为迅速。比如，如果一种特殊品种的老鼠在哈佛学会了一种新花招，那么世界范围内，如爱丁堡、墨尔本的这种老鼠可能对这种技巧会学得更快。

四 形态共鸣方法论价值：心理学变革可能性

形态共鸣理论主张，集体潜意识是通过形态形成场积累不同的行为习惯和基因遗传，来建立自己的内存记忆和本能的记忆。集体智慧通过习惯和遗传建立自己的内存记忆——集体潜意识。形态形成场为习惯的积累和基因遗传提供条件，并积极推动形态共鸣的发生。如果从这个层面上来审视会发现，形态共鸣理论一方面对集体潜意识予以别样的阐释，使我们对集体潜意识有了更为深刻的理解；另一方面，形态共鸣对意识别具一格的理论阐发和视角也使我们对心灵感应这类似乎是神秘现象有了科学层面的解读。所以，形态共鸣理论介入心理学，也为心理学变革与发展提供了方法论维度。

（一）推动心理学研究边界和范畴的延伸

形态共鸣是谢德雷克提出来的最重要的理论，这个理论没有标准的解释。该理论主要是针对动物行为提出来的，属于动物心理学范畴，即比较心理学范畴。他研究的范围包括植物的发展、记忆的，动物的行为心电感应和观察认知。很显然，形态共鸣理论对动物各个层面的研究推动了比较心理学的发展与复兴，实现了心理学研究的对象从过去的动物到当代的人，再到今天的动物的回归。这就意味着形态共鸣理论所揭示的内涵不仅可以从动物身上获得关于心灵感应之类的心理现象，而且，也可以通过借鉴动物行为在比较心理学领域的研究范式，学习他们的研究方法，促进比较心理学相关领域的研究，推动心理学研究边界和范畴的延展。

20世纪初期到中叶，从当时的桑代克展开动物心理学研究开始，比较心理学初露端倪，并日渐呈现蓬勃兴起态势。至20世纪中期斯金纳开展大量有关鸽子、老鼠条件作用等实验研究，提出并完善了操作条件反射的经典命题。由于斯金纳本人努力倡导，加之当时的时代特征，比较心理学发展达到了历史的峰值，并且对当时的教育心理学、心理治疗、动物心理学及学习心理学都产生了重要的推动作用。只是随着时代发展，比较心理学受到了来自社会生物学、认知心理学及认知神经科学等心理学思潮影响和冲击，加之自身在研究理念、思维方式及研究模式的局限性，不但研究的领域日渐萎缩，而且自身作为一个专业学科的地位也受到了严重威胁。不可否认的是，尽管比较心理学研究方式、研究理念及研究模式饱受诟病，但是，作为心理学一个分支学科，从其萌芽到其发展，为心理学的建设提供了从具体研究方法到方法论的巨大推动和启示作用。相比于西方比较心理学发展历程，我国的比较心理学发展颇为坎坷和曲折，也较为缓慢和薄弱。从20世纪初西方心理学引入到我国，就开始从比较心理学形态开始。那个时代的心理学曾经以有机体不同发展阶段的心理和行为来展开研究，曾经开展诸如小鸡的行为发生与发展、猫的行为特征及新生儿的行为感觉等。20世纪50年代以狗的条件反射和图形辨别为研究对象；60年代开展过灵长类动物的行为实验研究；70年代曾开展过金丝猴视觉辨别实验研究等。借鉴西方的比较心理学理论和进展情况，有利于我国这一心理学方向的发展。形态共鸣理论为重新界定比较心理学的价值，并引领其实现真正的回归提供了思想上的指导。当然，这一定会大大拓展心理学研究的边界，为丰富和充实心理学学科领域提供方法论和理论上的可能。

（二）推动心理学观的转变

心理学观是心理学中的根本和核心问题，它直接关涉对心理学学科性质的理解和把握。不同的心理学观，会带来对心理学认识的深度、广度及范畴的差异性。作为一种“观”，它是对心理学历史沿革和发生发展的基本理念的秉持，涉及心理学的学科性质、心理学方法论的坚守、具体研究方法的采用、理论体系的合理性与合情性、自身的知识体系的边界和范畴、技术手段的正当性和合法性及心理学者主体地位等。心理学观可能是隐含的，也可能是明晰的，但不管是明晰的还是隐含的，都是表达了心理学者审视和看待心理学所坚守的近乎牢固的某种观念。历史上，关于心理学观有不同的表达方式，诸如实证科学观、人文科学观、社会科学观、文化观、数学观等。这些心理学观都是基于不同的立场和视野，表达了对心理学的分析和研判，实现对心理学的认识和理解。但是，不可否认的是，这些心理学观或者是因为自身的学术立足点，可能会对心理学产生一叶障目的认识，或者是以厚此薄彼的心态，总是以己为尊，以他人为短，或者以己为是，以他人为非，在相互的质疑与纷争中，无形中削弱了彼此的学术力量和学术影响。不可否认的是，一直以来，始终占据优势和主流地位的心理学观还是实证科学观，这源于心理学对自然科学的模仿和艳羡。我们在认同实证科学观带给心理学自然科学精神的同时，也要清醒地认识到实证科学观带给心理学发展的局限性①。形态共鸣的心理学探索昭示，心理学观的问题依然是心理学发展的重要与核心问题，秉持不同的心理学观，会给心理学带来不同的发展境遇。其实，心理学能走到今天，或者说，为了心理学未来发展，问题的关键不在于坚守着什么样的心理学观，也不是主张某个心理学观孰是孰非，而是从心理学发展历史上，清晰地梳理出心理学发展轨迹和逻辑线索，尊重心理学成长史，汲取各个心理学观的有益资源和积极主张，以理性、客观和宽容视野确定今天的心理学观，促进心理学当代发展，这是心理学得到健康发展的题中之义②。因此，从形态共鸣视角再来审视心理学观，就需要对心理学观的范畴与边界进一步扩展，而不应该仅仅局限于某一个或者某一种心理学观，比如实证科学观。这样的提法并非是要否定现存的心理学观，亦非持有非此即彼的心态，而是理性考察和反思现有的心理学观的合理性与合法性，将考察的视野进一步延伸和拓展，更加注重考察人与文化之间关系，尤其关注心理学

---

① 孟维杰：《心理学文化品性》，黑龙江大学出版社 2007 年版，第 194 页。

② 王身佩：《科学的心理学观》，《自然辩证法研究》，1996 年第 11 期。

研究方式带给心理学观的变革及其趋势，注重文化框架的预设与搭建，多元文化的碰撞和对话是心理学观得以确立的前提条件。因此，多元文化心理学观是当下时代语境中的心理学观的一种当然选择。心理学观前面以“多元文化”这一命题体现了心理学对多元文化特征与精神的总体概括和把握，也是对现有心理学观的理性反思。其深刻内涵在于坚持心理学的文化立场是前提，坚持现有心理学观的存在的合理性和平等性是基础，坚持心理学未来的统一是在公约基础上的多元化统一是终极目的，坚持心理学观的非相对主义是条件①。从上述论断来看，多元文化心理学观可为心理学发展提供更为宽泛和包容的心理学观，为未来心理学的整合提供思想和路径的可能性。

（三）推动心理学研究对象扩展

心理学是研究人类心理现象的科学，这是现代科学心理学对心理学研究对象的经典表述。事实上，该命题是在实证主义科学观视域下对心理学研究对象的基本性质的预设与认识。形态共鸣理论进一步拓展和延伸了心理学的研究对象的边界和范畴。1859 年自心理学独立以来，关于心理学研究对象一直成为争论不休的命题。大体上，19 世纪末至 20 世纪初主要为意识和潜意识；20 世纪至 20 世纪 50 年代为行为；直到 60 年代左右又改为心理和行为；进入 21 世纪后，心理学的研究对象变成了心智加工。心理学研究对象的不断演变，一方面是心理学伴随着社会、时代精神、科学发展及哲学思潮的变革所带来的影响和冲击，为心理学成为理智的、客观、专门的自然科学可谓居功至伟；但另一方面，也表明心理学的研究对象总是受自然科学观的束缚和制约，变革的轨迹依然没有脱离开实证科学观的范畴，这也就大大限制了心理学的进一步的发展。其实，心理学研究对象与其说是受实证科学观的影响，倒不如说是心理学背后西方强大的文化基因或者是集体潜意识的内在制约。这种集体潜意识就是以本体论为前提预设，在主客二分的理念指引下，将人心世界分为此岸世界和彼岸世界，认识此岸世界不是目的，只有发现和探索彼岸世界，才是认识和掌握了彼岸世界的本质和规律，即假定人类行为的背后存在着一个抽象的“心理实体”，这个心理实体就是心理学研究对象，心理学任务就是要探

① 孟维杰：《心理学与文化精神论纲》，中国社会科学出版社 2011 年版，第 122—125 页。

索和构建心理实体的规律和本质。形态共鸣理论为心理学研究对象边界与内涵扩展提供了理论依据。形态共鸣理论表明，心理学研究对象不仅仅体现出客观性、可证实性、经验性和可验证性等特征。如果从形态共鸣的观点来审视，人类心理还具备主观性、价值性和常识性特征。对于心理学研究对象而言，心理学要直面的不仅仅是客观的心理问题和行为，还要面对具有主观意向的情感、本能、直觉、意向等心理生活。它是人类最能直接体验到的内心现实，是自我认定的心理生活方式[①]。这种心理状态可能不为科学家所理解和接受，但是却客观存在的，正是因为有心理生活存在，才直接观照着人类的现实生活，即便是心理学家的心理生活，也同样受其影响和制约，推动和引领人类的心理生活得以绵延不绝。

是故，心理学的研究对象不仅仅是可见、可感知、客观的心理现象，即“心理实体”，还要面对人类主观色彩浓郁的生活世界，即心理生活，前者体现是的心理学学科性质的科学性和客观性，后者体现的是心理学的人文性和价值性。两者不可偏废，不可分割，二位一体，构成了心理学独特的研究对象。事实上，自冯特创建科学心理学以来，心理学家历经行为主义心理学、机能主义心理学、认知心理学等学派演变和发展，心理学家所作出的努力与尝试就是要将心理学建设成真正的自然科学。但是，心理学的历史已经表明，仅仅将心理学研究对象局限于客观的心理现象，还是无法实现对人的心理的全面解读。解析形态共鸣理论会促进心理学研究对象的界域与视野发生变化，从只是关注抽象性的“心理实体”转向对人的丰富的心理生活并重，从思维方式的逻辑上的客观性向人的心理的价值追求转变，从对心理规律的价值中立的说明到文化语境下人类心理的价值涉入描述，从而使心理学研究对象的边界与内涵得到拓展，对研究对象的认识与理解从抽象走向具体，片段走向完满[②]。

（四）提升心理学生态学效度

心理学生态学取向既可以视为是心理学一种试图改变自身的变革运动，也可视为提升心理学研究效度的努力和尝试。作为心理学研究的一种

---

① 葛鲁嘉、陈若莉：《当代心理学发展的文化学转向》，《吉林大学社会科学学报》，1999年第5期。

② 孟维杰：《心理学与文化精神论纲》，中国社会科学出版社2011年版，第51—63页。

改造运动，心理学生态学运动总是以方法论变革出现在学界的视野。它提倡将人置于真实的环境中来进行研究，通过在真实的环境中来观察人的心理和行为发生的过程和规律。从具体研究方法上，主张尽可能采用保证心理和行为发生的自然性，如自然情境法、准实验设计、参与观察法等。心理学生态学趋向重要的特点即强调人与环境、人与现实生活之间关系的重要性。它以人与环境的互动为关注重点，凸显了人在现实生活中的日常状态以及与环境的相互作用，并重新界定人与环境的关系，主张对人的行为和心理的考察一定在环境中进行。谢德雷克做了7个形态共鸣理论的心理学实验，在他的著作 *Seven Experiments That Could Change The World* 里有详细的表述。如宠物和主人的心电感应实验、凝视实验、家鸽方向感直觉的实验等①。这些实验体现了心理学生态学取向，为提升其真实性与意义提供了可能。形态共鸣理论旨在说明人的心理作为一种主观的现象，没有统一的解释标准，也不可能完全做到用科学的手段去测量，用各种数据模型来分析，生活中的心理学现象就应该把它放在它所存在的场中去研究，不仅具有生态学意义，也提高解释结果的可信度，这就契合了心理学生态学取向，从人的心理内部机制的探求转向对人和环境互动关系的探求，从热衷于对人的心理的数据模型构建与实验设计之间匹配的关注。心理学这种生态学趋向是一种新的思考方式的形成。这种思考方式可能不仅带来对心理学学科性质的全新变化，而且也带来了研究主体的视野和研究范式的变革，使心理学的科学研究和思考有了更为宽广的界域。

结论

形态共鸣是通往理解和认识集体潜意识的路径，是直达意识世界的媒介，也是从全新视野重新思考和扩展了心理学研究。形态共鸣理论从新颖的视角和精致的理论体系，并以独特的命题方式，对于解读集体潜意识和意识的内涵，对于我们所熟知的心灵感应现象，提供了理解与认识的思想和维度。从形态共鸣视野，可以让我们对集体潜意识和意识有更为深层次的把握和思考。尽管形态共鸣理论体系可能还有待完善，研究立场和研究视野有待明晰，还可能会授人以伪科学之柄，但是，不可否认的是，它以

---

① http：//www. sheldrake. org/Onlineexp/portal/staring. html.

其独特的研究视角和宏大的理论视野，对于推动心理学观变革和研究对象的改变，扩展心理学边界与范畴，提升心理学研究生态学效度，提供了重要的思想基础与理论可能。

第五章　当代心理科学范式与检讨

当下，认知科学正从第一代认知科学转向第二代认知科学，认知心理学关于“身”与“心”的观念也从“离身”转向“具身”。尽管说从另一个角度而言这也是心理学观的问题，不过，从范式的层面，依然可以从文化的视野对认知心理学范式演变背后的“身心观”的问题予以反思。从离身到具身认知的演变历程，一方面反映出认知心理学对人类信息加工过程进行精细的实验研究的转变，概括出许多心理过程的基本特性，提供了理解心理过程个体差异的科学基础；另一方面也表明了从离身到具身的范式转变，实际上都内在地蕴含了其自身哲学进路、研究方式、研究技术及文化语境发生的深刻变革。反思其发展历程的哲学进路与文化自觉，是引领和推动心理学从第一代认知科学到第二代认知科学进程更趋合理化、语境化与文化化的基础条件。

第一节　从离身认知到具身认知：认知心理学的哲学进路与文化沉思

认知科学的发展历程经历了符号范式、联结主义范式和具身认知范式的演变。离身认知认为心智凌驾于身体之上，认知既不是来源于身体，也很少受到身体的影响；具身认知强调身体在认知过程中的主体作用，强调身体是认知的主体。对认知心理学从离身认知到具身认知转变历程的哲学反思，折射出认知心理学研究整体范式的转变和对人的心智探索的深化。对其文化的反思是引领和推动心理学从第一代认知科学到第二代认知科学的进程更趋合理化、语境化与文化化的基础条件，同时也反映出认知心理学与文化语境的渐行渐远。

过去 40 年间，认知科学的发展历程，以库恩范式论来观照，它大体经历了三个主要研究范式：符号范式（symbolic paradigm）、联结主义范式（connection paradigm）和具身认知范式（embodied paradigm）[①]。其中，符号范式与联结主义范式被称为第一代认知科学，其主要特点是，主张心智是一个按一定规则处理无意义符号的信息处理器，类似于独立于身体的抽象的计算机程序。身体只不过是一个恰巧适合于运行这一程序的载体而已。这种观点认为心智凌驾于身体之上，认知既不来源于身体，也很少受到身体的影响，简言之，人的认知是离身（disembodied）的。具身认知范式兴起于20世纪80年代中后期，该理论对第一代认知科学表示质疑，强调身体在认知过程中的主体作用。主张心智离不开身体的结构和感觉——运动体验，强调身体是认知的主体，而不是被认知的客体。一切认知活动都发生在作为认知主体的身体与环境的相互作用之中，概言之，人的心智是具身（embodied）的。身心问题本身是一个心灵哲学或认识论的问题，作为一种认知观，从离身认知观到具身认知观的演变，其实是对身心问题的一种解决方案、思路或尝试，这种解决方案、思路或尝试的演变，不但反映了认知心理学对人类心智及其信息加工机制研究的深化，也折射出其自身探索路径与研究方式发生的深刻变革。

一　认知心理学离身范式：人的心智从表征化到网络化

从离身认知到具身认知的范式演变，实则是认知科学中有关身体这一核心概念的演化。何谓身体？是物理意义上的躯体，抑或是现象学的肉身（flesh）？哲学家梅洛·庞蒂区分了两种身体：生物身体和现象学身体[②]。生物身体是指生物神经系统层面的身体，而现象学身体是社会文化中所经验的身体。离身认知理论所主张的身体是生物神经系统层面的身体，而具身认知理论所强调的则是生物神经层面与现象学两个层面的综合。

（一）符号范式：心智表征化

认知心理学第一阶段是符号范式。符号计算主义以纽厄尔（Newell）和西蒙（Simon）提出的物理符号系统假设为理论基础。符号范式以表征

---

① Campbell, S. R., Group, T. E. *the Engrammetron: Estabblishing an educational neuroscience laboratory*. SFU. Educational Review. 2007. p. 1.

② 国藉梅洛·庞蒂：《知觉现象学》，姜志辉译，商务印书馆2001年版，第126—128页。

理论和计算理论为指导，认为物理符号系统具有必要的和充分的条件来实现一般智能行动，来实现对人的认知结构与功能的研究。表征理论把认知看作是心理表征，即任一心理状态除了是它自身，还再现着对象世界。它包含着关于对象世界的内容，或者更进一步说它包含的内容是涉及对象世界的意义；计算理论把认知看作是加工操作，即任一心理状态可以按照一定的逻辑规则变换为另一种心理状态。那么，在无限多样的认知活动中，就可以抽取出一个有限的形式系统和一组有限的算法规则。在这样的理论支配之下，符号范式的研究规则是，把人的认知系统比作是计算机，主张计算机不仅仅是研究心智的工作，恰当程序化的计算机，加之正确的输入和输出，本身就拥有与人类意义相同的心智，可以呈现各种与人相同的认知状态。西蒙与纽厄尔均主张人工智能与人类心理可以统一于物理主义基础上[①]。人类的心理具有与计算机同样的信息加工性质，只有在物理主义基础上，人类心智才能得到客观与恰当的解读。只是，计算机的符号操作过程着重的是符号形式计算，而不是符号内容理解，或者说是从原本一体的句法和语义中分离了句法内容[②]。不过，认知科学的计算心灵与现象心灵之间的关系一直处于纠缠不清之中。认知主义符号范式注重的是技能的或软件的描述水平，把心智看作是信息加工系统。认知其实就是符号的计算或依据一组规则对一组符号进行操作。这样，数据符号被赋予认知主义的核心地位。符号被推理与被加工其实依据的是推理软件的规则。这里，人的身体不过是一个载体，只是一个认知计算的工具，它对于理解主要的认知和信息加工是无必要的。可以这样讲，计算或信息加工可以在任何系统之上，身体不过是一个加工工具而已。此时的认知是离身的。

（二）联结主义范式：心智网络化

时间进入 20 世纪 70 年代，符号计算取向的认知心理学面临着科学发展所带来的挑战和质疑，认知心理学转向了联结主义范式。如果说符号模型注重以计算机为模板，探索的是人工智能加工机制，那么联结主义则效仿神经元相互联结的特性，这主要得益于神经网络的技术手段在模式识别

---

① Newell, A. &Simon, H. A. *Computer science as empirical enquiry: Symbols and search.* In M. A. Boden (ED.), *the philosophy of artificial intellengce.* Oxford University Press. 1990, p. 109.

② 葛鲁嘉：《心理学文化论要》，辽宁师范大学出版社 1995 年版，第 91 页。

应用中的价值体现[①]。联结主义范式主张认知不是按特定规则运行的符号系统，而是激活有序动态活动的网络结构，其主要目标不是建立脑活动的模型，而是以一个类似于脑神经元网络的系统建立认知活动模型，强调认知及其相应心灵状态的一种凸显属性（emergent property）。它不是把认知解释成符号计算，而是注重网络的整体活动，它是由类似于神经元的基本单元或结点所构成。在联结主义看来，心理表征就在于网络凸显的整体状态与对象世界的特征相一致。它基于神经系统，或者说通过脑的生物工程来类比人的认知活动，把分布的表征和计算看成是认知加工。在这一点上，联结主义似乎要比符号表征范式更为接近人的认知活动。虽然符号范式和联结范式的观点与主张不同，但它们都接受了心理表征理论和认知活动计算理论的前提假设，换言之，主客两分及其相应的主体对客体的精确表征是形成正确认知的前提和基础[②]。所以，本质上它和符号计算主义是一致的。正如有学者指出那样"尽管符号计算主义与联结主义在信息加工的机制上是不同的，不过两者的前提假设却是通约的，即脑可以实现对人的心智的加工，只是这样的加工过程的关键步骤可以在独立于大脑神经细节的水平上来研究……"[③]。因此，本质上认知仍然被视为一种抽象的形式规则和过程，只是活动方式不同而已。身体依然被局限成与认知活动分离的物质载体。此时，联结主义认知依然是离身的。

二　认知心理学具身范式：人的心智加工与身体的契合

认知心理学的离身范式进入20世纪80年代后渐渐式微，伴随着哲学思潮的身体现象学转向以及认知神经科学的兴起，具身认知思潮得到发展，预示着认知科学的革命时代的到来。越来越清晰的研究表明，人的认知加工及心智活动不仅在脑神经水平上进行，而且与身体的结构、运动系统及体验方式等密切相关，换言之，人的心智是由身体活动塑造的，脱离人的身体结构与活动的认知是不存在的。大脑本身并不能独立完成高级认

① 胡谊、桑标：《教育神经科学：探索人类认知与学习的一条整合式途径》，《心理科学》2010年第3期。

② 叶浩生：《具身认知：认知心理学的新取向》，《心理科学进展》2010年第5期。

③ Bickhard M. H. "The biological foundations of cognitive science", *New Ideas in Psychology*. 2009, p. 27.

知功能，身体与外部世界的互动和大脑一道对于高级认知过程的理解起着基础和前提作用……对于理解心智必须借助于和身体有关系的背景，而这个身体则是与外部环境互动的。①

具身认知（embodied cognition）代表了认知科学研究的一种新的趋势和前进方向。尽管学界对于具身认知的具体含义存在着不同的理解和争论，但是，毋庸置疑的是，把这些观点与理解统和起来，其实是传递这样的信息，是"联合起来拒绝那种把认知隐喻为中枢化的信息加工机制……推翻那种把心智描述为'计算'和/或'表征'的教条……"②。按照我国学者叶浩生的解读，具身认知可从三个角度来理解：第一，身体状态直接影响认知过程的进行；第二，大脑与身体的特殊感觉—运动通道在认知的形成中扮演着至关重要的角色。在身体与外部环境互动的过程中，大脑通过特殊的感觉和运动通道形成具体的心理状态；第三，具身认知拓展认知的传统概念，不仅把身体，而且把环境的方方面面包含在认知加工中③。依照离身认知的观点，无论是符号范式，还是联结主义范式，其实质是将认知视为一个内部的计算和表征过程。大脑只是运行这一程序的"硬件"，认知加工不过是运行的"软件"而已，软硬件的分离其实就是身体与信息加工分离的反映，身体的外部环境不过是认知活动主体的游戏场所而已，即认知是离身的。但是，具身认知则强调身体的物理属性、身体与外部环境的互动既构成了认知系统的有机组成部分，也直接影响和制约着认知过程。"心智、身体与外部世界原则上是不可分割的，是一种紧密的统和，形成一个功能上的统一体。人的智慧并非仅限于各种表征或符号，而是延伸至整个人文世界。因此，心智并非偶然地有了具身特性，而是紧密地与身体，且身体与外部世界交织在一起。"④ 因此，认知嵌入（embedded）大脑，大脑嵌入身体，身体嵌入环境，它们构成了完整系统

① Inui, T. "Editorial: Experimental approach to embodied cognition", *Japanese Psychological Research*, 2008, 48 (3): 123 - 125.

② Calvo, P. & Gomila, T. *Handbook of cognitive science: An embodied approach* (Eds.). San Diego: Elsevier Ltd. 2008, p. 11.

③ 叶浩生：《有关具身认知思潮的理论心理学思考》，《心理学报》2011 年第 5 期。

④ Haugeland, J. Mind embodied and embedded. In: J. Haugeland (Ed). *Having thought: Essays in the metaphysics of mind*. Harvard University Press. 1998 pp. 236 - 237.

的一体动态。“根据这样一种理论观点，为了更好地理解认知，须把有机体放到它存在的环境中，有机体、行为模式和外部环境相融合，进而构成一个关于认知机制的知觉和运动模式的环路。之前那种把认知视为内部的、以某种特殊的方式游离于行动和知觉的观点是有误的。”①因此，具身认知强调人认识世界是从自己的身体开始的，人以“体认”的方式认识世界。不管是知觉还是抽象思维等认知活动，都深深植根于身体活动之中，而这样一种身体又包含在一个更广泛的环境、社会、文化之中。身体的构造、感官和运动系统的活动方式决定了我们认知的产生和发展②。所以，有学者认为，生活的世界不是预先规定的，事物的属性也不能独立于我们的知觉和认知能力而存在。对事物的认知是基于身体以及身体与世界的相互作用的。知识是一个正在发生的解释的结果，这种解释来自于我们的理解能力，这些能力根源于我们的生物具身性结构，即认知是具身的。

来自心理学、认知神经科学、语言学的证据为具身认知思潮的兴起提供了佐证③。从心理学视角，大量心理学实验证实心智具有具身性，不但冷热、轻重的身体物理体验对认知判断存在影响，肢体运动和动作反应在认知过程中也发挥作用，而且感觉—运动系统的心理模拟（simulation）在概念形成中扮演重要角色；从认知神经科学视角看，镜像神经元的发现给心智的具身特征提供了神经生物学的说明。镜像神经元具有双重激活功能，即动作本身的脑激活和被动观察条件下的脑激活的重叠，表明认知涉及的可能是一系列身体动作的心理模拟过程。另外，认知神经科学中脑功能成像技术的发展为认知具身性提供了技术支持。基于脑代谢或脑血流变化的脑功能成像技术（主要是 PET 和 fMRI）与基于脑电或脑磁信号的脑生理功能成像技术（主要是 ERP）彼此在空间分辨率和时间分辨率上具有互补的特点。因此，同时记录被试脑活动的 ERP 和 fMRI 信号使 ERP 和 fMRI 的优势同时得到发挥，已经成为目前人类心理活动脑机制研究的一

---

① Eliasmith, C. *Computational neuroscience.* In P. Thagard (Ed.), *Philosophy of psychology and cognitive scinece.* Elsevier B. V. 2007, p. 335.

② 唐佩佩、叶浩生：《作为主体的身体：从无身认知到具身认知》，《心理研究》2012 年第 3 期。

③ 叶浩生：《心智具身性——来自不同学科的证据》，《社会科学》2013 年第 5 期。

个重要选择方向[①]；从语言学视角，认知语言学的主要代表人物 Lakoff 和 Johnson 认为语言的获得以身体经验为基础。人类的语言既不是外部环境强加给我们的，也不是心智固有的，而是在人类进化过程中，通过身体与世界的互动，通过感觉—运动系统的经验获得的。身体经验因而成为理解语言的基础。

当下，具身认知发展之路也并不平坦。就研究立场而言，具身认知也出现了不同的声音，表达了两种不同的认知观：温和的具身认知观和激进的具身认知观[②]。温和的具身观并不拒斥传统的认知概念和工具，希望在予以重新关注的基础上改良和扩展传统的认知科学，其核心论题是承认身体及其知觉运动在认知中发挥的作用；主张通过对局部（local）、行动－导向的表征（action－oriented representation）和认识行动（epistemic actions）的运用，拓展解决问题的常规，降低问题解决中计算的复杂性；激进的具身观认为建立在功能主义基础之上的表征和计算等概念是对自然智能体认知的不真实的刻画，应当予以抛弃。其核心论题是要理解人脑、身体和世界之间复杂的相互作用，需要诉诸于新的分析方法和工具，将认知分解为内在的神经性或功能性的分支是令人误解的，并且阻碍了我们对传统人脑—身体—世界进行更具解释功能的区分。无论是温和具身观还是激进具身观，一方面反映了具身认知在立场、研究方式及理论基础等方面还存在值得商榷的地方，思潮的凌乱与观点的无序无疑耗费了具身认知前行的动力，并且也会带来诸如具身认知是否会导致心理学还原论、是否会导致心理学灭亡等质疑之声，乃至于 Shapiro 认为具身认知研究不能称为一种“理论”，而仅仅称之为一种“研究纲领（research program）[③]”。但另一方面，两种观点都是对传统认知困境中心智全新的探索，代表了认知科学新的研究取向[④]，这对认知科学发展而言无疑具有重要的推动作用。

---

① 刘昌：《认知神经科学：其特点及对心理科学的影响》，《心理科学》2003 年第 6 期。

② 何静：《温和的和激进的认知具身观》，《学术界》2012 年第 5 期。

③ Shapiro，L. “The embodied cognition research programme.” *Philosophy Compass*，2007，2（2）：338－346.

④ 叶浩生：《具身认知：认知心理学的新取向》，《心理科学进展》2010 年第 5 期。

三　认知科学哲学演化进路：从身心二元论到身心一体论

身心关系究其本质是心智（mind）的性质问题①。离身认知和具身认知的争论实质上是身心关系的哲学继续思考②。从离身到具身，认知科学的哲学演化进路表明关于身心关系的争论与思考实质上是完成了从身心二元论到身心一体论跨越。

（一）经典笛卡尔主义与离身认知

离身认知的哲学起源可谓源远流长，时间可以追溯到古希腊时期。柏拉图在那个时代就曾经提出过灵魂的记忆恢复说，以解释知识的起源。他主张灵魂与身体是对立的两元，灵魂享有知识与真理，不会灭亡，身体表现为肉欲，可以腐烂。人死亡后，灵魂可以借助另一个身体得以不死。所以，知识与真理是先验的，是回忆已经被身体玷污的知识。柏拉图的灵魂记忆恢复说即知识先验论是最早的身心二元对立的表现形式。

经典笛卡尔主义是身心二元论的肇始。笛卡尔认为人性存在两个实体，一个实体是物理世界，物理世界的运作是机械式的，它的一切变化受自然法则支配，人的身体也存在物理世界中，人身体的一切变化也是机械式的，同样受自然法则支配；另一实体是心灵，心灵不属于物理世界，而属于意识或观念世界，不受自然法则支配。基于身心两个分离的世界，笛卡尔从唯我论的立场出发，提出了“我思故我在”（I think, therefore I am）命题。在他看来，世间一切皆可疑，唯有“我在怀疑”不可怀疑。笛卡尔认为真理得自理性或理性思维，经由理性思维获得的观念代表知识，得到的知识可分为两类，一类是天赋观念，这是靠理性思维得到的真知，诸如对神的认识以及对空间、时间、运动和几何公理的认识等；另一类是派生观念，这类知识只能是外界事物的表象，而不能代表事物的真相。这两类知识形成为两个观念世界。笛卡尔主张身体与心智分属两个不同的世界，前者是占据空间的，后者则不占据空间。

---

① 叶浩生：《具身认知、镜像神经元与身心关系》，《广州大学学报》（社会科学版）2012年第3期。

② 同上。

总之，在笛卡尔所提供的这个图景中，身体不属于思想和认知主体的领域，而心灵也不需要身体作为思考和知识的构成性要素。在笛卡尔的二元论图景中，身体本质上是物理世界中所有对象中的一个物理对象，它并不参与到心灵的思考活动运作中。他认为人的心灵和身体两者之间具有交感作用或互动作用，身体感官接受外界刺激所产生的感觉，传至大脑后就变成心灵判断外在世界讯息。只是，笛卡尔在对待和处理关于身体感觉到底是归属心灵还是物体的时候，表现出立场的摇摆和观点简单化。他注意到，身体性的感觉具有某些特殊而鲜明生动的性质，这些性质很难被简单地归属为纯粹的物理实体的性质；另一方面，这些性质也很难被归属于笛卡尔所规定的作为纯粹思维的心灵的性质①。对此，笛卡尔认识到，身体感觉总是无法与他所规定的心灵或身体之间的区分相契合。在笛卡尔哲学中，身体感觉构成了笛卡尔的思维心灵与广延性的身体二元论的一个难题，同时，也为后来的认知革命进路陷入困境带来隐患，正如有心理学家指出："实际上，传统认知科学范式被认为是经典笛卡尔主义形象的遗产，追随笛卡尔，心理学家在实在和思维之间划分了严格的界限。无疑，笛卡尔的二元论给理解心灵和身体、心灵与社会情境互动带来障碍。"②

对理性思维的注重，对身体结构与属性的忽视，成为笛卡尔主义的核心命题。除了笛卡尔以外，有着"实验心理学之父"美誉的冯特坚持身心平行论也是对笛卡尔身心交感论的继承与发展。冯特的观点受到莱布尼兹影响，他主张人的心理过程和大脑生理过程是两个独立系列，二者有一致的协调，但不存在因果关系。虽然心理过程总是有生理过程相伴随，但心理过程并不依赖生理过程，有自己的规律性。就这一点而言，其观点与费希纳有着相似之处。作为科学心理学的先驱，心理物理学家费希纳主张心与身是统一世界不可分的不同方面，但心是主要的一面，身则是从外面看到的心而已。这里，身体依然是被忽视的。

经典笛卡尔主义的心灵与身体的二元论对认知科学的进路产生了深远

---

① 赵猛：《具身化认知进路与自然化的现象学》，《兰州学刊》2013 年第 3 期。

② Prilleltesky, I. "On the social and political implications of cognitive psychology", *The Journal of Mind and Behavior*, 1990, 11 (2): 129 – 131.

的影响。认知主义从笛卡尔那里继承了这样一个基本观点，即认知可以摆脱物理性质的身体而单独在心灵内完成，即心智可以离开身体而进行。这就意味着传统认知主义中的一个重要观点是，认知只是一个符号操作和表征的处理过程，这一过程与人的物理身体并没有本质联系，这是其根本原则。“根据这一观点，心灵具有同电脑一样的特征，这台电脑的内部状态和过程可以被视为是具有明显的思维或推理过程。”① 这一观点曾经在相当长时间内被当时认知科学奉为主义，并且极大地促进了当时关于心灵的计算机模型和人工智能设计的发展，它使得这些模型和设计本身不需要考虑物理机制，只考虑设计更复杂和有效的符号运算系统。如果把大脑比作计算机的硬件，那么认知就是运行在这个“硬件”上的“软件”或“程序”。由于程序从功能上是独立于硬件的，从理论上讲，认知独立于包括大脑在内的身体，于是就出现了所谓的“离身的”（disembodied）的认知或心智（mind）。“离身的心智表现在人脑上，就是人的智能，表现在电脑上，就是人工智能。”② 尽管认知科学的联结主义模式建构了“人工神经网络”，力图体现大脑神经元的并行分布式加工和非线性特征，其目标从计算机模拟转向人工神经网络的建构，反对符号加工模式在计算机和人脑之间所作的类比。但是，联结主义范式与符号加工范式从本质上而言都主张“认知的本质就是计算”。概言之，认知虽然表现在包括大脑在内的身体上，但是却并不依赖于身体，其功能上的独立性、离身性构成了二者理论预设的基础。

（二）身体现象学转向与具身认知

离身认知两种范式的研究趋向都为自然式和分析式，均受制于源自笛卡尔身心二元论所导致的本体论、元素主义和个体主义。实际上，这样的理论基础假设是忽略了所有人类特有的参与即时意识和现实（immediate reality of consciousness）。就两者而言，人的鲜活生活经验（lived experience）都仍然被认为是次要的，只有能够找到能解读出人的认知活动机制与规则才是主要的③。“正是由于认知接受了笛卡尔的心灵概念，因而它

① Haugeland, J. "*What is Mind Design?*" *in John Haugeland* (*ed*), Mind Design Ⅱ, 2nd ed., MA: MIT Press, 1997, pp. 1 – 28.

② 李其维：《“认知革命”与“第二代认知科学”刍议》，《心理学报》2008 年第 12 期。

③ 叶浩生：《具身认知：认知心理学的新取向》，《心理科学进展》2010 年第 5 期。

倡导的是一个抽象人的概念……”[①] 此外，“哲学本体论的问题主要并不在于‘本体’的虚构性质，这当然也是一个问题；主要在于这种理论失落了人、瓦解了人的现实世界，这才是根本的[②]”。因此，对于认知心理学发展而言，无论是胡塞尔意义上的认识论，还是海德格尔意义上的本体论，都需要融合现象学的视角，进一步阐释脑与心理的关系[③]。

伴随着哲学现象学的转向，对身体的理解与思考的视角也在发生根本上的改变，这一点上，尼采拉开了身体哲学的序幕。尼采针对基督教哲学和神学对身体的漠视与忽略，指出身体是理性思维和道德伦理的基础。没有身体为基础，理性思维与伦理道德则可能会失去力量，身体才是生命的力量，它是人类本能和欲望的体现。因此，尼采把身体推崇至至高无上的位置，扭转了传统身心二元论对身体的蔑视，重新引领身体回归至哲学显著地位。他所确立的从身体视角审视伦理和理性思维的原则极大地影响了包括后来的海德格尔、梅洛-庞蒂、拉考夫以及约翰逊等人。

海德格尔以“存在于世界中”（Bing-in-the-word）即此在的概念强调了心智、身体、环境的一体化。他始终主张，心智离不开身体，身体离不开环境，环境影响心智，理性的此在就是要破除身心的二元对立，引领三者的交互作用，理性寄寓于身体，身体寄寓于环境中，三者须臾不可分离。人不是一开始就孤独地存在这个世界上，而是与世界融合、不可分割的。人以自己特有的身体属性与结构与这个世界互动，在互动过程中获得对世界的认识和理解。人嵌入世界，世界包含人，人同世界一体，人的身体在认识世界过程中不可偏废。海德格尔的这一思想不仅破除了身心二元论，而且构成具身认知有关身体、认知、环境观念思想的重要来源，成为具身认知得以兴起的重要思想源头。

哲学的身体现象学转向对具身认知发展起到了重要的推动作用。这一领域的领军人物是梅洛-庞蒂。他反对笛卡尔的身心二元论，主张知觉的主体是身体，身体才是知觉的基础。心智、身体和环境构成了一个三位一

---

① Prilleltesky, I. “On the social and political implications of cognitive psychology”, *The Journal of Mind and Behavior*, 1990, 11 (2): 129-131.

② 高清海：《找回失去的哲学自我》，北京师范大学出版社 2004 年版，第 417 页。

③ 胡谊、桑标：《教育神经科学：探索人类认知与学习的一条整合式途径》，《心理科学》2010 年第 3 期。

体的整体动态发展系统。大脑嵌入身体，身体嵌入环境，人对外部世界的认识正是通过身体的整体感知而实现的。人有身体才能与世界相连，也是通过身体来体认世界，世界通过作用于身体才能为人所知觉，这种认识能力的根源是人的身体具身性。梅洛－庞蒂的具身认知思想将身体重新定位，构建了身心一体论而非一元论，使之成为心智的主体，并引领身体重新回归到世界中，而非在隔离的两个世界中来考量独特的运算和加工法则。

关于对身体以及对身体活动的注重当然绕不过瑞士心理学家皮亚杰。皮亚杰的发生认识论中对身体与环境之间的活动给予了充分的论证。他主张新生儿从出生到成熟，身体动作在其中起到重要作用。皮亚杰认为认知既不发端于客体，也不发端于主体，而是发端于联系主客体的动作之中，活动的特性就在于它是主客体的相互作用过程。动作既是感知的源泉，又是思维的基础。主体要认识客体，必须对客体施加动作从而改变客体。人的认知结构从简单到复杂化，正是通过身体不断与外界环境之间相互作用即同化和顺应两种机制实现认知活动的复杂化和高级化，并实现与环境的平衡，这也是人的智慧发展的本质。主体正是通过丰富的动作对认知对象进行认识并理解其本质特征的。在皮亚杰的发生认识论理论体系中，其核心关键词即身体的活动，从而避免了身心的隔离所带来的理论上的局限性。

通过身体认知世界的思想在 20 世纪末认知科学哲学的思想家 Lakoff 和 Johnson 那里得到进一步的强调①，直接对具身认知的发展起到了推动的作用。他们二人对传统认知科学中人的认知的离身性、独立性与抽象性表达了不满，认为传统认知科学忽略了人身体的属性、结构和活动与心智的契合性，强调心智是具身的，心智不可能脱离人的感觉系统和运动系统而独立生成，人通过身体来体认这个世界，在体认过程中不断修正心智的状态与形式。试图理解心智，就必须从身体与外界环境之间的互动中才能实现。从这个角度而言，身体并非是被动的、消极的，而是主动积极的知觉主体，认知主体通过感知运动结构与外界相互作用，产生各种体验。身体的运动系统与感觉系统才是理解人心智的真正源头。无身体，就无所谓心智。二者的有机契合才是我们认知世界的最好途径，对应于身心二元

---

① 叶浩生：《有关具身认知思潮的理论心理学思考》，《心理学报》2011 年第 5 期。

论，此所谓身心一体论。

哲学的身体现象学转向对身体的关注改变了传统身心二元论对身体的忽视，提出和构建了身心一体论，这种身心一体论改变了传统认知二元论取向无法回答灵魂和肉体作为彼此独立的实体是如何实现互动的这一问题。正是身心二元论的困境带来了身心一体论所主导的具身认知兴起的可能性。具身认知的核心命题强调认知与身体是一体的。心智是身体化的心智，身体是心智化的身体，我们对世界的认识与理解正是通过身体体验和活动与世界彼此约定与制约的。这种一体论的身心观，为人们正确认识所谓的身心关系问题提供了一个新的视角。

四 从离身认知到具身认知的文化自觉

20 世纪 50 年代兴起的认知科学带来的重要观念突破在于超越了行为主义否认心智的狭隘观点，承认复杂行为和认知能力是经内在状态即心智的调节完成的，即将心智的内部状态视为抽象表征水平的逻辑或计算过程，表现为心智与身体的分离性。这种离身认知似乎不足以全部再现人类不同层次的认知水平。具身认知的兴起改变了传统离身认知功能主义或表征计算无法充分予以刻画人类认知的局限，从根本上回答了来自身体与心智之间关系的互动对于人类认知与解读世界的命题。纵观从离身认知到具身认知研究范式的发展与演变轨迹，以文化视角来审视，不难看出，在其近半个世纪的探索过程中，笛卡尔“二元论”阴影始终挥之不去，对自然科学精神的推崇始终是其不变的基调，人文精神与文化自觉意识日渐式微，这不仅折射出认知心理学研究整体范式转变和对人的心智探索的深化，同时也反映出认知心理学和文化语境的渐行渐远。

1. 文化语境的背离

从文化学视角，无论是第一代离身认知，还是第二代具身认知，其研究进程、方法采用及理论构建等始终背离于文化语境，这就造成了认知科学发展中的一个重要问题，即生态性缺失。心理学“生态性”是针对心理学实验室研究许多人为因素脱离文化生活事件而提出来的[①]，探讨的是

① 傅荣、翟宏：《行为、心理、精神生态学发展研究》，《北京师范大学学报》2000 年第 5 期。

如何既要获得实验的严格性而又要保持实验的生态学效度，即心理学实验室研究过程与研究结果的真实性问题。“生态性”来源于生态学。生态学是研究有机体与其环境之间的相互作用及规律，并探讨生态环境对有机体造成影响的科学。它主张人类的天性亲近自然，亲近生命，具有一种生态无意识。这种生态无意识潜藏于内心，是一种自我观念在内心扩展的结果，最终成为一种有机体与生态系统生活的认同和相互渗透的自我意识①。从这个层面来讲，离身认知范式与具身认知范式都面临着文化语境的背离即生态性效度低下的尴尬。

事实上，由于个体具有能动性、自主性和创造性，文化环境就不算是对个体的简单刺激，个体也会对文化环境产生反作用。行为与文化环境之间关系的双向互动性、发展性和关联性，可使有机体获得适应性行为，并在此基础上充分实现自主的能动性。心理学家卡思玛指出“文化提供了物质与符号工具。人类正是通过文化去适应他们所处的生态环境与社会环境，并建构关于世界与自我的观念，即遗传信息与文化信息交织在一起，共同形成人的心理发展过程。”② 很显然，第一代离身认知与第二代具身认知将人视为一种客观的自然存在，在精心设计特定的实验环境中，以精致的实验方法为支持，履行着严密的实验程序设计。然后，将得出的实验数据经统计分析后，客观地寻求人的心智与神经过程之间的关联，力求做到结论的外推性和普遍性。这里，其实是人类心理从其所生长的“文化环境”中被剥离出来，被看作是一个单一、纯粹、抽象的“心理”实体，去除可能会影响和制约实验过程和结果的“生态性”因素，以符号表征、神经元网络及神经基础为研究模式，以计算机或脑无损伤成像设备为研究工具，让人的心智面对有限的若干刺激，期望着实验程序和结果与预设相同，然后将实验结果外推到现实生活中的人类。这种类推式研究必然会产生生态学效度失真的问题，文化语境背离成为认知科学不得不面对的难题，正如有学者指出的那样，实验室研究知道对理解现实生活中的知觉价值很小，因为考虑到实验室知觉研

---

① Barker, R. G. *Ecological Psychology _ Concepts and Methods for Studying the Enviornment of Human Behavior.* Stanford University Press. 1968, pp. 5 – 14.

② Kashima, Y. "Culture as Meaning System Veras Culture as Signification Process". *Journal of Cross Cultural Psychology.* 2000, 31 (1): 50 – 53.

究人为性，而在现实生活中我们却无法看到实验室环境中所设计的一切，这就严重地影响了对人的知觉在现实生活中解释的信度①。“就人的心理过程来说，心灵和文化是一个更大或整体的共同组成部分，相互分享着它们的特性。其中，文化情境变得非常重要，因为脱离了文化情境就无法理解任何东西。”② 所以，认知心理学有关生态学效度问题既关涉到其研究结果外推的广度，同时也影响到研究过程的普适性，这两者是认知心理学在追求科学化过程中为确保其科学性和精确性而牺牲其生态性所面临的短板之一。

2. 文化精神剥离

离身认知与具身认知的科学情结浓郁带来的另外一个问题就是文化精神的剥离，理性精神的过度集结。实质上，文化与心理学之间从来都是共生关系③。一方面，心理学是一种文化形式，心理学是文化历史构成，是文化历史传统。另一方面，人的心理镶嵌在意义和文化资源中，文化为心理学提供资源。理性是在心理学追求自然科学的过程中为维系和支撑心理学科学化水平而带来的一种基本精神和规则，并将其发展到极致，上升到了理性“主义”的高度，而将文化剥离出去。从哲学发展历史上，有两种视角来指称理性④：一种是从本体论视角，被称为传统理性。这种理性被视为宇宙之本源和世界之灵魂——一种本体论意义上的实体，是世界客观的秩序原则，以柏拉图和黑格尔为代表。传统理性哲学将理性视为无所不包，决定着万物的总体结构、运行秩序和格局，并一直致力于人与理性客观秩序的和谐。另一种是人性论认识视角，被称为启蒙理性。在传统理性统治的时代，科学被界定为对超越时空界限，永远追求自然法则的一种精神。人类的理性能力独立于感知和身体运动；理性是一种自治的能力。所谓自治就是可以与身体相分离。从根本上而言，无论是信息加工心理学

① Winter, D. P. *Ecological Psychology-healing the Split Between Planet and Self.* Harper Collins College Publishers. 1996, pp. 239 – 241.

② Yanchar, S. A. “contextualist alternative to cognitive psychology”, *In Critical thinking about psychology: Hidden assumptions and plausible alternatives.* Edited by Slife B D, Reber, J. S. and Richardon, F. C. *American Psychological Association.* 2005, p. 172.

③ 孟维杰：《常识性心理学与科学心理学关联的批判性反思》，《自然辩证法通讯》2007 年第 2 期。

④ 崔月琴：《合理性的凸显与传统理性主义批判》，《长白学刊》2003 年第 4 期。

还是同时经历了“心理学转向”的早期认知语言学和认知人类学，都在追求一种普遍理性形式。这就是当时所谓的“时代精神”[①]。离身认知中表征模式与网络模式其实就是在控制条件下试图实现对人内在心智的探索。这种探索从实验室环境设置，到实验过程控制，再到信息的输入与输出对比，实际上是在科学理性精神支配下，以价值中立的立场，以精致的机械图景式自然科学传统为支配，人的心智系统被视为是机械性、线性存在，以严格和精心设计的实验室环境为背景，以标准化、规范化和量化的实验程序为手段，以计算机类比人类大脑，期望能建构起在时间和空间中关于人的具有普适性的心智体系。这种研究进程与理论构建所彰显的理性精神堪称显著。具身认知同样摆脱不了理性力量的羁绊。它尽管强调认知与身体的一体性，主张把行为、认知和脑机制三者有机结合起来，从分子、图触、神经元等微观水平上和系统、全脑、行为等宏观水平上全面阐述人和动物的认知与信息加工过程及其神经机制。但是这种研究模式是为了实现其研究的普遍性和客观性，将人的心理、行为与人的神经系统建立关联，从中找到人类心理具有普适性的解说。概言之，从离身认知到具身认知，不管研究方式与研究立场如何变换，但不变的始终是贯穿其中的理性精神和对文化精神的剥离。正是出于对理性精神的操守和对文化语境的背离，才为自己获得了自然科学自身规定性、合法性和合理性。事实上，它们的研究在学理上来说所从事的研究依旧是替代性研究，就是以对心理行为研究代替现实生活中人与人关系的研究，对理性思想崇拜代替对个人与群体的研究，对抽象人格特质研究代替了现实生活中真实个体身份的研究，对抽象的“心理”实体研究代替对心理日常现实的研究[②]。这种替代性研究实质是理性主义过度张扬的直接体现，其结果是把认知心理学中的“人”从丰富多彩的文化环境中抽离出来，置于狭隘的科学实验环境中，成为平均化、平面化、匿名化、结构化及抽象化的“人”。因为“科学心理学从始至终一直贯穿着理性精神和逻辑分析思维，心理学家希望确立人的行为和心理功能元素周期表……文化被看作是情景因素，并没有包含在

① 李其维：《“认知革命”与“第二代认知科学”刍议》，《心理学报》2008年第12期。

② 周宁：《独白的心理学与对话的心理学》，云南大学出版社2005年版，第39页。

设计当中”。[①]

3. 日常生活语言的缺失

与其他形式的科学一样，无论是离身认知抑或是具身认知无不充满了逻辑语词体系，而缺失日常生活语言，从而也就切断了认知心理学与文化语境之间惯有的联系。[②] 逻辑语言是一种话语方式。在人类心灵活动进化的历史过程中，语言从一开始就具有了另一种力量，即逻辑和理性力量，在列维·斯特劳斯那里，这一力量就是具有结构意义的语词分类功能[③]。通过语词分类，把知觉混沌的世界秩序化，从而便于认识和实践，这既是一种需要，也是一种本能。当语词逐渐演绎，伴随着人类理性的无限膨胀，它已经成为一种思维表达的工具，演变成一种中性的、客观的、无意义的、简单的“符号”。以这些特质为特色的“符号”发展成为概念和判断的表达手段以后，其实，它已经放弃了丰富性和充分性的语词意蕴而获得了科学概念，具有了抽象性和确定性的新形式。从而，语词仅仅作为一个单纯性和中立性“符号”而日益被孤立起来，彼此之间已经失去了联系。每一个语词只有依靠自身种属的分类系统和逻辑联系，按照一定的发生程式才能与其他语词发生联系。于是，逻辑演绎力量不断得到发展、壮大和膨胀，以至于发展出了一个越来越庞大的逻辑语词体系。要理解和认识世界，就必须掌握这套语词，这是人类凭借逻辑思维和理性精神表达自己对世界认识的一种不可或缺的手段与工具。哲学与科学的任务就是通过制定规则，消除歧义，使逻辑语词愈发精确和确定，也就是彻底地斩断它们与生活的联系，使之仅具有学理上的意义，也使之获得完全的普遍性。所以，精确性、确定性、准确性、普遍性、同一性等特质成为了科学语言的标志和语言诉求。

心理学发展有两种水平，一种是科学化水平，即科学心理学；一种是常识性水平，即常识性心理学。前者是人类为探究和追问自身心理而以逻辑语词和实证方法所构筑和支撑的科学世界；后者是人们在日常生活中由约定俗成的规范或规则等源自日常生活朴素的人生信条和人生信仰等既非

---

① Kim, U. “Indigenous Cultural and Cross—Cultural Psychology : A Theoretical . Concept and Epistemological Analysis”, Asian Journal Social Psychology. 2000, 3, pp. 269 - 277.

② 列维·斯特劳斯：《野性的思维》，李幼蒸译，商务印书馆 1987 年版，第 3—18 页。

③ 石中英：《教育学的文化性格》，山西教育出版社 1999 年版，第 86—97 页。

逻辑语词所组成的知识体系，亦非纯粹的价值知识所构建的生活世界。人们生活在这个世界中，以日常语言等表达性概念或应然性意识使常人有可能涉入自己和他人的心理生活，达成相互理解和沟通，培养人们日常活动的基本信念，养成基本的心理信条。从一定意义上，它要比科学心理学理论更能深入人心①。只是，在心理学发展过程中，逻辑语词借助常规语言结构，伴随着理性精神的贯穿和张扬，追求语言的明晰性、客观性和确定性，并获得了在心理学中绝对的话语权，并以非科学性、模糊性及非精确性为借口清除了日常语言，导致日常语言被边缘化。认知心理学秉承了自然科学中逻辑语词的精致性和中立性，奠定了逻辑语词的优势地位，至于心理学中具有丰富表达意义和智慧的理解性语言，如隐喻语言或日常语言，因为其并不具备逻辑语词的精确性与客观性，所以，也就在认知心理学话语表达体系中失去话语权。离身认知与具身认知科学中存在大量的凸显以简单性、抽象性和精致性为特征的逻辑语词或话语元素，如神经机制、神经元、神经网络、人工智能、符号表征、计算表征、语言结构、心智类比、结构方程等，其研究过程是在精确控制的实验室中，以计算机、ERP、PET、fMRI 等作为研究工具，以生理学语言、数学语言和神经生物学语言为话语方式，构建起以最简单的逻辑语言形式来阐释和说明最复杂的人类心理心智，构建起人类统一的心智规则，并追求普遍适用性的一种法则。认知心理学以无所不包的科学精神清除了日常语言后，建构起结构化、平面化和抽象化的逻辑语词世界。只是，这个过于理性和客观的逻辑语词世界在放逐了日常语言以后也就意味着放逐了与其关联着的人类灵魂，也就渐渐远离了人的现实生活世界。

4. 人的主体性缺位

离身认知与具身认知始终有一个难题需要面对，即还原论的威胁及其带来的人的主体性的缺位。西方心理学历史上，还原论（Reductionism）始终伴随其科学进程。还原论是主张把高级运动形式还原为低级运动形式的一种哲学观点。它认为现实生活中的每一种现象都可看成是更低级、更基本现象的集合体或组成物，因而可以用低级运动形式的规律代替高级运

① 孟维杰：《常识性心理学与科学心理学关联的批判性反思》，《自然辩证法通讯》2007 年第 2 期。

动形式的规律。还原论派生出来的方法论手段就是对研究对象不断进行分析，恢复其最原始的状态，变复杂为简单。自冯特创立科学心理学以来，为了确保心理学研究的精确性与客观性，心理学者不管是有意或是无意，还原论是必须要予以坚持的学术操守。行为主义心理学把行为分析为肌肉收缩与腺体分泌，“心理学规律”应用S–R联结对行为的不同描述，就是典型的还原论。把人类最为复杂的心理作为研究对象，在某种程度上，对其进行科学分解与还原，在更适合于研究水平上进行研究，对揭示心理规律来说，不仅是可取的，也是必需的，它对使心理学成为一门自然科学发挥了重要作用。只是，还原论一旦从适用走向极致，它的作用则会走向反面，所产生的直接结果就是心理学中人的主体性迷失。认知心理学基于计算隐喻，心智被认为是按照某种程序对符号进行的操作。第一代认知科学的任务就是去为各种心智活动构建各种算法和程序①。在认知心理学中，符号加工模式被还原为信息的接受、编码、提取和输出过程，信息在各个独立的加工单位中依次得以处理，最终输出信息。所以，认知心理学将人脑类比计算机，人工智能等同于人的智能，智能运作类比计算机信息加工，这是典型的还原论模式。有学者指出，第一代认知科学的最大成功与最大失误在于对于符号表征及其计算的假设过于依赖，以至于把“人的智能”与“人工智能”完全等同起来，模糊了心与物的界限②。具身认知的代表思潮认知神经科学，主张利用认知心理学与神经生物学方法对复杂的运动、意识、注意、语言以及学习记忆等高级神经机能的生物学机制进行研究，即通过脑认知成像技术所观察到的乃是伴随心理现象而发生的脑神经生理活动。它采用分子生物学方法，寻找各种认知活动的神经系统分子基础，在细胞以下基因分子水平对脑的实质进行探讨；单神经元放电和脑皮层场电位的记录让人们能在细胞水平了解认知功能的神经电生理的基础等。所以，以还原论视角，认知神经科学是从神经与大脑的层面来回答和解释“大脑如何创造精神”这一核心命题。正如有学者主张，认知神经科学是还原的，所以它不能完全解释一个人的心理。它最多只能说明神

---

① Stin, L. A. “Challenging the computational metaphor, implications for how we think”. *Cybemetics and System*, 1990, 30 (6): 1–35.

② 杜晓霞：《认知神经科学还原论与心理学》，《湖南工业大学学报》（社会科学版）2009年第1期。

经事件与认知或行为事件相关。文化、历史条件等是理解人类知识和行为的真正相关因素，神经科学对这些没有真正解释。我国有学者也很清醒地认识到，通过脑认知成像技术所观察到的乃是伴随心理现象而发生的脑神经生理活动。凭借这些生理活动往往难以区分复杂丰富的精神活动的特异性，因此现今认知神经科学的研究尚不能用来寻求心理现象的因果解释，众多研究只是揭示心理现象与脑神经活动的相关关系。所以，需警惕丧失心理学研究的主体性而迷失自我，避免走入企图将心理现象还原为生理现象的盲区①。

5. 隐喻思维的放逐

心理科学发展一百余年来，一直秉持着自然科学研究精神旨趣，其语言表述必须“尽可能接近数学语言的明确性②”，才能合法、合理地存在，由此，确定了精致性、客观性和确定性的逻辑思维在心理学领域的绝对话语权，而剥夺、放逐了语言中另一种权力——隐喻思维。

“隐喻”一词来自希腊语的 metaphor，其字源 meta 意为“超越”，而 phor 意为“传送”，它的基本词义是把一个对象的诸方面“传送”或“转换”到另一个对象上去，以便使第二个对象可以被说成是第一个对象，更好地理解第一个对象。恩斯特·卡西尔关于对隐喻有广义和狭义的界定，在隐喻的广义解读中，他指出，隐喻不仅仅是一种语言现象，一种修辞方式，而且是一种思维方式，是“神话的记忆语言的概念本身得以表达的条件③”并且，卡西尔认为，这种转换或位移，实则包含着一种创造的意蕴，也即一种意义生成过程。它并非是单一的从此端到彼端的直线过程，那不过是一种代替，而其是“构成全部语言以及神话、宗教表述之基础”，由此，它也成为深入理解语言、神话及宗教的精神力量，“语言就其本性和本质而言，是隐喻式的”，对于追求明晰性和精致性的逻辑语言而言，隐喻不仅仅是干巴巴的替代，一种改写，一种修词格，而是一种直接认同，一种独特的思维方式。它在人们心中唤起相似关系，以人们都

① 张卫东、李其维：《认知神经科学对心理学的价值与贡献》，《华东师范大学学报》（教育科学版）2007 年第 1 期。

② 爱布拉姆斯：《镜与灯》，丽稚牛、张照进、童庆生等译，北京大学出版社 1989 年版，第 458 页。

③ 卡西尔：《语言与神话》，于晓等译，三联书店 1989 年版，第 140 页。

理解的语词建立某种相似性模型，依赖已经知道的概念及其语言表达形式，由此及彼、由表及里地描绘未知事物，新的关系、新的事物、新的观念、新的语言表达方式由此而来，这个过程正是隐喻的核心①。隐喻无论是作为一种语言现象，还是作为一种文化现象，都有着属于自己的独有属性再现，因为作为前者，它赋予一个词本来不具有的涵义或表达一个词无法表达的意义，是对常规逻辑语言的背离；作为后者，它是人们心灵感受和意向的直接表达，传递了一种语词概念内涵以外的文化气息，是一种体验实在的方式，是对真理的一种想象性体验②；而作为一种思维方式，它是对逻辑演绎和科技理性的一种超越，对事物另外视角的深层次理解和求索，寻求“言外之意，弦外之音”，这是新的意义建构、理解和创造过程，听众和读者的精神参与过程。

尽管亚里士多德的语言二分实体论对隐喻存有固执的偏见，视其为语言的一种“额外附加”和“菜肴里的佐料”，但是，他却给予隐喻以极高的评价，他说：“怪异的词语只能使我们迷惑不解，常规词语只能传达我们已知的东西，而正是通过隐喻，我们才能更好地把握一些新鲜的事物”。③ 隐喻始终存在于心理学发展的历程中。它们散见于浩瀚的心理学海洋中，以诗化睿智，人性化思维及人文意蕴的语言，淋漓地表达了论说者对人性、对人心、对生命、对人类命运的关注情怀，凸显了伟大的心理学家对人类自身生命活动的独特理解和个性化认同。事实上，人性问题是最具复杂性的问题，以客观化、抽象化和简约化的逻辑语言是无法表达清楚的，但是，诉诸于隐喻或隐喻思维，以简单话语创造性地表达丰富的内容，这是心理学家聪明而又不错的选择，因为隐喻是在编织我们信念和欲望过程中最基本的工具，没有这个工具就不会有科学革命或文化突进。不过，遗憾的是，随着心理学建立起科学化的研究方式与路线以后，隐喻思维就在科技思维的挤压之下，渐渐淡出和失落于科学心理学视野。这一点，认知心理学表现得尤为明显和突出。

显然，从离身认知到具身认知，其内在的研究过程与研究理念及研

① 张祥云：《人文教育：复兴“隐喻”价值和功能》，《高等教育研究》2002 年第 1 期。

② 石中英：《教育学的文化性格》，山西教育出版社 1999 年版，第 134 页。

③ 霍克斯：《隐喻》，穆南译，北岳文艺出版社 1990 年版，第 189 页。

究方式凸显出浓郁的科学主义情结和理性思维。诞生于20世纪五六十年代中后期的第一代认知心理学尽管纠正了行为主义的外周论，但是其基本特征依然是在控制条件下对心智进行抽象表征和符号加工。只有在控制条件下，对心智进行类比计算机的信息加工处理，才能实现认知心理学对人类心智的探索从黑箱转向透明。正如有学者断言，"外部世界并没有进入大脑影响行为……因此，认知心理学研究重心在探索抽象水平上的表征。经典的假设是，信息的存储是极其抽象的，因此才能跨行业应用[①]。"第二代具身认知科学亦如此。尽管具身认知的理念相比离身认知已经有了全面的提升与超越，不过，就其研究方式、思维方式及学术语言而言依然未给隐喻思维得以存在的空间：依然是在实验室控制条件下，认知心理学家不仅要找出认知事件或行为事件相关的细胞机制或者大脑区域的活动，而且要找出解释这些事件的机制，即从分子、图触、神经元等微观水平上和系统、全脑、行为等宏观水平上全面阐述人和动物在感知客体、形成表象、使用语言、记忆信息、推理决策时的信息加工过程及其神经机制，从中在人类心理与神经过程之间建立起内在关联。认知科学家使用封闭的、没有内部相互作用的系统机制作研究，试图通过提供这种系统机制来隔离和解释事件，借助描述机制以知觉经验和记忆的方式解释回忆的能力，这个机制可以用来获得、保持、提取和使用信息。所以，从控制的层面来说，离身认知与具身认知至少在思维方式层面其本质是殊途同归的，逻辑思维拥有着强大力量，隐喻思维遭到了排挤。隐喻思维的失落不仅喻示着心理学在认知科学推动下，科学主义情结日益凸显，而且也使得心理学的人文精神和操守与人的灵魂渐行渐远。

综上，从离身心智到具身心智，从符号计算、亚符号神经计算到"非计算的动力系统中的状态空间演化"，认知心理学正经历着深刻的范式转变。这种范式转变对认知科学的身心二元关系作可能的修正，对认知机制脑、身、环境共同塑造心理三位一体作系统、动态的全面探索，同时对文化因素从背离到关注；此外，范式的转变也暗含了这样的一种心理学

① Dietrich, E. " Representation. In Philosophy of psychology and cognition science: Gibbls search of synthesia", *Philosophical Psychology*, 2007, 22 (2): 217.

视角转变：从自然的，到自然的与现象的整合[①]。如果说第一代认知科学的符号计算范式展示了人类有意识符号思维活动的重要特点，即一种遵循规则的逻辑能力，但是这个范式不能充分地描述常常是无意识的身体水平的认知和行为方式，具身认知方式则不是描述的、序列的、离线的（off - line），而是协调的、并行的、在线的（on - line）[②]。相对而言，第二代认知科学在研究理念上已经出现了对文化语境关注的转向：强调情境性、具身性、动力性等特征，开始强调把认知放到实际生活中加以考察，将认知的本质视为一个活的身体实时（real time）环境中的活动，但是，认知科学本身文化精神的失守，逻辑语词的无限扩张，对隐喻思维的离弃，文化语境的背离以及人主体性的失位等，依然是其发展过程中面临的难题。不过，当下，具身认知专注于构造身（脑）、心互动的动力系统模型，传统的“生理机制”概念被赋予了新的内涵，它仅作为脑、身、环境共同塑造心理三位一体中的一个方面而存在，这是一种被称为动力系统趋向的认知神经科学研究[③]。这种基于动力系统认知神经科学研究趋向，脑及神经活动既不是被动地接受来自身体、环境的作用，也不是独立地作为心理以外的因素作用于心理，它们构成了各种不同层级的动力系统，这很可能为心理学研究进程实现从理论、技术到现实生活提供更具科学性、基础性与前瞻性的支持，从而可能会成为心理学发展的新趋向。

第二节　文化神经科学：范式主张与文化自觉

文化神经科学（cultural neuroscience）是一门融合了文化心理学、神经科学、遗传学等学科理论和方法而新兴的交叉学科。不同于传统行为学研究和神经科学对人的生理机制的研究，文化神经科学综合运用脑认知技术（如 fMRI、ERP、PET、EEG 和 MEG 等）、神经科学理论及文化心理学主张，旨在揭示跨文化领域下的人类心理和行为的脑机制，以及大脑与

---

① 胡谊、桑标：《教育神经科学：探索人类认知与学习的一条整合式途径》，《心理科学》2010 年第 3 期。

② Clancy, W. J. Situated Cognition: On Human Knowledge and Computer Representions, Cambridge University Press. 1997, p. 1.

③ 李其维：《“认知革命”与“第二代认知科学”刍议》，《心理学报》2008 年第 12 期。

文化元素相互作用进而制约人类的行为模式①。如果说神经科学注重以非侵入式的研究手段实现对人心智加工机制的探究，文化心理学从文化学层面来探讨人在特定文化背景下何以可能的问题，文化神经科学则是在宏大的文化背景下来全面深入考察个体“心理、行为与脑认知机制”之间的规律。它实现了最广阔的文化背景与最微观的脑神经网络之间的互动和对话。因此，文化神经科学所倡导的“神经—文化”交互作用模型从某种程度上表明该学科兴起并不仅是一种方法论上的革新，而且，其学术主张以融合视野引领心理学研究范式的变革成为可能。

一 文化神经科学范式主张：融合的视野

文化神经科学关注人类创造的文化与大脑的相互作用，探究两者的互动带给人类脑功能的组织变化如何影响人类的心理和行为。已有的脑成像研究表明，特定的社会文化背景确实对个体的认知过程、认知方式及脑神经产生一定的影响②。因此，文化神经科学主张，人类个体的脑神经具有可塑性，文化背景影响和改变着神经网络的联结模式。同时，不断发生变化的脑神经网络系统也会改变和影响着文化，这就形成了社会“认知—文化—大脑”之间相互作用的机制，从而直接影响和制约个体的行为③。

（一）文化神经科学关于社会认知的研究

在传统社会心理学领域，社会认知具有跨文化的普适性。文化神经科学主张，社会认知的一个突出特征是情境性契合性。在与不同层级的任务互动和交往时，认知方式会因个体所处情境的不同而表现出明显的迥异性④。这种社会认知风格的差异性反映了人类思维方式的两种风格，即“独立于情境的加工风格”和“依赖于情境的加工风格”，不同的认知风

---

① Chiao, J. Y., Harada, T., Komeda, H., Zhang, L., Mano, Y., Saito, D., Parrish, T. B., Sadato, N., &Lidaka, T., “Neural basis of individualistic and collectivistic views of self ”, *Human Brain Mapping*, 2008, 9, pp. 2813 - 2820.

② Han, S., Northoff, G. “Culture-sensitive neural substrates of human cognition: Atranscultural neuroimaging approach”, *Nature Review Neuroscience*, 2008, 9.

③ 韩世辉、张逸凡：《社会认知、文化与大脑——文化神经科学研究》，《中国科学院院刊》增刊，2012 年第 27 期。

④ Triandis, H. C., Gelfand, M. J. “Converging measurement of horizontal and vertical individualism and collectivism”, *Journal of Personality and Social Psychology*, 1998, 74.

格强调了个体与情境之间可能存在的跨情境性和情境变化的一致性。正如有学者强调，不同于西方文化背景下个体的认知加工会忽略情境信息情况，东方文化背景下的个体认知加工则比较注重情境所起到的作用[①]。这表明，个体的社会认知方式与特定的文化背景总是相互作用和相互适应的，二者相互影响促使个体脑认知不断走向深化与复杂。其实，从人类进化视角来看，人类大脑的演化充满了变数，只有不断演变才能和不断发展的社会相适应，比如，大脑皮层的面积与个体所处的群体的规模成正比[②]。这表明一方面大脑的神经资源总是与不断复杂化和更大规模化的社会交往相适应，才能确保个体不被社会边缘化；另一方面，人类从来就不是一个被动接受改变的客体，始终以不断演化的脑神经系统创造极其复杂的文化系统，这就不但使脑神经系统具有了可塑性和演化的可能性，而且也使得这种可塑性在与文化的相互作用中拥有了适应文化变化的情境依赖性。从这个角度而言，生物演化与文化传承之间的互动是一个充满未知与变数的过程，其魅力在于，该过程不但复杂而深刻，而且文化的产生与发展回应了生物进化的需求。同时，生物特征因为对文化的呼应而遭到隐性改变。

（二）文化神经科学关于自我的研究

自我是哲学、心理学、人类学及社会学等领域常话常新的命题。威廉·詹姆斯（William James）作为“自我”的首倡者，主张一切与“我”相关联的事物都是自我的一部分，比如“我”穿的衣服、“我”的母亲等。过去的十余年间，神经科学运用脑成像技术，开始关于自我研究并取得了重要进展，打破了学界关于“像自我、人格、理想、信念、价值观等与人性有关的问题，大多不能用真实验进行研究”的论断。而且，也证实了“参与自我解释加工的脑区主要有内侧前额叶皮质、前扣带回皮质、后扣带回皮质和额上皮质等”[③]。自我的文化神经科学研究发现，文化塑造改变了不同的自我结构的相关脑区。进一步的研究揭示当文化存

---

① Nisbett, R. E., Masuda, T. “Culture and point of view”, *Proceedings of the National Academy of Science*, 2003, 100.

② Dunbar, R. I., Shultz, S. “Evolution in the social brain”, *Science*, 2007, 17.

③ 杨帅、黄希庭、王晓刚、尹天子：《文化影响自我解释的神经机制》，《心理科学进展》2012 年第 1 期。

在根本性差异时候，比如在东西方的集体主义文化与个体主义文化背景下，无论是自我—他人参照加工还是一般—背景参照加工中，典型的集体主义相依型自我解释表现为自我和母亲共享某些神经基础，典型的个人主义独立型自我解释表现为自我独立于他人神经表征。有学者行为实验发现，拥有双文化背景的个体可以依据文化背景的变化而赋予自我概念不同的理解，其背后的神经生物基础是双文化脑（bicultural brain），即拥有双文化背景的个体拥有两套脑神经资源，可以实现动态审视他人与自我的关系[①]，这就意味着当个体处于集体主义文化背景下时，会表现出自我参照和重要他人（如母亲）参照加工激活相同脑区；当个体处于个体主义文化背景下时，他会表现出自我参照和重要他人参照加工激活不同脑区。由此可见，文化模式的差异性对自我的认知与解释及采取的加工策略的影响和塑造也有着根本的不同。概言之，个体主义文化背景及文化启动效应强调自我的独特性与个体性，不依从于他人观点和看法，遵从于内心观念指导自身行为，利于形成独立型自我概念；而集体主义文化背景及文化启动效应强调自我与他人，尤其与自我关联密切的重要他人之间关系，惯于遵从他人观点和思想引领自身行为，利于形成相依型自我概念。丰富的社会生活与交往对人脑形成自我概念会产生重要影响。

文化如何影响人类，其影响的机制是什么，学界一直因为缺少实证证据而语焉不详。文化神经科学的兴起在回答人类脑神经系统受文化影响到底是如基因—文化进化理论（Culture- Gene co- evolution）所主张的文化从人的基因水平上改变人类，还是文化—基因相关理论（Gene - Culture Interactions）所主张的文化背景下文化与基因共同作用于人类认知机制的问题上，已经有了较为清晰的答案。基因—文化进化理论主张，文化作为人类所生活于其中的一种背景，始终对人类个体心理产生影响和制约。朱滢等人以 fMRI 为研究手段通过以中国和西方的大学生为被试来检验判断呈现的人格形容词是否符合自身、母亲及公众人物的特征的研究表明，不

---

① Ng, S. H., Han, S., Mao, L. &Lai, J. C. L. "Dynamic bicultural brain: fMRI study of their flexible neural representation of self and significant others in representation to culture prime", *Asian Journal of Social Psychology*, 2010, 13 (2).

同文化背景下被试的自我表征存在着脑神经系统激活的差异性[①]。

（三）文化神经科学关于价值观的研究

价值观在心理学层面被定义为客观事物相对于主体而言有价值和有意义。文化神经科学从社会文化视角揭示了价值观与大脑神经之间的关联，完善和丰富了心理学关于价值观的定量研究。文化神经科学研究发现，具有不同文化背景的个体所持有不同价值观在完成某种特定任务时可产生迥异的神经活动模式。一系列的实验研究结果揭示了包括价值观在内的文化经验在塑造人脑结构的同时，也在改变着人脑的活动特征和功能形式。进一步的研究证明西方文化背景下美国人的价值观更加注重行为的支配性，而东亚文化圈下日本人的价值观更认同于行为的服从性[②]。人脑可能会以迥异或者相反的方式调节中脑缘奖赏系统的活动以便与服从性或者支配性价值观保持一致。至于中脑缘奖赏系统活动模式与其他价值观是否也有类似变化模式有待商榷。另外，有证据研究表明，人类价值观在人脑神经活动模式和文化传统之间可能会起到中介作用，心理学家 Lewis 等用 Odd-ball 范式的亚型证明了这一论断的合理性。[③] 除上述研究外，Chiao 和 Blizinsky 通过对比 29 个国家被试研究发现，价值观在文化上的差异主要表现在人群中某些神经递质相关基因型的等位基因频率的高低。高集体主义文化群体中 5 - 羟色胺转运体基因启动子区功能多态性（5 - HTTLPR）的短等位基因携带者所占的比例可能较高[④]。无疑，尽管当下有关价值观的神经机制研究还存在分散、凌乱和缺失理论整合性等局限，不过，价值观作为人类社会化的核心概念，文化神经科学更多关注静态价值观结构和动态价值观的过程研究，探索在差异化文化语境中个体的脑神经系统结构特征与功能演化很可能是未来价值观的重要研究方向。

---

① Zhu, Y., Zhang, L., Fan, J. & Han, S. H. "Neural basis of cultural influence on self representation", *NeuroImage*, 2007, 34.

② Han, S. H., Northoff, G., Vogeley, K., Wexler, B. E., Kitayama, S., & Varnum, M. E. W. "A culturalneuroscience approach to the biosocial nature of thehuman brain", *Annual Review of Psychology*, 2013, 64 (1).

③ Lewis, G. J., Kanai, R., Bates, T. C., & Rees, G. "Moral values are associated with individual differences inregional brain volume", *Journal of Cognitive Neuroscience*, 2012, 24.

④ Chiao, J. Y. &Blizinsky, K. D. "Culture - gene coevolution of individualism - collectivism and the serotonin transporter gene", *Proceedings of the Royal Society B: Biological Sciences*, 2010, 277.

（四）文化神经科学关于情绪的研究

情绪一直是人类适应和理解他人的重要表征。达尔文曾经指出，情绪（包括悲伤、喜悦、恐惧等）具有跨文化的普适性。不过，近来有关情绪的研究揭示，情绪识别在激活脑神经系统方面存在区别，并具有文化上的差异性。Moriguchi 等人使用 fMRI 技术通过检验白种人和日本人观看 Ek－man 图片库中的恐惧表情来测试脑神经活动特征，结果表明日本人和白种人判断和识别恐惧表情的神经基础有着文化上的差异[①]。有学者试图检验被试在观看恐惧性面孔时是否会激活杏仁核[②]，研究结果是被试无论是白种人还是日本人，对与本民族文化一致性的表情，他们的杏仁核的激活有着较大差异，由此在某种程度上证明了人的情绪识别的确具有文化的差异性。依据上述论断，进一步的脑成像研究也支持对本民族表情识别的文化优势效应的客观性和合理性[③]。上述研究不但是从神经科学视角对传统的有关表情识别的跨文化适应性结论的质疑修正，而且也表明尽管作为最为广阔的文化背景和最为微观的脑神经系统以何种机制相互作用尚无定论，但是，不可否认的是，文化在情绪认知中扮演着重要角色。

共情（empathy），是指一种能深入他人主观世界，了解其感受的能力，也可表现为对他人情绪的理解和认知能力。近年来已经有不同的文化背景对共情影响是客观存在的研究，这种文化的差异性直接影响到共情的效果和质量[④]。研究表明，无论是观看快乐电影片段还是悲伤的电影片段，被试中亚裔美国人和欧裔美国人所表现出来的共情能力是有区别的，这和他们各自是否启动关系自我或者独立性自我有关。已有的脑成像研究证据揭示共情行为产生与观察者和被观察者之间所形成的某种社会关系有

---

① Moriguchi, Y., Ohnishi, T., Kawachi, T., Mori, T., Hirakata, M., Yamada, M., et al. "Specific brain activation in Japanese and Caucasian people to fearful faces", *Neuroreport*, 2005, 16.

② Chiao, J. Y., Iidaka, T., Gordon, H. L., Nogawa, J., Bar, M., Aminoff, E., et al. "Cultural specificity in amygdala re- sponse to fear faces", *Journal of Cognitive Neuroscience*, 2008, 20 (12).

③ Adams, R. B., Jr., Rule, N. O., Franklin, R. G., Wang, E., Stevenson, M. T., Yoshikawa, S., et al. "Cross - cultural reading the mind in the eyes: an fMRI investigation", *Journal of Cognitive Neuroscience*, 2009, 22 (1).

④ 袁加锦、杨洁敏、汪宇、李红：《从个体关系的角度看文化对社会脑功能的塑造》，《心理科学》2013 年第 4 期。

关，一般而言，具有集体主义文化背景下的亚裔美国人更愿意对悲伤的电影片段产生共情[①]。Johnson 等人通过研究发现，人们会表现出对种群内部成员的共情偏向，例如白人和黑人大学生对同种群有着更强的共情行为[②]。同样类似的研究结果也得到了 Avenanti 等人研究结果的支持。所不同的是，Avenanti 等人选用的被试是黑人和白人大学生观看同种群的疼痛行为来观察是否产生共情行为[③]。上述研究结果支持了具有跨文化普遍性种族关系概念对于影响与共情有关的神经系统活动可能具有重要作用的观点，且共情产生可能确实具有文化的差异性。

二　文化自觉：文化神经科学范式反思

文化神经科学整合了宏大的文化背景和微观脑神经活动相互作用研究，这反映出心理学在追求科学化道路上研究范式的深刻变革，但同时也折射出其在文化学层面的短板，即人文精神与文化意蕴在“文化”名义下日渐式微。

（一）心理学方法工具主义滥觞

心理学方法工具主义主要体现在对实证方法的推崇。工具主义来源于杜威关于认识和真理理论的实用主义观点。其基本观点是认为思想、观念、理论是人的行为工具，其真理性标准在于能否指引人们的行动取得成功。思想、观念、理论只要是对实现目的有用或者有利于有机体适应环境就具备真理性，本身无真假之分，只有有效或者无效、适当或者不适当之别。心理学之所以能登上科学殿堂，实证方法的运用是根本和关键[④]。实证方法的理论前提是实证论。实证论继承和发展了自十七八世纪以来培根的经验论传统，在摒弃了认识论上一切个人主观意识后，严格区分了科学

---

① Batson, C. D., Lishner, D. A., Cook, J., & Sawyer, S. “Sim - ilarity and nurturance: Two possible sources of empathy for Stran - gers”, *Basic and Applied Social Psychology*. 2005, 27 (1).

② Johnson, J. D., Simmons, C. H., Jordan, A., Rodney, K. O. J. “revisited: The impact of race and defendant empathy induction on judicial decisions”, *Journal of Applied Social Psychology*, 2002, 32 (1).

③ Avenanti, A., Sirigu, A. & Aglioti, S. M. “Racial bias reduces empathic sensorimotor resonance with other - race pain”, *Current Biology*, 2010, 20.

④ Martin, J., Sugarman, J. “Moderning, Postmoderning and Psychology”, *American Psychologist*, 2001, 4.

与形而上学的划界标准，主张科学知识的获得最重要和最基本的前提是采用实证方法，这必然地影响到当时急于摆脱形而上学努力构建科学形象的心理学：心理学成为自然科学前提是必须采用实证方法，从而形成了实证方法优先的中心地位，导致心理学研究方法的工具主义。文化神经科学作为一门科学，也不可避免对实证方法论的批判很不彻底，依然是方法中心的预设①。

文化神经科学研究范式重在以神经科学技术来研究文化背景下个体的脑神经活动规律，除了以无损伤脑成像技术的研究手段为支撑来探究人的心理和行为的表现抢眼外，其研究方法的工具主义痕迹更引人注目。因为能科学地揭示和探究个体的脑神经活动，以脑成像技术为代表的神经科学研究方法被无限制地应用到文化神经科学研究中，巩固和强化了文化神经科学对其的依赖和推崇，其主导和支配作用更加凸显，这就必然形成了文化神经科学研究方法的工具主义。正如有学者所言，从方法上看，以往有关文化与自我的研究方法过于依赖 fMRI 技术，关注中线皮层各区域（如 ACC、PCC）整体上如何加工自我信息的取向上可能存在一定工具主义的局限性②。这里需要区分一个命题，实证研究方法的中心地位和运用实证研究方法含义是不同的，前者体现的是方法工具主义，是对其他研究方法生存空间的挤压和排斥；后者则是体现了研究方法运用的合理性诉求。文化神经科学目前使用脑成像技术存在空间和时间分辨率的局限，这直接导致文化神经科学的研究处于方法为先导和为中心的比较尴尬的境遇③。

（二）文化语意的误读

文化神经科学尽管将文化引入其中，将其视为揭示影响人类心理与行为的与大脑机制互动的重要元素。但是，这里有几个问题，文化神经科学还需要作出清晰回答：第一，文化的价值。文化神经科学对文化的理解似乎并没有超越文化心理学中文化理解的局限性。文化心理学中，文化只是作为一种标签而成为个体活动的抽象变量，或者将其理解成为准变量，如

---

① Gergen, K. J. "Toward a Cultural Constructionist Psychology", *Theory and Psychology*. 1997.

② 袁加锦、杨洁敏、汪宇、李红：《从个体关系的角度看文化对社会脑功能的塑造》，《心理科学》2013 年第 4 期。

③ 韩世辉、张逸凡：《社会认知、文化与大脑——文化神经科学研究》，《中国科学院院刊》增刊，2012 年第 27 期。

果是这样，则文化存在于个体之外，与个体活动相分离[①]。从这个意义而言，文化神经科学中文化范式的存在是为试图证明人类心理机制的客观性而存在，普遍主义是其研究基础，强加客位研究模式是其原则。因此，文化神经科学中文化抽象变量的地位没有发生实质性改变。第二，文化的位置。文化神经科学引人注目之处是将文化元素提升至与脑神经平等的地位。不过，如果过于仰仗和依赖文化，并且，没有很好处理文化价值，导致人与文化之间的分离，对脑神经活动和科学本身的内在逻辑线索理解失之过简，则会使之在"科学主义"一极和"文化主义"一极之间摇摆。反映到方法论层面，依然是经验主义方法论渗透于其中，依然一种价值中立预设；甚至有人批评说，这种心理学研究取向仅仅是一种良好愿望、意识或哲学路向。第三，文化范畴和层次性。文化神经科学研究中的文化背景预设多是以东方文化与西方文化或者集体主义文化和个体主义文化来进行粗略划分，如此大范围和粗略划分对于表征人背后的具体文化背景而言，还是缺失一定的精准性。因此，如果期待文化神经科学进一步提升研究效度，还需要进一步区分文化的各个方面及各种文化形式，包括主流文化、区域文化、亚文化甚至宗教文化等，并探讨他们对各种社会认知过程的影响及其大脑机制，这对于深入理解文化与社会心理——大脑功能的关系有着重要意义。

因为上述文化神经科学命题悬而未决，导致了文化神经科学面临的另一个难题——文化语境的背离，即生态性缺失。心理学"生态性"是针对心理学实验室研究许多人为因素，脱离了文化生活事件而提出来的。从本质上而言，文化神经科学的研究方式依然局限于实证科学的樊篱，尽管将文化视为人脑神经活动的重要参考元素，但为了追求研究的科学化，人被视为一种客观的自然存在，人的心理被视为一个单一、纯粹、抽象的"心理"实体，将其从所生长的"文化环境"中剥离出来，在精心设计特定的实验环境中，以计算机或脑无损伤成像技术为支持，去除可能会影响和制约实验过程和结果的"生态性"因素，让人脑神经系统面对有限的若干刺激，期望着实验程序和结果与预设相同，力求做到研究结论在跨文

① Greenfield, P. M. "Approaches to the Psychology of Culture", *Asian of Social Psychology*. 2000, 3.

化意义上的外推性和普遍性。有学者指出，考虑到实验室研究的人为性，实验室研究与现实生活之间差距过大，会严重影响到实验室研究结果对现实生活解释的信度。这里，“就人的心理过程来说，心灵和文化是一个更大或整体的共同组成部分，相互分享着它们的特性。其中，文化情境变得非常重要，因为脱离了文化情境就无法理解任何东西”。因此，文化语境的剥离带来的生态性效度低下难题成为其在追求科学化过程中挥之不去的阴影。

（三）科学主义上位

显然，从认知心理学到认知神经科学，其内在的研究过程与研究理念及研究方式凸显出浓郁的科学主义情结。科学主义是科学思想体系突出的、持久的特征。它以认识论和本体论为前提预设。认识论以只有人类的认知活动才是科学信念为前提假设，从而使科学的地位在社会范围内不断得以拓展和提升；本体论是人类立足现实，通过概念化的逻辑关系去追求超越现实存在以外的本质、永恒原则和绝对真理，以便规范、理解和说明现实万物存在及其变化的实质和规律，并将其转化为独立体系，这使人们有可能超越时空局限去直接认识和把握事物之间的内在本质关系。而做到这一点，似乎只有科学才能为之。巴鲁姆曾经指出，科学隐含着一种科学的职业精神，即认为有关研究问题的所有思想形成都应模仿科学的方法和假设，尽管科学本身并不是面向所有宇宙奥秘①。当科学被推崇到至高无上的地位，并被认为是唯一有价值的认识活动时，其实，就产生了“科学主义”。

从文艺复兴以来，科学以能够带给人类尊严、信心和无限幸福生活的能力，成为那个时代以来理所当然的一种时代精神，且以简约论、还原论和决定论实现着对自然界的方便解读，成为拥有绝对话语权的统治力量。19 世纪中后期，心理学在当时的时代语境中，出于对科学精神的无限推崇，以实证主义为支持，开始了全面“物化”或“自然化”过程，这是因为心理学竭力谋求自身与自然科学达成外表一致，以此来证明自身的合法性与合理性，从而将自己推进了“科学主义”境地。诞生于 20 世纪五

① Less, T. M. “Naturalizing Science: Two Episodes in the Evolution of a Rhetoric of Scientism”, *Wstern Journal of Communication*. 1996, 4.

六十年代中后期的认知心理学尽管纠正了行为主义的外周论，但是其基本特征依然是在控制条件下对心智进行抽象表征和符号加工。只有在控制条件下，对心智进行类比计算机的信息加工处理，才能实现认知心理学对人类心智的探索从黑箱转向透明。正如有学者断言，“外部世界并没有进入大脑影响行为……因此，认知心理学研究重心在探索抽象水平上的表征。经典的假设是，信息的存储是极其抽象的，因此，才能跨行业应用。”① 文化神经科学亦如此，它始终贯穿着科学主义的“时代精神”。从控制的层面来说，文化神经科学的研究方式、研究过程与研究理念，无不体现和渗透着浓郁的科学主义价值观的追求，为心理学搭建和支撑起了视野恢宏、理论宏大、方法精致的科学世界，心理学在认知心理学与认知神经科学推动下，科学主义情结日益凸显，从而在科学殿堂中树立起堂皇的科学形象。

文化神经科学是在控制条件下试图实现对人脑神经活动和文化互动作用机制的探索。这种探索以严格和精心设计的实验室环境背景，到实验过程控制，再到信息的输入与输出对比，实际上是在科学主义精神支配下，以脑成像技术为研究手段，以严谨、标准和规范的试验程序为支撑，主张把文化和脑神经资源结合起来，试图全面阐述人脑如何加工信息的生物过程，进而构建起人脑在文化背景下信息加工机制的知识体系。概言之，文化神经科学这种研究范式体现出对研究程序的严密控制，对实验流程的规范管理，对研究结果的普适性说明，对构建人类心理规律的极度自信，是人类科学主义精神的极致张扬。正是人类科学精神贯穿始终，为其获得科学的名分和地位提供了重要条件。因此，文化神经科学研究范式究其实质是一种替代性研究，这种替代性研究是科学主义精神滥觞的直接体现。作为科学的文化神经科学，“科学心理学从始至终一直贯穿着理性精神和逻辑分析思维，心理学家希望确立人的行为和心理功能元素周期表……文化被看作是情景因素，并没有包含在设计当中”②。

---

① Dietrich, E. “Representation. In Philosophy of psychology and cognition science: Gibbls search of synthesia”, *Philosophical Psychology*, 2007. 22 (2).

② Kim, U. “Indigenous Cultural and Cross—Cultural Psychology: A Theoretical Concept and Epistemological Analysis”, *Asian Journal Social Psychology.* 2000, 3.

（四）还原论风险

文化神经科学一直有一个难题需要面对，即在其研究范式中面临的还原论风险及其带来人的主体性迷失的可能。在西方心理学史上，还原论（Reductionism）是心理学在其科学化成长过程中衍生的颇具争议的命题。作为科学方法论经典内核，还原论本意是主张将高层的、复杂的对象分解为低层的、简单的对象来处理。世界的本质在于其简单性和可分解性。奥卡姆“剃刀原则”正是还原论的经典写照：能用简单、原始的东西解决和说明问题就绝不用复杂、高级的东西。心理学自冯特创立科学心理学以来，以冯特为代表的构造主义心理学家挥舞“奥卡姆剃刀”将还原论原则发挥至极致，成为确保心理学学术研究精确性与客观性的必要操守。从行为主义心理学将人的行为分解为肌肉收缩和腺体分泌，到构造主义铁钦纳主张将人的心理分析为心理元素等，再到认知心理学将心智加工过程分解为计算机信息加工，无不是典型的还原论的应用，即便是认知神经科学，也依然在还原论的陷阱中苦苦挣扎①。运用还原论将人的复杂心理予以分解和还原，并在更合适的水平上展开研究，在那个时代，已成为心理学实现自然科学梦想的必要和可取的选择。但是，还原论在心理学中的广泛甚至不加限制地应用带来的消极后果之一即是“人”的主体性的失落。文化神经科学也面临着同样的难题。心理学家采用分子生物学方法，不但要从分子、突触、神经元等微观水平上解释和定位某种认知加工事件或者某种行为事件相关的脑区域活动或者细胞活动，寻找各种认知活动的神经系统分子基础，而且从神经系统、全脑、社会等宏观水平上全面阐释有关自我、情绪、共情等神经过程。单神经元放电和脑皮层场电位的记录让人们能在细胞水平了解认知功能的神经电生理的基础等。尽管文化神经科学辅以文化背景上的阐释，但是，它是借助脑成像技术在细胞以下基因分子水平对脑的实质进行探讨，在将文化演变成抽象变量后，其实是绕开或回避了文化这一核心元素，依旧从认知功能的神经电生理基础层面来回答和解释“大脑如何创造精神”这一重要命题，不但“人”的主体性形象走向消解，而且最终可能滑向还原论。类似文化神经科学的研究最多只能说明神经事件与认知或行为事件之间的相关性。文化、历史条件等是理解人

① 孟维杰：《文化视域下认知心理学范式演进探新》，《心理科学》2015 年第 3 期。

类知识和行为的真正相关因素，它对这些没有真正解释。丹尼斯对此表达了警醒与反思，他说："心理学正面临着在某些心理学研究的过程中完全受到各种脑研究驱动的危险。"[①] 毕竟，通过脑成像技术即时观测到的脑神经生理活动与心理现象之间无法确定其因果关系，单凭脑神经生理活动也似乎难以区分人的精神现象的复杂性与特异性。文化神经科学研究范式也只是揭示脑神经心理活动与心理现象之间的相关关系，达成更深刻的因果关系的评判条件还远远不够。对此，我国学者也曾理性指出，其本身的研究所彰显的还原倾向需要引起足够的重视，需警惕丧失心理学研究的主体性而迷失自我，避免走入企图将心理现象还原为生理现象的盲区[②]。

毋庸讳言，文化神经科学是神经科学和文化心理学融合生成的全新领域和方向。不过，文化神经科学还有一个重要的问题尚处于争议之中，即脑成像技术的伦理问题。脑成像技术的伦理问题可能包括诸如隐私保护、安全性、知情同意与个体自主性等问题[③]。这其中既涉及如何合理阐释科学研究与发现和人自身发展之间的关联，同时也关涉科学发现结果如何实现普及以及人们如何接受的问题[④]。这就意味着，文化神经科学还会有更多难题需要面对和解决。可以预见，随着强调情境性、具身性、动力性第二代认知科学的兴起，文化神经科学会对心理学的身、心二元关系作出可能的修正，进一步理顺脑、身、文化三者关系，实现心理学范式的变革性突破。

---

① 荆其诚：《当代国际心理科学进展（第一卷）》，华东师范大学出版社 2006 年版，第 23 页。

② 张卫东、李其维：《认知神经科学对心理学的研究贡献》，《华东师范大学学报》（教育科学版）2007 年第 1 期。

③ 刘星、田勇泉：《脑成像技术的伦理问题及研究对策》，《科学技术哲学研究》2014 年第 4 期。

④ Illes, J., Racine, E. "Imaging or Imagining? A Neuroethics Challenge Informed by Genetics", *The American Journal of Bioethics*, 2005, 5 (2).

第六章　心理学理论创新——方法论扩展性探索

今天心理学的理论体系面临着诸多问题。1879 年冯特创建了科学心理学，确立了心理学自然科学化研究模式，最终建立起精致、严密、宏大的西方心理学现代思想体系和理论体系①。不可否认，具有确定性和宏大叙事特征的心理学理论体系的建立，一方面使心理学摆脱了哲学思辨束缚，获得了实证科学的名分，也表明心理学学科知识量变到质变积累的必然要求。正如肖和康斯坦佐指出的那样，只有在控制条件下进行的实验室心理学研究，并创立了不平凡的理论系统，才是科学心理学②。另一方面，庞大的心理学思想体系和理论体系随着学科发展和科学进步，渐渐陷入了需要求新求变的困境。高清海指出："体系是理论科学必具模式，严密科学体系便成为理论学科发展成熟的重要标志，它的精神和实质都凝结在这个系统之中"③。同时，他也指出了体系所具有的双重性，因为体系具有规范意义，反过来，它也就具有了对内容的限定作用而很容易被凝固化，甚至被僵化。愈是完备的严密体系，也就是说理论愈是原理化、规则化、系统化，它也就愈是具有拒斥力、封闭性，难以接纳新知识内容。所以，成熟的体系很容易走向僵化，而一旦僵化，它的作用也就走向了反面。现代心理学执着的科学化精神导致其体系的抽象化、简单化和公式化，已经使心理学理论越来越趋于僵化和凝固化。这样的理论体系中，去掉大量实例材料就只剩下从实例中推导和归纳出来的"规则"，这些规则既然已经失去了理论思维内容和特色，它就变成了结论性知识，在现实中只能充任演绎推论的前提，当作公式来套用④。心理学理论体系的僵化与

---

① Martin, E. P. & Seligman, "Positive Psychology", *American Psychologist*, 2001, 55 (1).

② Shaw, E & Costanzo, *Theories of Social Psychology*, New York: Mc Graw- Hill, 1970, p. 8.

③ 高清海：《找回失去的"哲学自我"》，北京师范大学出版社 2004 年版，第 77—78 页。

④ 孟维杰：《文化品格：心理学理论另一种品质》，《社会科学战线》2006 年第 2 期。

凝固化呼唤心理学基于21世纪文化现实基础之上的理论创新。正如高清海先生所说："理论创新是理论生命、也是理论家生命。活着进入21世纪的意思是说，人文知识分子不应该作为化石、动植物标本被拖入21世纪，应当努力去创造适于整合新世纪文化现实的新形式。"[①] 体系的演变是理论发展常态。只要认清其两重性质，不把体系绝对化，在需要更新或变革内容和体系之时，及时主动、积极去自觉转换体系模式，那么体系便处于常变常新之中。因此，心理学理论体系演变需要创新，心理学理论创新需要心理学方法论创新。心理学方法论创新需要超越传统心理学方法论局限，扩展其边界与范畴。心理学方法论扩展性探索是心理学理论创新的基础与前提。扩展了边界与范畴的心理学方法论会推动和引领心理学理论体系不断转换模式，以便在丰富的世界心理学图景中寻找适合自己本民族文化特征的心理学发展之路。

第一节　心理学方法论扩展性探索

心理学方法论是心理学一般方法的基本理论和学说。它是一种方法学的体系，包括哲学方法论、一般科学方法论和具体方法三个层次。[②] 这其中，哲学方法论是心理学最高层次的方法论，它直接决定着从事心理学研究所采取的方式、策略及方法，也关系到心理学发展诸如心理学研究对象、研究方式、研究者与被研究者之间关系等一些重大的理论问题和方法问题理解。方法论是任何科学研究的基础，这既是思想基础，也是方法基础，也是技术基础。所以，心理学方法论探索关系到心理学学科发展的核心问题。传统心理学中方法论的探讨主要是考察心理学研究所运用的具体研究方法，这包括心理学具体研究方法的不同类别、基本构成、使用程序、适用范围、修订方法等[③]。随着心理学发展和进步，心理学方法论的探索必须跨越原有界限与范畴，扩展为关于心理学观、心理学对象、心理学研究方式、心理学主体生存方式等方面的重新理解与定位。因此，对心

---

① 高清海：《找回失去的哲学自我》，北京师范大学出版社2004年版，第838页。

② 葛鲁嘉：《心理文化论要》，辽宁师范大学出版社1995年版，第639—643页。

③ 葛鲁嘉：《对心理学方法论的扩展性探索》，《南京师大学报》（哲社版）2005年第1期。

理学方法论的新探索，可以说就是反思心理学发展的一些重大的理论问题和方法问题[①]。从这个层面上讲，心理学方法论的界域扩展、转向与创生既是方法论的创新，也是研究视野的进一步延伸，从而使推动心理学理论创新成为可能。

一　关于心理学观思考

（一）心理学观论评

心理学观问题是理论心理学元理论的基本范畴[②]，也是心理学发展、建设及未来走向的指南和航标。它以或隐或显的形式，影响、制约和规范着心理学范围和边界、研究方法的可信性和有效性、理论构造合理性、知识体系的评价标准和评价程序以及应用技术手段的适当性和限度等。所以，心理学观既是心理学家关注的焦点，也是哲学家论述的主题[③]。从心理学观的演变历史进程上看，可以概括出实证科学观、人文科学观、文化心理观、积极心理观、超科学观等几个具有代表性的心理学观[④]。这些表现样态各异的心理学观构成了心理学家的视野，导致了他们能看到什么和看不到什么，以及容纳什么和排斥什么。纵观中外心理学家对心理学的不同理解，从历史到现在，心理学观一直随时代精神的演进、哲学旨趣更迭及自然科学的发展而不断嬗变和传承，反映了心理学家不同的哲学观、科学观和理智背景，折射出那个时代的社会文化形态，提供了理解心理学的不同视角和侧面。作为贯穿于心理学发展过程中的一种精神、理念和意识，心理学观的演变直接推动心理学的发展，心理学学科的推进历程也见证了心理学观的内在演化轨迹。只是每一种心理学观不约而同地站在了“自己”的立场上，只关注和论证自己所持观点的合理性而反对和批驳对方观点的局限性，各种心理学观之间的论争和质疑，既引领和推动了心理学分裂与统一的论争形式不断发生流变，同时，也揭示了心理学科学划界

---

① 杨中芳：《如何研究中国人》，转载自《心理学本土化论文集》，台北桂冠图书公司 1997 年版。

② 叶浩生：《理论心理学辨析》，《心理科学》1999 年第 6 期。

③ 葛鲁嘉：《心理文化论要》，辽宁师范大学出版社 1995 年版，第 290 页。

④ 孟维杰：《从科学划界看心理学划界的深层思考》，《科学技术与辩证法》2007 年第 1 期。

标准的模糊性、不确定性及边界的局限性。

（二）多元文化心理学观：心理学方法论扩展性探索选择

现代心理学方法论只是主张实证心理学观的合法性，其他形式的心理学观，并没有进入关注的视野。心理学理论创新需要心理学方法论扩展，而心理学方法论扩展性探索必须突破传统方法论局限，扩展其学科范畴。多元文化心理观就是在当下全球化语境下心理学方法论扩展性探索的当然理性选择。毋庸置疑，当代社会已进入多元文化社会。多元文化论强调文化的多样性与价值的平等性，主张所有文化群体和各种类型的文化价值观都可以在平等基础上对话和沟通。心理学观作为在各自的不同文化背景下所形成的关于对心理学不同解读的文化理念和文化精神，其实也是文化语境的产物。前文已述，多元文化心理观不是要否定现在的心理观，而是以文化框架作为审视心理学的深度视角，扩展现有的心理学观的边界，从而，为心理学带来更宽泛和更具深度的研究视野，体现出一种包容的文化心态和多元的整合观点。将“多元文化”这一术语置于“心理学观”前面，是对心理学当前多元文化特征与时代精神的总体概括和认识，也是对现有心理学观的理性反思、认同与思维界域的进一步拓展，其核心精神就是主张放开眼界，运思判断力，欢迎和接纳一切能够推动和促进心理学建设和发展的心理观，尤其注重心理学的现实化研究方式，注重考察人与文化之间关联的意义。在此不再赘述。

多元文化心理学观的核心思想是将人置于他所生活的文化背景中来深度挖掘内心世界的意图、目的、观念及价值等，加强对心理学理论前提预设的哲学反思，以促进不同心理学观之间的对话和沟通，推动心理学理论不断走向意义化、背景化和深度化，从而构筑起真正属于人的理论，扩展理解心理学的边界与范畴，推动和引领心理学理论视野不断扩展和创新。

二　关于心理学研究对象思考

（一）心理学研究对象论评

心理学家对心理学研究对象的考察和研究是建立在对心理学研究对象的考察和研究预设的基础之上，或者说是取决于心理学家对心理学研究对象的基本性质的预先理解[①]。这种理论预设可以是明确的，也可以是隐含的，其实都决定着心理学家对心理学研究对象的不同理解。心理学家对心理学研究对象不同的理解，表明了心理学家持有的不同心理学观与不同的研究立场，也表明了心理学家不同理论视野的宽泛与狭隘，也表明了心理学受所处不同时代特征的无可回避的制约与影响。以科学心理学的研究对象为例。心理学是研究人类心理现象的科学，这是科学心理学在一般意义上最为经典的关于心理学研究对象的经典表述。该命题不仅将科学心理学"科学"之名牢牢固守于心理现象，而且，对该命题作为科学心理学所能达到的"主义"之实，有深远而又重要意义。它实则告诉人们，这便是科学心理学。事实上，该命题是在实证主义科学观视域下对心理学研究对象基本性质的预先理解与认识，这种理解与预设是采纳了近代自然科学中的物理主义的世界观。物理主义世界观把自然科学探索的世界看作是由物理事实构成的，这样的物理事实能为研究者的感官或者感官的延长工具把握到，因此，心理学的物理主义世界观为了心理学科学主义目的，把人的心理现象类同于物理现象。尽管人的心理现象高度复杂和高度层次化，但是，它可以还原为肌肉收缩或者腺体分泌等更为简单的物理或化学运动或行为等，直接导致的结果是人类心理的物化或客观化。实际上，人类心理既是自然过程，也是文化创生过程；既有自然属性，也有社会属性。仅仅将关注的视野聚焦于自然过程或自然属性，将其定位于与物理现象类同的心理现象，研究视野与胸怀注定是不宽泛的，一定程度上也注定会妨碍心理学理论创新与发展。心理学理论创新需要扩展心理学研究对象的边界与范畴。

（二）心理学研究对象扩展性理解

在科学主义视野中，由于缺少广阔的社会历史洞察力、文化底蕴和广袤的知识基础，心理学家多被各自狭隘的学科界限和头脑中实证科学标准束缚，将心理学研究对象定位于如物理现象一样的客观心理现象，从而引导心理学研究成为一种越来越专门的、理智的和客观的学术活动。心理学家日益迷失在对学理化追逐中。事实上，心理学研究对象的客观性背后有着主观性，这表现为人有自己的心理生活。心理生活是生活世界的一部

---

① 葛鲁嘉：《对心理学方法论的扩展性探索》，《南京师大学报》（哲社版）2005 年第 1 期。

分，内含着研究者与被研究者的情感、本能、直觉、意向等整体、复杂的多重结构。[①] 它是人类最能直接体验到的内心现实，是自我认定的心理生活方式。[②] 就人与文化关系而言，人与文化之间蕴含着相互生成与创造意蕴，从而在人和文化产品之间存在着一种可贵的意志，使人的一切活动和问题打上了文化烙印。这就意味着研究者对研究对象的选择与认识过程蒙上了研究者主观因素，从而引导着心理事实的解释维度和价值走向，使心理学研究对象带有价值性。冯特说："心理学必须对我们称为的内部经验加以研究，也就是对我们自己的感觉和情感、我们的思维和意志进行研究……人类自身不像它外部表现那样，而是像用自己的直接经验表现那样，是心理学要解决的真正问题。"[③] 此外，人的心理还表现出日常性和现实性，这是不同于心理现象的具有极强主观性、规范性和模糊性的一种心理事实，尽管为科学家所不屑，但却在现实生活中使包括心理学家在内的人们心理生活传承成为可能。

所以，心理学既要面对可见、可知和可感的心理现象，还要面对无法感知、无法视听，但能体验和自觉的心理生活，前者体现的是客观性、抽象性和逻辑性，后者则体现的是主观性、现实性和常识性。现在看来，那种把心理学研究对象局限于客观心理现象，并试图将心理现象局限于逻辑和学术规范内从事着普遍有效的唯自然科学化的心理学研究尝试，是值得深思的。所以，心理学方法论的创新与扩展推动和引领着心理学研究对象从逻辑上一律向文化个性转向，从对心理现象的抽象性说明转向文化背景中的人类心理全面把握，从而使心理学研究对象的边界与内涵得到延伸，将一个宏大的人的个性化形象完满呈现，从而提升心理学理论创新水准。

三　关于心理学研究方式的思考

（一）心理学研究方式论评

关于心理学研究方式的理解是对心理学作为一门科学的预先设定，

---

① Kink, S., "Toward a Science of The Hear", *American Psychologist*, 1998, 53 (3).

② 葛鲁嘉、陈若莉，《当代心理学发展的文化学转向》，《吉林大学社会科学学报》1999 年第 5 期。

③ Wundt, W. *Lectures on Humanand Animal Psychology*, New York: The Ma. Crmillan Company, 1912, pp. 1－11.

这个预先设定可以是隐含的，也可以是明确的，无论是隐含的还是明确的，都会决定着心理学家对心理学研究方式的理解与实施。葛鲁嘉认为，有关心理学研究方式的理论前提有两个主要来源：一是来自心理学家对自己所从事的科学事业所持的立场或依据；二是来自科学哲学家以科学为对象的哲学探索，他们提供了什么是科学研究，什么是科学研究的方法论等基本认识①。一直以来，科学心理学研究方式的理论前提预设和基本立场的哲学观是实证主义。在实证主义哲学观支配下，科学心理学一直奉行着方法优先、理论从属、技术支撑的完全自然科学的研究方式。它在带给心理学科学的名分和学术上的繁荣以外，也为心理学带来了一系列诸如理论抽象化、远离生活、方法中心等问题。事实上，心理学研究不是不能以实证科学研究方式来研究，问题的关键在于该研究方式的长期强势话语权并对其他研究方式的排斥和压制而渐渐确立了自己立法者地位。一直以来，心理学中关于定性与定量研究方式、实验与内省研究方式、实证与体证研究方式、客位与主位研究方式等之间的比较与考量一直在进行。只不过各个研究方式范畴之间的对比，前者始终是占据优势地位。在混淆了运用实证研究方式和以实证研究方式为中心这两个具有不同含义命题以后，随之而来的问题就是，或者说根本问题是，日益巩固和加强了实证研究方式的中心地位与立法者地位，其他的研究方式则被排挤到边缘化地位。

（二）心理学研究方式扩展性探索

心理学单一的研究方式似乎难以承载心理学理论创新的使命。心理学理论创新需要心理学研究方式从单一实证研究方式转向多元化研究方式。从文化学视角，如果说文化是一种分析框架，心理学则被视为特定文化背景中特殊的活动方式，那么，所揭示和还原出来的心理学会彰显出文化品性，人所生活的民族传统、文化背景、地理环境和历史关系等与人类心理之间的关系和意义才是心理学研究所要关注的核心元素，也是心理学文化品性这一命题所要表达的根本意义②。文化是一种内在于人的一种生成和

---

① 葛鲁嘉、陈若莉，《当代心理学发展的文化学转向》，《吉林大学社会科学学报》1999年第5期。

② 孟维杰：《论心理学文化品性》，《心理科学》2008年第1期。

存在，将人与文化置于共生层面——人在文化中而非人与文化的分割——来思考和认识[①]。这种对文化与人之间关系与意义的研究，其实考察的是“人何以会如此”这样包含着价值的命题，这一点，单凭自然科学研究方式来进行研究是有难度的。“因为科学方式会导致其陷于无价值的琐碎”。“科学方法在工程技术、生物和天文学中具有良好的作用，但是，人的灵魂并不是一种基本的机械式物体。人的大脑易受到各种影响，而人的思维却属于不同的领域。因此，诸如此类的方法似乎就难以在这些领域中使用。”如果应用科学方法，“就是一种更为复杂的对人的思维歪曲”[②]。所以，心理学研究方式的多元化是必要的，也是必需的。无论是主观研究方式，还是客观研究方式，无论是质化研究方式，还是量化研究方式，无论是对人与文化之间的深度阐释，还是对人外显行为的客观性说明，都将是在多元文化心理观支配下的有益的积极尝试——欢迎和接纳一切能够推动心理学建设的研究方式。正如杨国枢所说：“到目前为止，我们还无法确定哪一种方法论或研究方法是唯一有效方法，而其他方法论和研究方法则可扬弃不用。不管是黑猫或白猫，能捉到老鼠的就是好猫。不同的猫所捉到老鼠可能有大有小，但都是有用的猫，不管是实证论方法也好，现象论方法也好，诠释学方法也好，只要能增进对中国人之心理与行为的了解，都可以采用。”[③]

此外，以当地人的心态来认识、推断和解释被研究者的心理和行为，也是不错的研究方式选择，这是对被研究者所处文化环境与其心理行为关系予以的更深层次把握。“如果人们获得文化在很大程度上是通过观察、模仿和逐渐增多的参与，那么研究者也必须做同样的事情——不是请他们解释这些规则或观察结构，而是观察他们的行为和学习他们文化，以此能更好地理解与认同该文化的获得过程。”[④] 这样的研究方式因为被研究者

---

① Harry，C. & Triands，*Individualism And Collectivism*，The Handbook of Culture & Psychology，Oxford University Press，2001.

② ［英］保罗·凯林：《心理学大曝光——皇帝的新装》，郑伟建译，中国人民出版社 1992 年版，第 17—21 页。

③ 杨国枢：《中国人的心理与行为：本土化研究》，中国人民大学出版社 2004 年版，第 29 页。

④ Marvin，H. & Orna，J.，*Culture Anthropology*，Allyn & Bacon A Person Eduction Company，2000.

一直与其生存的文化环境相依存，并没有人为割裂，其说服力与效度才会在更大程度上注解人与文化之间的共生性这一命题。

四　关于心理学主体生存方式的思考

（一）心理学主体生存方式论评

心理学主体生存方式是指心理学研究者在从事科学的心理学活动中所表现出来的生命特征。传统心理学方法论主张，心理学主体由于受主体哲学精神和理性主义精神影响，隐藏起自己的生命意向，奉行“合理性原则”和价值中立原则，他们的研究立场和原则因为不证自明性，体现着强烈的客观性和中立性，从而使研究主体与客体的分离、研究者与现实生活的割裂以及研究者个性的消解，换言之，心理学研究主体的生存方式没有得到明显体现，其研究立场消失或隐身于科学化追逐中，正如自然科学也不会深究科学家活动一样不证自明。于是，便产生了心理学主体“内隐”的生存方式：分离性、割裂性和中立性，从而人为地将心理学主体推到了研究客体的对立面。分离性是指研究主体与客体之间绝对二分；割裂性是指心理学主体与生活世界的割裂性；中立性是指心理学主体活动的价值无涉性。应该说，研究者的“隐身”研究方式确实为自己带来了如科学家一样“心理学家”的身份。正是心理学家客观、中立的研究立场或是理念，不断地维系和强化心理学的科学化水平，推动了心理学科学化研究进程。事实上，传统心理学方法论视野中的心理学主体尽管一直以科学研究主体自居，从事着严谨而又理性的科学研究。但是，缘于自身“隐身”的生存方式，也为心理学发展带来了更多的羁绊和桎梏。心理学主体的这种单一的生存方式在多元和开放的时代语境下，为心理学理论创新制造了障碍。心理学理论创新需要跨越传统心理学方法论的制约，需要心理学主体打破传统本体论和理性哲学思维模式束缚，构建开放、包容和对话的生存方式。

（二）心理学主体生存方式扩展性探索

应该说，当对话成为20世纪中后期现代性与后现代思潮对立冲突中凸显的话语方式以来，心理学主体对自身生存方式和传统方法论的反思一刻也没停止过。高清海指出，人的生命具有两重性：种的生命和类的生命，种的生命属于个体化的肉体生命，它来自父母的生命；类的生命是由人类生命活动积淀而成的超个体性的类化本性，它蕴含于历史文化传统之中[①]。心理学者作为现实生活中具有鲜活生命的个体，也无法脱离种的生命与类的生命这两种属性的制约，尤其是后者。在前者基础上，心理学者必须通过教育、学习与感悟，从社会文化系统中吸纳人类已经形成的人性本质，这样才能生成个体自我的自主性，这是心理学主体生存方式转换之本。其实，如果超越传统心理学方法论的局限，从文化学视角来审视，在心理学研究过程中，人与文化共生性决定其维系价值中立立场的艰难性，更多的则可能是心理学家带着自身的文化背景和文化判断，对研究客体的文化支持系统进行考究和评说，实则是心理学主体与研究客体之间的一种对话[②]。他们在研究人的时候，不仅仅是一种客观理智科学研究活动，更多的时候，他们的研究活动从主观上充满了对人类心理智慧和心灵活动的理解与诠释。他们的研究与其说是在探究人类心理规律，毋宁说是在追问、解读和感悟人类心灵世界，实现着与研究客体之间的对话。

前文已述，心理学主体生存方式转换的新视野在于，在文化框架中，心理学主体不再是冷漠的旁观者、客观的研究者及价值无涉的绝对主体，而是拥有自由之思、深沉责任感及文化价值追求的个体：他的自由在于以一种自由探索、自由反思的学术勇气，敢于打破陈旧观念，自由表达的学术态度，自由发表独立见解；他的责任感在于明确自己之所为，以丰富、提升人类心理生活质量，关注人类心灵幸福，以推动社会走向积极进步为目标；他的价值追求在于深刻表达个人理想，并将个人的理想与社会进步关联起来。心理学主体所承载的责任和价值在与历史和社会自由对话中不断明晰、显现和确定，并直接走进被研究者的精神世界。一个没有责任感、价值追求以及为自由而奋斗信心的心理学家是不可能实现真正心理学研究的；缺少了心理学者的自由、责任及价值追求使命的命题，心理学就不可能成为真正的“人之学”。这样，心理学主体生存方式深刻转变为使其树立将科学与生命融合为一体的“科学人生”观念成为可能[③]。

综上所述，心理学理论创新离不开心理学方法论创新。要实现心理学

---

① 高清海：《找回失去的哲学自我》，北京师范大学出版社 2004 年版，第 206 页。

② 张春兴：《论心理学发展的困境与出路》，《心理科学》2002 年第 5 期。

③ 孟建伟：《科学生存论研究》，《齐鲁学刊》2006 年第 2 期。

理论的创新与重构，必须突破传统心理学方法论局限，实现心理学方法论边界与范畴的扩展。心理学方法论的扩展性探索意味着心理学观由科学主义实证观转向多元文化心理观、研究对象边界和内涵的拓展、研究方式多元化、研究主体生存方式转换，继而实现心理学理论创新，这不仅是研究视野和领域的扩张，而且也是思维方式的根本性转换。

第二节　社区心理学方法论扩展性探索

心理学方法论扩展性探索也一定会对社区心理学方法论产生重要的影响和引领。社区心理学作为心理学一个分支学科，同时，也作为与文化语境关联紧密的学科，社区心理学实现跨越式的前提是其方法论边界的扩展。社区心理学方法论的转向其实是对人与社区环境之间互动的关注，在研究方式上，由个体主义研究转向生态学研究，由注重治疗转向关注预防；在研究方法上，注重多元方法的并重。同时，自上而下到自下而上研究方法的转向更是其在研究方法层面上可喜的变革趋势。社区心理学方法论扩展性思考，既是对社区心理学研究视野的拓展，同时也是研究思维的根本性转换。

一　社区心理学的兴起

每一门学科的诞生是与社会需求和科学发展的内在逻辑分不开的。正是在这两方面的基础上社区心理学才得以兴起和发展。在社会需求方面，美国心理卫生运动和民权运动为社区心理学的创建提供了实践的机会；在科学内在逻辑方面，临床心理学和社会心理学的理论观点为社区心理学提供了理论指导，行动研究等科学方法论的发展让社区心理学研究可能变成现实①。1960 年代中期，社区心理学在美国和拉丁美洲开始兴起。它是基于临床心理学和社会心理学融合而成的一个新兴领域，成为心理学领域的一个重要分支学科。1965 年，即在美国总统肯尼迪成功颁布《社区心理法案》两年之后，在美国的斯万普斯科特举办了一次具有里程碑意义的

---

① 刘盛敏、陈永胜：《西方社区心理学若干理论问题探讨》，《宁波大学学报》（教育科学版）2007 年第 5 期。

会议，其目的是使社区心理健康法案得以顺利通过，研究和探讨新时期心理学家该有怎样的角色定位与服务模式[①]。当然，此次盛会成为社区心理学从萌芽到兴起的标志性会议，因为后来心理学家将心理学运用到社区研究时发现，它能提高人们的社区感和社区居民的心理健康水平，从而改善社区居民居住环境[②]，使社区居民服务从临床心理学转向了社区心理学，社区心理学很快被认为是心理学在普通人群中运用的标志。此后，随着社区心理学在 1973 年成为美国心理学会第 27 个分会后，其研究领域和应用有了根本的变化：越发关注个体的生活环境、家庭与个体的交互作用，关注培育社区心理感，尤其关注心理问题的事先预防，以尊重文化的多元化为前提，更加注重提升群体与个体的心理健康能力与水平等。

二 心理学方法论扩展性视野

方法论是众多学科的研究基础。几乎所有学科发展的思想前提、方法预设和技术支撑等都离不开方法论。心理学方法论是心理学学科发展的基础，属于心理学具体研究方法的基本理论和方法学体系，包括哲学方法论、一般科学方法论和具体方法论三个层次[③]。很显然，心理学最高层次的方法论自然是哲学方法论。哲学方法论涉及心理学诸如心理学研究对象、研究方式以及具体研究方法等一些基本的问题，甚至是根本性问题的理解以及解决。因此，心理学方法论的问题是心理学研究中的根本问题，也是核心问题。一般意义上的心理学方法论问题主要聚焦于心理学研究所运用的具体研究方法，这包括心理学具体研究方法的不同类别、基本构成、使用程序、适用范围、修订方法等[④]。因此，从一定程度上而言，心理学方法论主要包括三个层面的含义：一是心理学研究对象的考察，对心理学研究对象的考察关涉心理和行为的说明、原因的阐释及未来的干预

---

① 孟四清：《当前我国中小学生心理健康状况调查与分析》，《天津市教科院学报》2015 年第 5 期。

② 佐斌：《西方社区心理学的发展及述评》，《心理学动态》2001 年第 1 期。

③ 孟维杰：《心理学理论创新——心理学方法论扩展性探索》，《社会科学战线》2010 年第 11 期。

④ 葛鲁嘉：《对心理学方法论的扩展性探索》，《南京师大学报》（社会科学版）2005 年第 1 期。

等；二是关于心理学具体方法的运用研究，这可能涉及心理学研究的趋势及取向、心理学研究中所使用的理论、心理学的研究对象等问题；三是关于技术的研究，包含了具体的心理学研究方式、具体的研究技术等方面。而这样的研究视野在当下心理学发展的时代语境中，似乎已难以契合心理学发展的格局。心理学要想实现理论创新，则离不开方法论创新。心理学方法论的创新是心理学理论创新的基础。而心理学方法论创新视野则是其固有边界或者范畴的拓展和延伸，这会带来对心理学整体理解更宽泛的视野。与其说心理学的不断进步与发展是社会发展的推动，不如说是心理学方法论的直接引领。心理学方法论的边界得到扩展，其关注的视野则由原有的边界，扩展为对研究对象、研究方式与具体研究方法的重新定位与理解。因此，对心理学方法论的新探索，可以说就是反思心理学发展的一些重大理论问题和方法问题[①]。从这个层面上，心理学方法论范畴的延伸既是自身创新驱动力的体现，同时也引领着心理学产生新的研究方向和领域，实现心理学理论的创新与传承。

三　社区心理学方法论探新

社区心理学兴起于美国。历经50余年的发展，社区心理学已经跨越了美国，走向更多的国家、地区和民族，也渐渐具备了跨文化的意义，形成了跨学科的新兴学科和新兴领域。社区心理学以社区为背景，聚焦于个体生活于其中的社会系统与自身福祉之间的关联，更多关注的是社区语境中社区居民自身的行为与幸福的一种新思考方式[②]。作为一门来自社会心理学和临床心理学交叉的新兴学科，社区心理学的很多理论观点都来自于社会心理学和临床心理学，其自身与社会心理学、临床心理学有着内在的关联；如对实践的注重，对人与环境的聚焦等，正如有心理学家指出“社区心理学家秉持这样一种观念，即没有什么会比以社会问题为导向的

① 杨中芳：《如何研究中国人：心理学本土化论文集》，桂冠图书公司1997年版，第34—56页。

② Perkins, D. D. An Introduction to Community Psychology. http: //www. People. Vanderbilt. edu/ ~douglas. d. perkins/commpsy. htm. 2011, pp. 40-67.

严肃而缜密的研究更加具有实践性"[①]。因此，从这个层面上而言，社区心理学就是使面向大众的服务从临床心理学视角走进去，从社区心理学走出来的一门学科[②]。但社区心理学作为一门跨领域学科，有着不同于社会心理学和临床心理学的研究取向，其方法论与其他心理学分支学科相比，其特点也是显而易见的。概言之，心理学方法论是心理学发展的根基与前提。那么，社区心理学的方法论也是其发展的根基与前提条件。传统上，社区心理学方法论主要聚焦于社区心理学的指导思想、方法原则和具体方法三个层面[③]。从时代的发展语境来看，社区心理学的进步和发展必然推动其方法论的界限与范畴发生根本性改变和转向，从原来只是关注社区心理学的指导思想、方法原则和具体方法转向对社区心理学研究对象、研究方式和研究方法的重新思考与重新探索。反之，社区心理学方法论边界延伸与主题转变也将促进和引领社区心理学的学术主张变革和学术品质的提升，这是反思社区心理学重大理论问题和方法问题的前提。

1. 社区心理学研究对象的扩展性思考

传统社区心理学所关注的是解释个人在实际生活中与社会背景下如何生活，是社会环境对于生活在其中的社区居民的影响，达到理解个体和帮助个体解决自身产生的心理问题。把个人放在社区环境与社会系统中进行研究，研究对象是"情境人"[④]，是研究居民在社区中的生活。

随着社区心理学的进步和互联网的发展，社区心理学的研究对象应该有扩展性的理解与重新定义。社区心理学不应该只是局限于社区居民与社区，应该把研究范围进一步拓宽。当下的时代语境中，作为一门以协调人与外部环境之间关系为目的的跨领域学科，社区心理学的研究目的得到了进一步深化和拓展，其研究对象与研究主题从单纯对社区居民的心理机制和心理元素的关注转向对人与社会环境之间互动与协调的探索。因为社区心理学的研究目的就是要搞清楚人如何在社区和社会系统中表现行为，并

---

① Levine, M., Perkins, D. D. & Perkins, D. V. *Principles of Community Psychology: Perspectives and Applications* (*3rd ed*), New York: Oxford University Press, 2005, pp. 3 - 4.

② 鲍谧清、艾振刚：《我国社区心理学社区行动与研究理念探析》，《江苏师范大学学报》（哲学社会科学版）2015 年第 4 期。

③ 吴玉伟：《社会心理学本土化研究中的方法论问题》，《社会心理科学》2009 年第 4 期。

④ 佐斌：《西方社区心理学的发展及述评》，《心理学动态》2001 年第 1 期。

怎样才能获得幸福与尊严。所以，社区心理学的核心不再是人，而是将人置于人所生活的环境中统合起来予以考量，因为环境与人的关系始终是系统、动态和整合的。人不仅要适应环境，同时，变化的环境也会影响和制约人的心理。所以，人与环境同时需要关注。这就使得社区心理学的研究对象就不仅仅局限于人对环境的适应，而且环境的变化对人的心理和行为的影响以及为人的心理提供支持更应该成为其关注的主题。这就意味着社区心理学研究对象的范围有了实质性延伸，不但关注个体的心理机制和心理规律特点，同时还要聚焦于人与环境二者之间的交互作用机制以及这种作用机制带给个体或者群体心理和行为怎样的影响，这就涉及对整体或群体的多水平和多因素分析问题。正如有学者指出："对于环境的改善以及如何充分利用各种社会资本为人的心理健康服务是社区心理学的核心关切。"①

另外，随着社区心理学研究对象边界的延展，其研究主题也在发生变化，其突出的变化则是从传统上只是关注社区心理健康转向更多关注社会公正、公民参与等价值主题，实现了心理健康和公民价值主题的共同关注②。心理健康是社区心理学得以兴起的立命之本，也是其得以实现跨文化传播的基础。当初社区心理学萌芽，就是以一种为社区培养心理健康专家的"无心插柳柳成荫"的态势，使得心理健康得以大行其道。当社区心理学研究对象的边界得到拓展后，其研究主题的拓宽也成为情理之中的事情，仅仅将关注的视野聚焦于心理健康是有其局限性的。于是，关于社区心理学研究主题的"价值涉入"思潮得以蔓延和渗透。因此，社区心理学家认为，社区心理学总是一种有别于社会心理学和临床心理学的具有独特实践特色和文化情怀的学科，其研究主题的"价值涉入"有助于社区心理学家在调研过程中更加容易理解自身的责任与学科独有的特色。因此，许多其他学科不愿涉猎的领域，比如社区归属感、种族歧视、社区获得感、心理赋权、资源和权力分配及无家可归等，都可能进入社区心理学家关注的视野，从生态学水平上，社区心理学家更愿意触碰这些近乎敏感

① 杨莉萍：《社区心理学研究的几个基本理论问题》，《江苏师范大学学报》（哲学社会科学版）2015 第 4 期。

② 贾林祥、拾硕：《社区心理学及其研究转向》，《江苏师范大学学报》（哲学社会科学版）2015 年第 4 期。

的话题。

2. 社区心理学研究方式的扩展性思考

（1）从个体主义研究到生态化研究

心理学研究方式是关于心理学作为一门自然科学，心理学家所采用的研究手段、技术或者研究程序的预先设定。该预先设定无论是隐含还是明晰，都关涉到心理学作为一门科学的心理学家所采用手段、技术或者程序的实施与理解。心理学是从西方发展而来，西方国家的"个人主义"文化背景决定了心理学的研究偏向于个体研究，带有明显的个人主义倾向，主要研究个体心理的发展变化规律，主张"情境人"、人与环境的互动理论等仍然是以个体为本位、以个人为出发点，忽视或者是有意回避社会政治、经济等系统①。心理学传统研究方式始终以实验室范式和个体主义层面来解读个体的心理规律，构建心理机制，有意忽略从生态学水平分析个体及其所生长的社会环境。这带来的结果是，一方面促成了实证研究方法的中心地位和优势地位，因为一直以来，科学心理学一直秉持着这样的研究程序，即方法中心、理论附庸、技术支撑的近乎完全的自然科学研究方式。这样的研究方式毋庸置疑地带给心理学自然科学的名分，构建起自然科学的形象，但也打造了一个扁平、抽象的心理学科学世界，这个世界只能容下人类身体，却无法安顿人类的灵魂。另一方面，则会使心理学仅仅关注近乎抽象个体的生理过程及心理机制，而忽略了诸如社会制度、社会规范及文化传统等社会情境带给个体的影响，不仅窄化了心理学研究范围，限制了其价值和功能，而且使心理学面临着来自各方面的质疑和挑战。

因此，受这种西方个体主义社会文化的影响，社区心理学一直努力试图脱离西方个人主义思想和文化对心理学带来的影响，摆脱个体主义的研究方式，注重把个人心理健康问题放到社会生活环境中去研究，提倡"情境人"的理论观点，努力从生态学层面实现对人与环境之间的互动的关注，尤其是注重将个体置于社会情境中推动个体与环境的契合与匹配，从生态学视野来尝试分析和解决个体与社会问题。因为人的行为方式与规

---

① 贾林祥、拾硕：《社区心理学及其研究转向》，《江苏师范大学学报》（哲学社会科学版）2015年第26期。

律和他的生活背景及文化背景是不可分割、相互作用的关系。因此，社区心理学着重研究社区居民和社区环境之间的交互关系，尤其关注整个社区个体与环境和社会的交互关系，强调提高社区个体的适应能力，建立和谐的社区生活，使个体过上高质量的社区生活，预防身心出现问题。由于社区心理学主要以个体在社区中表现的行为结果推测整体现象，研究个体如何适应环境，如何与环境达到适应性。这种重视人与环境相互作用，相互影响的研究更多是以个体心理干预的视角来研究社区心理学。另外，社区心理学的研究离不开社区环境和国家文化，极其看重本土化问题，其研究结果是为了处理及解释具体国别的社会问题和促进公民的健康发展[①]。此外，生态学的研究方式要求社区心理学研究不仅仅要应用传统的实证研究方法，而是要更加关注生态学研究方式，将社会情境与人整合起来构建生态模型，以实现对社区文化和环境的定性或定量地描述和分析。值得一提的是，社区心理学以参与感、社会公正、社区感等核心价值为基础，通过生态学路径，借助多学科协同合作，在变革社会情境中推进学科的分化与发展。

（2）从注重治疗转向积极预防

如前所述，临床心理学是社区心理学发展的基础。临床心理学主要是通过改变社区居民的居住条件，提高个体的心理水平和促进人和环境的互动性来让个体更好地适应居住环境，更加偏向人与环境产生问题后的预防。社区心理学家早期的主要工作以治疗由“二战”产生的相关心理问题为主，帮助社会大众更好地去适应社区环境，提高个体心理健康水平，使得心理疾病患者能够调节自己的心理和行为，建立和谐的生活环境。社区心理学与此不同，随着人们对心理疾患的理解与认识有了根本性变化，社区心理学从注重对社区居民的心理疾患的治疗转向患病之前积极的治疗，同时治疗过后的跟踪服务也成为社区心理学重要的发展举措。预防一直是社区心理学所主张的观点，并且也是其发展和分化的动力，在斯万普斯科特会议后，尽管社区心理学依然没有放弃治疗这一任务，但是，在社区心理学家卡普兰（Caplan）等先行者的提倡下，还是实现了从治疗到预防的悄然转身。美国临床心理学家阿尔比（Al-

---

① 金庆英：《社区心理学研究综述》，《中国社区医师》2010年第26期。

bee）则是预防观点的强烈支持者[①]。

预防是社区心理学研究的一个核心概念。如果当个体产生心理问题并表现出异常行为时就只能使用心理治疗方案，但心理治疗可能需要花费较长的时间，并且治疗效果一般不好，所以在心理疾病产生之前采用干预手段去预防心理问题的产生是很重要的[②]。如果当心理问题已经产生，并且发展为心理疾病，那么在治疗时将会产生消极抵抗，而且心理治疗需要极其昂贵的费用和很长的治疗时间，这使得社会上很多心理问题无法解决，满足不了社会需求。但预防能将心理问题在其发生之前消灭，在心理问题出现之前就可以挽救个体和整个社区。从这个层面上，社区心理学不应该是在心理问题产生后消极地去治疗，而更应该在心理问题产生之前就采取积极的措施去预防心理问题的产生。比如，社区心理学认为青少年的犯罪教育应该在发生犯罪之前就进行，辅以相关的社会政策和家庭教育，可以更好地减少青少年发生犯罪行为的可能，减少社区青少年的犯罪率。

关于社区心理学所主张的预防，应首推社区心理学家卡普兰（Caplan）提出的三层次（Three fold）预防命题：初级预防、中级预防、三级预防。相对于后两者，社区心理学尤其推崇初级预防的功能，因为初级预防主要的工作是为了防止和降低心理疾患发生，心理问题出现之前的状态尤其受到关注。所以，他指出"初级预防作为一种干预，适用于目前心理健康的正常人，使他们减少未来产生心理问题的概率，促进个体心理健康水平的发展"[③]。至于中级预防和三级预防，前者是在个体有产生心理问题的迹象但并没有心理问题产生之前，也就是说心理问题还并不严重之前采取相关措施；例如，一个刚刚接触网络游戏的青年，要在其没有发展成网络依赖之前就采取措施防止其网络成瘾。后者是对已经产生严重的心理问题和异常的行为举止后对个体的治疗，如设计一个治疗方案帮助躁狂症患者尽可能恢复正常，使其能够回归到他之前的正常生活环境。

---

① Albee, W. G., "Preventing Psychopathology and Promoting Human Pottential", *American Psychologist*, 1982, 37.

② 张利增、陈英敏：《社会支持：社区心理学的重要概念与应对策略》，《山东师范大学学报》（社科版）2009 年第 4 期。

③ 贾林祥、拾硕：《社区心理学及其研究转向》，《江苏师范大学学报》（哲学社会科学版）2015 年第 4 期。

（3）社区心理学研究方法扩展性思考

社区心理学研究方法是社区心理学的根本问题之一。由于受西方个体主义文化制约以及科学主义精神的影响，实证方法在心理学中获得了优势地位和立法者身份。实证方法在心理学的成功应用，一方面为心理学获得了自然科学的名分，破除了关于人类心灵的抽象和思辨的争论，引领心理学知识体系愈发精致与客观；另一方面，也有意地或者无意地混淆了运用实证研究方法与以实证研究方法为中心的界限，不但造成了实证研究方法在心理学研究中的优势地位，而且也使心理学成为抽象的“神学”，远离了民众的现实生活。事实上，如果从文化的视野来考察实证研究方法在心理学领域的运用，会发现实证研究方法在今天正在经历从工具属性到价值属性的跨越过程，这种跨越一方面是呼应了当下时代语境对心理学文化品性审视的呼声；另一方面，也表明如果一直热衷于或者局限于研究方法的工具属性，那么对心理学的理解以及心理学的未来的道路如何行走将始终是一个问题①。

社区心理学作为心理学的分支学科，或者说是作为社会心理学和临床心理学交叉的新兴学科，它的兴起不仅仅是对心理学的研究领域或者研究主题的扩展，而且因为自身兴起的时代特征和学科特点所能实现的对研究方法的扩展性探索，集中表现在社区心理学所关注的人与环境的互动作用和以实践为突出特征的生态学的解决路径，这就意味着社区心理学因为以解决问题为主旨，以实践取向为前提，为可能超越心理学中以方法为中心提供了生态学的前提。一直以来，心理学以实证研究方法为中心，建构起宏大的心理学理论体系。但是，明晰、精致和客观的心理学理论体系似乎在解读和揭示人类心理上有些勉为其难，一方面，主流心理学实证研究方法的运用走向极致，导致心理学难以观照到人类心理的复杂性和多样性；另一方面所带来的生态学效度低下也一直授人以柄。所以，基于社区心理学方法论的扩展性理解为前提，其研究方法运用的视野也在扩展，不但对以观察法、问卷、访谈法、个案研究法、随机区组实验、定量观测、非同质比较组研究等这些以量化为特征的实证研究方法依然适度运用，以保证

---

① 孟维杰、葛鲁嘉：《从工具到价值：心理学研究方法重新考评》，《赣南师范学院学报》（社科版）2005 年第 4 期。

社区心理学研究的科学性与客观性，同时，社区心理学的全面发展“也将以深度访谈、焦点团体、文本分析、叙事研究、扎根理论等在内的大量质化研究方法被纳入心理学研究的方法体系，促进心理学研究向现实的社会生活世界的回归”[①]，从而彻底地扭转社区心理学以“方法为中心”的窘境，实现“问题决定方法”，提升社区心理学的生态学效度。

当然，社区心理学研究方法从大的范畴来讲，还有着一种变革趋势，即从自上而下到自下而上的转向[②]。一直以来，心理学家以自然科学精神为指引，力主以实证研究方法来实现心理学的科学化。自然所建构起来的宏大知识体系，支撑起心理学的科学世界。这个世界如此抽象，乃至于民众无法理解，这种研究方法的运用称之为自上而下。其实，社区心理学的兴起，不但意味着主流心理学的研究范式已经无法完全契合社区研究，其核心诉求与关注对象也落在了具体的社区情境。社区情境的要素诸如文化、道德、政治、经济环境等也成为和社区个体互动的研究对象，而且，“社区”这一带有时代印记的命题也暗含着社区内民众也享有控制权的诉求，心理学家也愿意与其分享部分控制权。于是，社区心理学研究既面向心理学家，也面向社区民众，这是自下而上的研究方法的运用。社区心理学研究方法的转向，也喻示着其研究目标的制定、研究主题的确定、研究结果的阐释及具体研究方法选择等努力呼应社区发展诉求[③]。

因此，社区心理学学科发展与理论创新需要方法论边界的拓展和范畴的延伸。社区心理学方法论的扩展意味着其研究对象更多关注人与外部社区环境之间的互动和协调，而不再仅仅关注个体心理因素；在研究方式上，由个体主义研究转向生态学研究，由注重治疗转向关注预防；在研究方法上，注重多元方法的并重，同时，自上而下向自下而上的研究方法的转向更是其在研究方法层面上出现的可喜的变革趋势。社区心理学方法论扩展性思考，既是对社区心理学研究视野的拓展，同时也是研究思维的根

---

① 杨莉萍：《社区心理学研究的几个基本理论问题》，《江苏师范大学学报》（哲学社会科学版）2015 年第 4 期。

② 同上。

③ Roberts, W. L., “What Is Community – Based Participatory Research?” In L. Roberts (Eds), *Community – Based Participatory Research for Improved Mental Health Care*, New York: Springer, 2013, pp. 1 – 9.

本性转换。这表明，新时期社区心理学逐渐弥补了心理学自身与社会环境之间割裂的短板，将社会环境纳入关注的视野，更加关注人与社区环境的互动；同时，也暗含着社区心理学呼应了社区心理学方法论转向的呼声以及流露出的对社会、对民族、对历史的一种微言大义的责任感，当然也表明其未来发展还有很长的道路要走。

第七章　从生物到文化：阿德勒自卑观探新

阿德勒作为西方心理学史上有着重要影响的心理学家，其名字可能一直淹没于弗洛伊德的影子后面。不过，作为在精神分析学派中自成一派的人物，他所创立的个体心理学的学术建树不可谓不重大。尤其是他所提出的关于自卑及其补偿的观点，在其理论体系中占据着核心的位置。对自卑理论的全面考查和辨析，是重新认识和走进阿德勒内心世界的一条路径，同时也是重新确立和界定阿德勒思想体系在精神分析理论从生物进化到文化自我进化演变过程中的媒介作用和应有位置的过程。

第一节　自卑的他人补偿

自卑，作为一种普遍的心理现象，是近百年来心理学界研究的一个重要课题。研究自卑最有权威的应属奥地利心理学家阿德勒，他对自卑的研究抓住了自卑的本质，与阿德勒同时代的研究者“有关自卑的研究只是对阿德勒理论的细节所进行的完善。”自阿德勒之后，自卑通常是作为其他心理变量的调节变量或影响因素而加以研究讨论的，西方研究者专门针对自卑而开展的研究不多①。他人补偿观点的提出，作为对阿德勒自卑理论的补充与完善，对于进一步深刻认识自卑及其补偿理论，无疑拓宽了理解的视域，开辟了研究的新视野。

一　阿德勒的自卑感与补偿理论

（一）阿德勒自卑补偿理论的基本观点

阿德勒认为，当自己面对困难情境时会产生一种无法达成目标的无力

---

①　李艺敏、孔克勤：《西方自卑研究述评》，《心理研究》2009 年第 4 期。

感与无助感，对自己所具备的条件、作为和表现感到失望与不满，对自我存在的价值感到缺乏重要性，对适应环境生活缺乏安全感，对自己想做的事不敢肯定，这就是自卑感[①]，它表现为心理上的一种紧张状态。由于"人不能长期地忍受自卑感，它一定会使他采取某种行为，以克服并超越这种自卑状态，做出补偿"[②]。补偿是心理防御机制的一种，是指个人追求某种目标受挫或因某种缺陷自卑时，发挥自己的优势力求在某方面弥补，获得优越感的现象[③]。如果自卑感因不能得到有效的补偿而持续存在，就会产生自卑情结。所谓自卑情结，是指一个人在面对问题时无所适从的表现[④]，或者说"当个人面对一个他无法适当应付的问题时，他表示绝对无法解决这个问题，此时出现的便是自卑情结"[⑤]。

（二）各个阶段的自卑与补偿理论

阿德勒在充实完善其理论的过程中吸收借鉴他人的研究成果，不断地对自卑与补偿理论进行修正和拓展，形成了三个比较明显的理论发展阶段。

最初，阿德勒认为自卑感与生理缺陷有关。个体由于自身器官发展不完善、缺乏独立性和确定性、对从属于别人等生活压力经常由痛苦感产生自卑感。

1910 年，阿德勒扩展了自卑感的概念，将理论重点从单纯的生理自卑感转向"主观的自卑感"。他认为伴随着个体的成长，自卑感更多地起源于个体生活中所有不完美不理想的感觉，包括生理的、心理的和社会的障碍，不管是真实的还是想象的[⑥]。

20 世纪 30 年代，阿德勒进一步扩展修改了自己的理论，不再把追求个体的优越感作为人类的基本动机，转而认为人类的基本动机在于社会兴趣，认为人天生具有社会兴趣。所谓社会兴趣，指个体对所有社会成员的一种情感，或是对人类本性的一种态度，表现为个体为了社会进步而不是

---

① 郭本禹：《潜意识的意义》，山东教育出版社 2009 年版，第 110 页。

② ［奥地利］阿德勒：《超越自卑》，刘泗编译，经济日报出版社 1997 年版，第 1—96 页。

③ 林崇德、杨志良、黄希庭：《心理学大辞典》，上海教育出版社 2004 年版，第 1—83 页。

④ ［奥地利］阿德勒：《让生命超越平凡》，西苑出版社 2003 年版，第 37 页。

⑤ ［奥地利］阿德勒：《自卑与超越》，作家出版社 1986 年版，第 46—50 页。

⑥ 郭本禹：《潜意识的意义》，山东教育出版社 2009 年版，第 117 页。

个人利益与他人合作[①]。社会兴趣有多种表现形式：（1）在困难情境中，准备与他人合作、帮助他人；（2）多奉献少索取的心理倾向；（3）富于理解和同情他人思想情感的能力。

由于自卑感总是造成紧张，必然产生争取优越感的补偿动作。阿德勒的各阶段补偿理论也随着自卑理论的改善，体现出了不同的特点。

在第一阶段，阿德勒于 1907 年发表的论文《器官缺陷及其心理补偿的研究》[②]（*Study of Organ Inferiority and its Psychical Compensation*）扩大了从性到整个有机体的生物学基础[③]，他视个体为一个有机的整体，认为补偿有两种取向：针对有缺陷的器官进行补偿和通过发展其他能补偿这种缺陷的其他器官功能进行补偿。

到了第二阶段，阿德勒认识到自卑的范畴不局限于生理方面，还同时存在对于自身心理障碍、社会障碍方面的自卑感。这时补偿或过度补偿就直接指向个体真实的或想象的自卑感[④]。

第三阶段，他把个人与社会、自卑补偿与社会兴趣协调起来，认为“社会兴趣是对个体的人的每一天然弱点的真正的必然的补偿”，强调自卑感是个体缺乏社会价值感和充分感的反映。此时补偿就直接针对于社会生活，强调个人对社会的贡献，为社会的幸福奋斗，以补偿个体缺乏的社会价值感。

在整个理论发展过程中，阿德勒一直认为自卑感本身并不是变态的象征，而是个人在追求优越地位时的一种正常的发展过程，每个人都有不同程度的自卑感[⑤]。其对个体的发展产生积极或消极作用，取决于个体的补偿。如果个体一直保持着勇气，力求补偿缺陷，便能通过直接、实际的方法改进身边所处的环境，将自卑感转变为奋发上进的内在动力，求得优越感，那么此时的补偿便是有效的，此时的自卑感起到了积极作用。个体获得优越感的同时，会与更高层次的成就比较，产生新的自卑感，进而努力补偿以获得新的更高层次的优越感。如果个体已经不再相信通过努力可以

---

① 郭本禹：《潜意识的意义》，山东教育出版社 2009 年版，第 118 页。

② 车文博：《西方心理学史》，浙江教育出版社 1998 年版，第 473—476 页。

③ 莫雷：《20 世纪心理学名家名著》，广东高等教育出版社 2002 年版，第 231—223 页。

④ ［美］B. R. 赫根汉：《人格心理学》，作家出版社 1988 年版，第 94 页。

⑤ 李艺敏、孔克勤：《西方自卑研究述评》，《心理研究》2009 年第 4 期。

改变环境，但依然寻求优越感，那么补偿便会朝向生活中无用的一面，用一种想象的优越感自我陶醉或麻痹自己，而真正的自卑感并未摆脱，“他们会变成精神生活中长久潜伏的暗流”①，形成自卑情结。

二　他人补偿：自卑的另一种解读

在上述阿德勒的整个自卑与补偿理论中，无论是对生理的、主观的、社会价值感的自卑补偿，还是性质上的有效、无效补偿，似乎忽略了补偿行为过程的实施者即补偿途径、方式的问题，抑或说是阿德勒各个时期的观点都默认为个体通过自我追求优越感、通过自我努力实现补偿，补偿行为是由有自卑感的个体本人完成的。因此，仅从阿德勒的自卑与补偿理论分析，阿德勒所提出的补偿都是个体自我补偿。事实上，自卑产生的原因是多样的，自卑的表现方式有千万种，自卑的补偿也千差万别，补偿行为的实施者是一个不可以被忽视于其他补偿分类中的重要维度。它反映着个体的自卑本质，影响着补偿过程中的环节以及最终的补偿效果。而阿德勒忽视了存在着其他的补偿行为实施者即他人补偿这一事实。

根据阿德勒理论中自卑的定义，个体的不安全感、不满、达不到目标的无力感、失望等都可以视为自卑感。在现实生活中，这些自卑感无论是源自生理的、心理的或是社会的障碍，都可以得到补偿，且补偿行为并不一定是由有自卑感的个体本人实施完成的，而可以通过他人或团体甚至是整个国家、整个民族完成。可见，个体自我补偿方式是无法对这些给予合理解释的。

从阿德勒的自卑补偿原理本身着眼来分析，将补偿按补偿对象、补偿性质和补偿行为的实施者三个维度进行划分：按补偿对象分为针对生理障碍的补偿、针对心理障碍的补偿和针对社会障碍的补偿；按补偿性质分为有效（积极）补偿和无效（消极）补偿；按补偿行为的实施者分，只存在个体自我补偿一个元素。这暴露出阿德勒自卑补偿理论在补偿行为实施者角度上研究的缺失。笔者认为，客观存在的有别于自我补偿的他人补偿，即补偿行为由他人实施完成的补偿方式，与个体自我补偿方式相对应，完全可以作为补偿行为发出者这一维度的另一个元素，进而补充完善

① ［奥地利］阿德勒：《让生命超越平凡》，西苑出版社 2003 年版，第 37 页。

阿德勒的自卑补偿理论体系。

三 他人补偿论说

（一）补偿心理机制论析

补偿最终作用于心理，是一种心理补偿。可以从两方面分析：

从阿德勒自卑补偿理论的三个补偿对象分析。生理的某个器官缺陷，个体可以努力发展有缺陷的或是其他相同功能的器官给以补偿，这不仅仅是表面上的生理补偿，从补偿的最终效果看，它在一定程度上缓解了个体心理上的失落感、焦虑感，也使个体获得心理上的平衡或优越感；精神上的自卑和来源于社会的自卑感本身就是心理作用，所以无论个体进行哪方面进行补偿，其最终都是作用于心理，摆脱心理上的自卑感。

从自卑与补偿的关系分析。自卑感总是造成紧张，伴随自卑感必然同时产生针对缺陷而争取优越感的补偿行为，故自卑与补偿是一个统一体。鉴于二者的一体关系，我们可以先从自卑的本质分析，进而把握补偿的心理机制。

国内学者对自卑的定义以下述几种为代表：杨清认为自卑感是指一种自己觉得“低人一等”的惭愧、羞怯、畏缩甚至灰心的情感①；时蓉华认为，自卑感是指个人由于某些生理缺陷或心理缺陷及其他原因（如注意力、记忆力、判断力、气质、性格、技能等欠佳）而产生的轻视自己，认为自己在某个方面或几个方面不如他人的情感体验②；林传鼎认为，自卑感是指在和别人比较时，由于低估自己而产生的情绪体验③；林崇德认为，自卑感是指个体因体验到自己的缺点、无能或低劣而产生的不如别人的消极心态④；黄希庭认为，自卑感是个体遭遇挫折、无法达成目标时的无力感、无助感及对自己失望的心态⑤。从定义中可以看出自卑的内在原

① 杨清：《简明心理学词典》，吉林人民出版社 1985 年版，第 118—119 页。

② 时蓉华：《社会心理学词典》，四川人民出版社 1988 年版，第 31 页。

③ 林传鼎、陈舒永、张厚粲：《心理学词典》，江西科学技术出版社 1986 年版，第 151—156 页。

④ 林崇德、杨志良、黄希庭：《心理学大辞典》，上海教育出版社 2004 年版，第 1—83 页。

⑤ 黄希庭：《简明心理学辞典》，安徽人民出版社 2004 年版，518 页。

因在于自我与他人在比较中，意识到了自身存在的缺陷，产生了心理失衡。这种心理失衡促使追求心理上的优越感或社会兴趣的补偿行为的产生，并在补偿过程中逐步恢复心理平衡。可见补偿最终作用于心理补偿，补偿的最终结果应是恢复心理平衡。正是因为补偿是一种针对心理的补偿，所以他人作为补偿行为的实施者，其补偿行为影响个体的心理，缓解个体自卑感的可能性是存在的。

补偿主要是指为克服自卑，努力获取优越感的过程，它表现为一定的行为方式，即通过一定的外部行为活动而表现出来。[①] 作为一种行为过程，补偿行为发生的过程中包含着许多变量，即其方法选择、行为实施者等具有可变性、能动性、多样性。因此，补偿行为的实施者也具备可变性，并不只是自卑者本身。又由于补偿是最终针对心理的补偿，于是自卑补偿的全过程就如同完成一项任务，需要达成的目标只有一个，但采取何种方式，具体由何人实施却可以有多种选择，即只要能使自卑者摆脱心理紧张状态，达到心理平衡，那么补偿行为就可以由自卑者个体之外的他人来实施完成。这为验证他人补偿的存在提供了基本理论依据。

（二）他人补偿：由他人实施补偿行为的补偿

社会比较是人类社会生活的重要特征之一，它广泛地存在于人类日常生活的方方面面，被认为是人类“社会交往中几乎不可避免的元素”[②]。社会比较理论关注个体的能力和观点，认为个体具有清楚地评价自己的能力和观点的动机；而当个体不能获得比较“客观”的手段来评价自己的能力和提出观点时，个体倾向于通过与他人进行比较来判明自己的观点和能力[③]。

阿德勒很早便认为社会比较在个体自卑形成中发挥着重要的作用，他认为自卑的产生在很大程度上是由于个体在与家庭成员进行比较的结果。后来的学者大都遵循阿德勒的观点，从社会比较的视角来界定自卑，并受

---

① 陶能祥：《自卑感与补偿》，《韶关学院学报》（社会科学版）2001 年第 5 期。

② Buunk，A. P.，Gibbons，F. X.，Social Comparison：“The End of a Theory and the Emergence of a Field”，*Organizational Behavior and Human Decision Processes*，2007，2.

③ 李艺敏、孔克勤：《社会比较视野下的自卑观》，《河南大学学报》（社会科学版）2011 年第 1 期。

社会比较理论启发，强调自卑的“比较”本质。例如，Strano & Dixon 认为，自卑感是个体进行社会比较的结果，自卑在个体最初能和周围的人产生交互作用的那一刻就产生了①。

从社会比较的角度把握自卑能够抓住自卑产生的本质，有助于实施有效的补偿。真正引起自卑的并不是社会比较本身，而是通过比较反映出的差距，个体又特别关注这个差距，于是就产生了自卑。如果没有差距，或是个体不关注这个差距，单纯的比较是无法引发自卑感的。这里差距是广义上的，不仅指现实中真实存在的现有条件、能力上的差别程度，还包括比较前后或与正常状态相比的心理落差，理想与现实的差距，精神与肉体的矛盾，完美与缺陷的反差等。差距会使个体在心理上产生一种不完美感、不得志感、技不如人、能力有限或能力差等，进而引起自卑。相应的补偿也是针对于这些比较中发现的真实存在的差距和个体心理产生的落差进行的。

1. 基于东西方社会文化自我观的他人补偿

不同文化拥有不同的文化价值观、社会信念、交流方式，甚至时间观念，反映到心理过程的层面就体现为心理表征的差异。这其中很重要的一点就是对自我的表征②。东、西方分属于不同意义的文化系统，生长在其中的个体对自我的认识也是不同的。

西方人的自我是真正意义上的个体自我，他们从自身独特性定义自我，其自我评价只是针对个体自身的评价；而东方人的“我”里不但包含个体我，还包含形形色色的社会我，东方人依据自己所属的社会群体或群体种类来定义自我，其自我知觉、自我评价、自尊等都受到所属群体的影响③。Markus 由此区分了两种不同的自我类型：在西方个人主义文化中具有典型性的独立型自我建构（independent self-construal）和在东方集体主义文化中具有典型性的依存型自我建构（inter dependent self-constru-

① Strano, D. A., Dixon, P. N., "The Comparative Feeling of Inferiority Index", *Individual Psychology*, 1990, 6.

② 朱滢：《文化与自我》，北京师范大学出版社 2007 年版，第 84 页。

③ 汪凤炎、郑红：《论中西方自我的差异》，《西南大学学报》（人文社会科学版）2007 年第 1 期。

al)[①]。个人主义的独立型自我，努力保持自身独立性，严格区分“自我”与“他们、我们”（如父母等亲人）；集体主义的依存型自我则拥有更多的公共成分，与他人的区分度低，与集体或关系内的重要他人互相有一定的重合。脑成像研究表明，中国被试的自我参照与母亲参照同样激活了其内侧前额叶脑区，而西方被试的自我参照与母亲参照激活的脑区是不一样的[②]。朱滢等人的记忆的自我参照效应实验研究表明，与西方被试不同，中国被试与自我有关的记忆并不优于与母亲有关的记忆，而是处于同一水平[③]。

因此，在受社会中心主义、整体性、非自我中心、关系主义、全体化等近似依存型自我概念影响的东方集体主义文化下，依存型自我在进行核心自我评价时从个体自我与他人的关系出发，认为“我所属的群体是有价值的”而非“我是有价值的”[④]。例如，Neumann 等人近期的一项研究揭示，在面临他人的成功时，相比较德国被试，中国被试体验到更多的自豪感[⑤]。而东方集体主义文化下的个体在进行社会比较时，不仅比较自己本身，还比较我所属的社会群体即比较“我们”。在进行比较的过程中，集体或关系中的“我”可能会因集体中他人的优越或集体的整体优越而优越，如替代性经验的观点也认为，尽管通过比较表明自己很一般，但个体也可以从关系他人（relational others）的成功和荣耀中获得替代性自尊[⑥]；也可能会因集体中他人的不足或集体的整体不足而自卑。为摆脱这种自卑感，“我”可能会通过自己努力取得成功，以使自己以及集体或关系内的他人在比较中获得优越感。由此，“我”不仅补偿了自己的自卑，同时补偿了集体或关系中他人因同样原因产生的自卑。相对于他人来说，就是他们的自卑通过“我”的努力得以补偿。同理，若是他人通过努力

---

① Markus, H R., Kitayama, S., “Culture and the self: implications forcognition, emotion, and motivation”, *Psychological Review*, 1991, 2.

② Zhu, Y. “neuroimaging studies of self - reflection”, *Progress in Natural Science*, 2004, 4.

③ 朱滢、张力：《自我记忆效应的实验研究》，《中国科学》（C 辑）2001 年第 6 期。

④ 甘怡群、王纯、胡潇潇：《中国人的核心自我评价的理论构想》，《心理科学进展》2007 年第 2 期。

⑤ Neumann, R., Steinhäuser, N., Roeder, U. R., “How self - construal shapes emotion: cultural differences in the feeling of pride”, *Social Cognition*, 2009, 27.

⑥ 郑顺艺：《自尊研究综述》，《现代生物医学进展》2011 年第 4 期。

改变状况以使得“我”在比较中获得优越感，就是“我”的自卑通过他人得以补偿。把“我”抽象化为具有普遍意义的“个体”，“我”的自卑通过他人得以补偿就可以视为“个体”的自卑通过他人的作为得以补偿。也可以说是，一个人的成功使集体获得了优越感，从而补偿了集体的自卑。

西方虽个人主义盛行，但在西方，他人补偿仍客观存在。西方公益组织、联合会、社团党派等发展成熟，维护民主、自由、维权等行动通常是有组织有纪律的进行，这些表明西方人承认自己个体的弱小、人微言轻，而集体行动的号召力更大，可以弥补自己一个人的弱小。这就是通过集体他人补偿自己。再如西方的个人英雄主义。一个人的强势可以化解一群人的危机，一个人的能力可以弥补一群人的不足。尽管西方独立型自我追求个人独立，严格区分自我与他人，但在西方社会文化中的这种他人补偿依然客观存在，只是他们自身并未意识到。

2. 基于自我概念的他人补偿

自卑是关于自我的问题。自卑是一个自我认识、自我评价的问题，是人如何看待自己、如何认识社会的问题。如朱智贤认为自卑是指自我评价偏低，阿德勒认为导致自卑的原因之一是自我感到自我价值缺乏重要性等，都明确表明自卑是一个关于自我的问题，研究自卑应先认识“自我”。而自我概念是指自我关于自己及自己与他人、自己与外部世界关系的观念性认识，是一个关于自我信念的组织。自我概念也是对我是什么样的人、我能做什么、我在群体中处于什么位置等问题的回答，包括个人的知觉、意见、态度、价值观等成分①。关系自我、自我扩展等研究为他人补偿提供了直接的理论及实证支持。

关系自我观。在个体自我概念的认同水平里，不仅仅是个体对自己本身，还包括个体对自身之外的他人，特别是亲密关系的他人；个体自我概念的形成也不仅是基于实体自我，还受社会互动、人际交往的影响。而自我与亲密他人的关系使得自我概念中“我”与“我的”界限并不那么明确，都是自我建构的一部分，这时的自我是关系化的自我。这在威廉·詹姆斯1870年首次系统提出自我概念理论中就有所体现。詹姆斯把自我分

---

① 郭金山、车文博：《自我同一性与相关概念的辨析》，《心理科学》2004年第5期。

为经验自我（被感知的自我，宾我，me）和纯粹自我（自知的自我，主我，I）。詹姆斯的社会理论实际是承认社会互动对自我概念的形成产生影响，是注重人际关系的体现。他认为“我”与“我的”很难区分。詹姆斯反对将“从属于我的”东西与“真正的我”区别开，自我与自我周围的世界之间没有明显的界线，我的身体、服饰、妻子儿女及财产都是自我本身具有的各种关系，他们参与了自我的构成[①]。符号互动论者乔治·米德认同客我、主我之分。客我即经验自我，米德认为经验自我是社会的自我，反映社会经验，通过社会互动中概括他人对自我的态度形成。米德和库利对自我来源问题进行了深入探究，认为自我是社会的产物，并据此提出“镜像我”的概念，每种社会关系反映着自我[②]。米德和库利二者的理论进一步强调了社会互动对自我概念的重要影响，更加关注自我概念形成过程中的他人。Brewer 在上述分类的基础上，进一步划分出个体自我、关系自我、集体自我。Brewer 质疑 Markus 的自我建构理论模型，认为独立与依存同为人类的基本需求、同时存在于每一个人身上，个人和人际关系两种不同取向的自我建构共存于每一个个体，并且人际关系取向可细分为亲密关系取向和个体与团体关系取向。据此，Brewer 提出了三重自我建构理论。

该理论认为，每个个体的自我建构都包含三个组成部分：从自身独特性定义自我、从自己与亲密他人的关系中定义自我、从自己和所从属团体的关系中定义自我。Brewer 将这三种建构倾向分别命名为个体自我、关系自我和集体自我[③]。其中，关系自我主要是指个体倾向于在自己与亲密他人的双向关系中认识与理解自我，与个体和亲密他人的关系维持、相互保护相联系，包含着属于自我概念一部分的亲密他人。集体自我主要指个体倾向于以团体成员的身份在团体中理解自我，包含着属于自我概念一部分的团体。中国研究者对大学生的三重自我建构进行了内隐联想测验，研究结果显示关系自我与集体自我之间没有显著差异而可以合并为“他人取向”，与“个我取向”相对应，即内隐层面上个体的认同水平只有两个：

---

① 尚新建：《美国世俗化的宗教与威廉·詹姆斯的彻底经验主义》，上海人民教育出版社 2002 年版，第 161 页。

② 孙丽：《自我概念的研究概述及发展趋势探讨》，《社会心理科学》2005 年第 3 期。

③ 刘艳：《自我建构研究的现状与展望》，《心理科学进展》2011 年第 3 期。

自我与他人[1]。这些表明，在自我概念的结构中包含认同他人特别是亲密他人的自我即关系自我，Aron 的认知研究为此提供了实证支持[2]。

关系自我观的他人补偿。个体将亲密他人的人格特点纳入自我体系之中，把个体自我与他人的差异视为自我的两个部分间的不一致，这表明，在个体的自我认知的过程中，不仅认知自己的特征，还关注他人的特质；不仅区分自己与他人，而且把他人纳入自我。一旦自我概念结构里包含了认同他人的自我，自我就把“他人的”视为“我的”，把他人优秀视为自己的优秀，把他人的“卑”视为自己的“卑”。由此可得，个体在进行其他社会比较时，不仅比较个体自我，而且比较关系自我即比较自我概念中认同他人的自我，因此，个体就可能因自我概念中他人的卑而感到自卑，或因自我概念中他人的优秀而获得优越感。而当他人的“自卑”获得补偿时，个体也会对其自我纳入，那些原本因自我概念中他人而产生的自卑，又因这个他人的改善而得以补偿，即自卑通过他人得以补偿。而对于那些个体自我的自卑，同样可以通过纳入他人的优秀特质获得补偿，这涉及自我扩展。

根据自我扩展（self- expansion）模型，可以做出推论：自我扩展有助于提高自我评价，而当个体产生自卑时，如果个体自发地进行自我扩展，把他人的“自我”纳入自己的“自我”体系，把自己“卑”而此方面他人却“强”的他人特质纳入自己的特质中，那么个体的自卑就可以得到补偿。依存型自我建构者注重人际关系，强调在相互关系中定义自我、认识自我，易把关系中他人的特质纳入自己的自我体系中即进行自我扩展。所以，面对他人的成功时，依存型自我建构者易把他人的成功纳入自我体系，认为是“自我”的成功而产生高自豪感。Stapel 等人（2001）以及 Cheng 等人（2007）的研究探讨了自我建构在社会比较对个体自我评价所产生的不同效应之间的调节作用。依存型自我建构者在社会比较的过程中，在自我体系中纳入了比较目标。当被试把比较目标纳入自我体系后，被试在进行比较时就会认为比较目标就是“自我”，进而造成被试的

① 李昌俊：《中国人的集体自我、关系自我与个体自我——内隐与外显层面的实证研究》，西南大学硕士学位论文，2010 年。

② 刘艳、邹泓：《自我建构理论的发展与评价》，《心理科学》2007 年第 5 期。

自我评价朝向比较目标。这表明，个体自发地进行了自我扩展，把“他人的”视为“自我的”，从而对自我进行积极的自我评价、提高自我价值感。当个体有自卑感时，其进行自我扩展后不把他人的成功视为威胁以及积极地自我评价、自我价值感的提高等都是阿德勒理论中所谓的优越感，而取得优越感则是对自卑的有效补偿。自我扩展后的个体在补偿自卑的整个过程中，个体自我并没有做出真正的补偿行为，只是通过思维的转变，建构出一个包含他人的自我，通过这个“自我”中的他人来完成补偿行为以补偿自卑。因此，自卑者自发进行自我扩展后，通过自我中的他人实施补偿行为可以实现自卑的补偿，而由于补偿行为的真实实施者是自我中的他人，所以把这种补偿视为他人补偿。

综上所述，他人补偿与自我补偿相对应，可以作为分类体系中补偿行为实施者维度的第二个元素。从社会文化角度看，集体主义文化下自卑者个体可通过集体优越感获得补偿，个人主义文化里的自卑者可能获益于英雄主义者的英雄行为而补偿自卑，这两种情况下获得补偿的自卑者本身并无作为，只是“受益者”；从自我概念的角度看，自卑者的自我概念认同“自我”与“他人”的关系并且利用关系自发地进行自我扩展，通过在自我概念里纳入关系中的他人特质来完善自我，补偿自卑，此时得以补偿的自卑者本身也没有真正实施补偿行为。因此，他人补偿的补偿行为的实施者并非自卑者自己，它区别于补偿行为由个体自己实施完成的自我补偿，与自我补偿相对应。

第二节 自卑补偿的自我观

阿德勒的个体心理学试图将个体生活看成整体，并将每一反应、每一活动、每一冲动当成个体对生活态度的一个明显部分，个体心理学考虑的是灵魂本身，是统一的心灵，其研究的是个人赋予世界和他们自身的意义，他们的目标，他们的努力方向，以及他们对生活问题的处理方式[①]。关于阿德勒的自卑与补偿理论体系，国内心理学者主要是从理论探讨和实证探索两个方面对自卑开展研究的，而在理论研究方面，尤其是在

① ［奥地利］阿德勒：《阿德勒人格哲学》，罗玉林译，九州出版社2004年版，第84—88页。

阿德勒的自卑与补偿理论的补偿行为实施者的维度方面很少涉及。有学者基于社会比较视野下的自卑观，从关系自我、自我扩展和不同社会文化下的自我观的角度揭示他人补偿的存在①。针对该观点，有必要对阿德勒的自卑及其补偿观点予以深度梳理与挖掘，回归阿德勒的自卑与补偿理论精神内涵，使得对阿德勒的个体心理学思想解读更趋全面和立体。

一　自卑的他人补偿理论质疑

（一）自卑的他人补偿理论的基本观点

有学者提道，“阿德勒将补偿分为补偿对象、补偿性质和补偿行为的实施者三个维度，补偿对象被分为针对生理障碍的补偿、针对心理障碍的补偿和针对社会障碍的补偿；补偿性质被分为有效（积极）补偿和无效（消极）补偿；补偿行为的实施者只存在个体自我补偿一个元素。这暴露出阿德勒自卑补偿理论在补偿行为实施者角度上研究的缺失”②。并认为，“客观存在的有别于自我补偿的他人补偿，即补偿行为由他人实施完成的补偿方式，与个体自我补偿方式相对应，完全可以作为补偿行为发出者这一维度的另一个元素，进而补充完善阿德勒的自卑补偿理论体系”③。补偿主要是指为克服自卑，努力获取优越感的过程，它表现为一定的行为方式，即通过一定的外部行为活动而表现出来④。有学者认为，“作为一种行为过程，补偿行为发生的过程中包含着许多变量，即其方法选择、行为实施者等，这些因素具有可变性、能动性、多样性。因此，补偿行为的实施者也具备可变性，并不只是自卑者本身。又由于补偿是最终针对心理的补偿，于是自卑补偿的全过程就如同完成一项任务，需要达成的目标只有一个，但采取何种方式，具体由何人实施却可以有多种选择，即只要能使自卑者摆脱心理紧张状态，达到心理平衡，那么补偿行为就可以由自卑者

---

① 翟贤亮、徐莉、孟维杰：《自卑的他人补偿探究——阿德勒自卑补偿理论的补充与完善》，《心理研究》2012 年第 2 期。

② 同上。

③ 同上。

④ 陶能祥：《自卑感与补偿》，《韶关学院学报》（社会科学版）2001 年第 5 期。

个体之外的他人来实施完成"[①]。

（二）基于东、西方社会文化的自我观的他人补偿的质疑

1. 对东、西方社会文化的自我观的质疑

文化是一个团体成员所系的且共享的意义与理解系统，并通过自然语言的方式在成员之间进行交流并代代相传[②]。关于东、西方社会文化的自我观，有学者提到，不同文化拥有不同的文化价值观、社会信念、交流方式，甚至时间观念，反映到心理过程的层面就体现为心理表征的差异，这其中很重要的一点就是对自我的表征[③]。Markus 区分了两种不同的自我类型：在西方个人主义文化中具有典型性的独立型自我建构和在东方集体主义文化中具有典型性的依存型自我建构[④]。个人主义的独立型自我努力保持自身独立性，严格区分"自我"与"他们、我们"（如父母等亲人）；集体主义的依存型自我则拥有更多的公共成分，与他人的区分度低，与集体或关系内的重要他人互相有一定的重合[⑤]。

翟贤亮等人在通过东、西方社会文化阐释他人补偿的过程中一直强调，东方社会文化条件下，中国人的集体主义依存型自我有更多的公共成分，与他人的区分度低。确实，中国传统文化的主流习惯于以"仁"定义"人"，这一过程的实质是将明确的"自我"的疆界铲除掉[⑥]，这样，"自我"里的"自身"的含义就扩大到包括许多与"我"有特别关系的"他人"在内的他人的"身"上[⑦]。但是，即便中国人的集体主义依存型自我，将自我概念扩大到重要他人，也只能说明中国人的自我概念中象征性地包含重要他人的这个概念，把他人当作是"我的"，而并不是"他人

① 翟贤亮、徐莉、孟维杰：《自卑的他人补偿探究——阿德勒自卑补偿理论的补充与完善》，《心理研究》2012 年第 2 期。

② 侯玉波：《社会心理学》，北京大学出版社 2002 年版，第 44 页。

③ 朱滢：《文化与自我》，北京师范大学出版社 2007 年版，第 83—84 页。

④ Kitayama, H. R. S., "Culture and the self: Implications forcognition, emotion, and motivation", *Psychological Review*, 1991, 98 (2).

⑤ 翟贤亮、徐莉、孟维杰：《自卑的他人补偿探究——阿德勒自卑补偿理论的补充与完善》，《心理研究》2012 年第 2 期。

⑥ 孙隆基：《中国文化对"人"的设计》，苏丁编，《中西文化文学比较研究论集》，重庆出版社 1988 年版，第 77—78 页。

⑦ 汪凤炎、郑红：《论中西方自我的差异》，《西南大学学报》（人文社会科学版）2007 年第 1 期。

的”就是“我的”。从词义上看，只需将我的范围稍加扩大，我就可变成代指诸如“我们”或“泛指自己的一方”的代词，即变成大我[①]。但是大我的特性并不能真正代表我的特性，我的特性也并不能真正代表大我的特性。比如，在一个普通班级中若大部分的学生成绩很好，我们可以说这个班级的成绩整体很好，但是这并不能代表某个学生的成绩一定很好，因此，个体自我特性与集体自我的特性之间是没有绝对的关联的。有学者提出了中国人的核心自我评价理论构想，认为集体自尊不代表个体自尊，即“我所属的群体是有价值的”不指代“我是有价值的”，是中国人的核心自我评价内容之一[②]。

2. 对他人补偿的“替代”方式的质疑

关于他人补偿的“替代”方式，翟贤亮认为，东方集体主义文化下的个体在进行社会比较时，在比较自己本身的同时还把我所属的社会群体即“我们”进行比较。在这个过程中，集体或关系中的“我”可能会因集体中他人的优越或集体的整体优越而优越，如替代性经验的观点也认为，尽管通过比较表明自己很一般，但个体也可以从关系他人的成功和荣耀中获得替代性自尊。

翟贤亮对他人补偿方式的描述强调“替代”的方式，但是这种他人“替代”补偿的方式仅仅是空中楼阁而已，他人永远没有办法真正“替代”个体完成自卑的补偿。自卑心理是个体独有的，感到自我价值缺乏重要性的一种心理过程，与他人无关，他人更没有办法代替。如果自卑的个体不再认为脚踏实地的努力能够改进他的情境，那他所采用的方法就不能使他有所收益，他的目标仍然是“凌驾于困难之上”，可是他却不再设法克服障碍，反倒用一种优越感来自我麻醉，或麻木自己了[③]。这种虚假的优越感只会让他陷入自欺欺人之中。由于自卑总是会造成紧张，所以争取优越感的补偿动作必然会同时出现，但是其目的却不在于解决问题，争取优越感的动作总是朝向生活中无用的一面，真正的问题，却被遮掩起来

---

① 汪凤炎、郑红：《论中西方自我的差异》，《西南大学学报》（人文社会科学版）2007 年第 1 期。

② 甘怡群、王纯、胡潇潇：《中国人的核心自我评价的理论构想》，《心理科学进展》2007 年第 2 期。

③ ［奥地利］阿德勒：《阿德勒人格哲学》，罗玉林译，九州出版社 2004 年版，第 84—88 页。

避而不谈①。

3. 基于自我概念的他人补偿质疑

自我概念是人对自己的特长、能力、外表和社会接受性方面的态度，情感和知识的自我知觉，是个体把自己当成客体所做出的感觉，是人在内心深处对自己形象的看法和评价②。翟文中提到，Brewer 提出的三重自我建构理论认为，每个个体的自我建构都包含三个组成部分：从自身独特性定义自我、从自己与亲密他人的关系中定义自我、从自己和所从属团体的关系中定义自我，Brewer 将这三种建构倾向分别命名为个体自我、关系自我和集体自我。其中，关系自我主要是指个体倾向于在自己与亲密他人的双向关系中认识与理解自我，与个体和亲密他人的关系维持、相互保护相联系，它包含着属于自我概念一部分的亲密他人；集体自我主要指个体倾向于以团体成员的身份在团体中理解自我，包含着属于自我概念一部分的团体③。翟贤亮认为，一旦自我概念结构里包含了认同他人的自我，自我就把“他人的”视为“我的”，把他人的优秀视为自己的优秀，把他人的“卑”视为自己的“卑”④。

翟贤亮对 Brewer 提出的三重自我建构理论的论述本身没有问题，但是在关系自我、集体自我概念的理解上存在问题。Brewer 在关系自我、集体自我定义中都强调包含了属于自我概念一部分的亲密他人或团体，但是其实际意义是，个体是通过与亲密他人或者团体他人的关系，获得人际反馈评价来定义自己，形成自我概念。而翟文中提到的“认同他人的自我”实际上是个体认同他人对自己的评价。“认同他人的自我”并不代表“他人的”可以视为“我的”，他人的优秀可以视为我的优秀。而中国人是部分地依据自己所属的社会群体或群体种类来定义自我的，因此，人的自我知觉、自我评价、自尊等都受到所属群体的影响⑤。中国人心灵深处一般

---

① ［奥地利］阿德勒：《阿德勒人格哲学》，罗玉林译，九州出版社 2004 年版，第 84—88 页。

② Byrne, B., “Self - concept/Academic Achievement Relations: An Investigation of Dimensionality, Stability and Causality”, *Canadian Journal of Behacioral Science*, 1986 (18).

③ 翟贤亮、徐莉、孟维杰：《自卑的他人补偿探究——阿德勒自卑补偿理论的补充与完善》，《心理研究》2012 年第 2 期。

④ 同上。

⑤ 李艺敏、孔克勤：《西方自卑研究述评》，《心理研究》2009 年第 4 期。

是将“他人”而不是“自己本身”看作自己的“上帝”，于是，中国人一般不是自己给自己定义，而是由他人给自己定义，表现出“无他即无我，有他才有我”的依附型自我的特点。

二 自卑补偿的自我观

（一）自卑补偿的自我观：由自己而非他人来实施补偿行为的补偿

自我补偿说认为，个体的自卑的补偿在补偿行为的实施者维度上只有自我维度而没有他人维度。一方面，自卑的补偿在其自卑的来源，自卑感的形成，自卑所导致的心理紧张方面具有他人非替代性。另一方面，基于反射性评价形成的自我概念表明，自我概念与他人无关，而只是与个体对他人对自己的评价的知觉有关。由于个体的自卑是与自我概念紧密联系的，因此自我概念与他人无关也就代表着自卑的补偿仅与自我有关，与他人无关。

（二）自卑补偿的自我观的理论依据

自卑的补偿是与自卑紧密联系的，如果没有自卑，也就没有自卑的补偿，因此要探讨自卑的补偿，必然要从分析自卑的心理过程入手，以自卑的心理过程为线索。自卑感正是推动每个人去获取成就，追求超越的主要推动力，一个人正是由于感到自卑，才会千方百计地去寻求补偿，否则他就会得心理疾病，甚至失去生活的勇气①。自卑的心理过程是自卑补偿的动力，没有自卑的心理过程，自卑的补偿也无从谈起。自卑的心理过程包含个体的自卑的来源、自卑感的形成及心理紧张三个部分。

1. 基于自卑补偿非替代性的自卑补偿的自我观

个体的自卑来源指的是导致个体自卑的缺陷。翟文中提到，阿德勒认为，自卑的范畴不局限于生理方面，还同时存在对于自身心理障碍、社会障碍方面的自卑感②。事实上，真正引起自卑感的不是个体缺陷本身，而是由个体缺陷所引起的各种后续影响。

自卑感的形成与因果归因有关。在因果归因方面，个体对自身缺陷的

---

① 叶浩生：《西方心理学的历史与体系》，人民教育出版社 2009 年版，第 336—337 页。

② 翟贤亮、徐莉、孟维杰：《自卑的他人补偿探究——阿德勒自卑补偿理论的补充与完善》，《心理研究》2012 年第 2 期。

自我归因和他人归因都会导致个体的自卑。Brown 和 Dutton 在 1995 年对不同自尊水平的大学生失败的情绪反应研究中发现，低自尊者在成功的时候对自己感觉很好，失败的时候对自己感觉很差，他们把失败当成个人原因，这会羞辱他们并让他们以自己为耻[①]。而 Dutton 的自尊水平、成功或失败对评价的影响研究表明，低自尊的人在失败后会过分泛化他们的失败，失败让他们不仅觉得自己缺乏特定的能力，同时一般智力也差，社交能力也不足，不是一个优秀的人。同样，群体中他人对个体缺陷的消极归因也会影响到自卑的形成，试想，如果群体将个体少言寡语、反应迟缓、不爱说话、喜欢独处等特点归因为他是个傻子，并因此经常在公共场合嘲笑，侮辱他，那对于他来说这会是多么大的伤害，自卑感也必然会产生。而自卑所导致的心理紧张则表现在自卑的个体在面临失败，自我缺陷暴露，他人嘲笑时对自己的羞耻感，对自己的全盘否定，感到自己不如别人的一种对自己的失望感。

由上文对自卑的个体的自卑的来源、自卑感的形成及心理紧张的论述可知，个体自卑的来源、自卑感的形成、自卑所导致的心理紧张是他人无法替代性的感受。个体的自我缺陷，以及由缺陷所导致的一系列心理经历、羞耻感、失望感等心理感受也是他人无法替代性的感受。而自卑的心理过程正是自卑补偿的动力，没有自卑的心理过程，自卑的补偿也无从谈起。翟贤亮认为，只要能使自卑者摆脱心理紧张状态，达到心理平衡，那么补偿行为就可以由自卑者个体之外的他人来实施完成[②]。但实际上，自卑的他人补偿根本无法使自卑者摆脱心理紧张状态，达到心理平衡，自卑的他人补偿根本无法实现。自卑的补偿只能由经历自卑的完整心路历程的自我来实现。

2. 基于反射性评价形成的自我概念的自卑补偿的自我观

自我概念的形成是通过个体对自我认识过程实现的，因此探究自我认识的来源，对理解影响个体自我概念的因素会有很大帮助。自我认识有三种信息来源：物理世界、社会世界和个体思维与情感的内部心理世界。其

---

① ［美］乔纳森·布朗：《自我》，陈浩莺译，人民邮电出版社 2004 年版，第 47—49 页。

② 翟贤亮、徐莉、孟维杰：《自卑的他人补偿探究——阿德勒自卑补偿理论的补充与完善》，《心理研究》2012 年第 2 期。

中，社会世界的自我认识信息来源包括社会比较和反射性评价。反射性评价是通过观察其他人对他们的反应而获得自我认识的一种方式。金奇从个体关于自身的想法是如何发展的角度提出了反射性评价模型，包含三个成分：(1) 他人的真实评价；(2) 我们知觉到的评价；(3) 我们的自我评价[①]。模型假设真实评价决定了知觉到的评价，知觉到的评价又决定了自我评价，因此，我们对于他人对我们看法的知觉决定了我们的自我评价。[②]

由上文中对反射性评价的论述可知，自我概念的形成并不是将自我概念中的重要他人的特征看作是自己的特征，而是个体对他人对自己看法的知觉决定了自我评价，进而形成了自我概念。自我概念与他人无关，而只是与个体对他人对自己的评价的知觉有关。由于个体的自卑是与自我概念紧密联系的，因此自我概念与他人无关也就代表着自卑的补偿仅与自我有关，与他人无关。而自卑他人补偿实际上只是个体在与他人社会互动过程中知觉到他人对我们的评价而决定了自我评价，进而影响到了个体的自我概念。他人可以通过改变对个体的消极评价进而改变个体的自我评价，使个体的自我评价变得积极，自我概念变得积极，使其自卑的补偿朝向积极的方向，进而实现自卑的补偿。实际上这种补偿方式还是自我补偿的一种，本质上还是自我补偿。

(三) 自卑补偿的自我观的补偿方式

阿德勒认为，当个体面对困难情境时会产生一种无法达成目标的无力感和无助感，对自己所具备的条件、作为和表现感到失望和不满，对自我存在价值感到缺乏重要性，对适应环境生活缺乏安全感，对自己想做的事不敢肯定，这就是自卑感[③]。

没人能长期地忍受自卑感，它一定会使他采取某种行动，来解除自己的紧张状态，由于自卑总是造成紧张，所以争取优越感的补偿动作会同时出现[④]。自卑的个体通常有严重的社会兴趣缺失，这表现在两个方面：首先，自卑的个体在其生命的早期就显示出扩张的自卑感，他们会更关注自

---

① 金奇：《自我》，陈浩莺译，人民邮电出版社2004年版，第47—49页。

② 同上。

③ 郭本禹：《潜意识的意义》，济南：山东教育出版社2009年版，第110页。

④ [奥地利] 阿德勒：《阿德勒人格哲学》，罗玉林译，九州出版社2004年版，第84—88页。

己的内心，对自己的兴趣会比对别人的兴趣更大，并且他们有意在生命的后期也继续如此[①]；最后，自卑的个体会限制他的活动范围，苦心孤诣地避免失败，而不是追求成功。他在困难面前会表现出犹疑、彷徨，甚至是退却的举动。

因此，从他人辅助自我补偿的关键在于使其改变优越感目标，拥有社会兴趣。结合阿德勒的自卑补偿观点，要帮助个体进行自卑补偿，首先，他人要通过改变对个体的消极评价，进而改变个体的自我评价，使个体的自我评价变得积极，以此来减少个体的自卑感，向他证明他是如何过度的低估了自己；最后，他人要帮助其建立积极的，指向生活有用一面的用于补偿自卑的优越感目标，并借此扩大其社会兴趣，进而实现自卑的补偿。个体需要改进的，是他们的具体目标，目标一改变，心灵的习惯和态度也会随之改变。个体不必再用他旧有的习惯和态度，一种适合于他的新目标的态度，将取代它们的地位[②]。

综上，自卑的他人补偿作为自卑与补偿理论补偿行为实施者维度的第二个元素的提出，本身可能会缺乏现实性，盲目地认为集体或关系中的“我”可能会因集体中他人的优越或集体的整体优越而优越，但事实上集体自尊不代表个体自尊，个体自我特性与集体自我的特性之间是没有绝对关联的，而且他人永远没有办法真正“替代”个体完成自卑的补偿。如果自卑的个体坚持认为他人的优越可以代表自己的优越，用一种优越感来自我麻醉，或麻木自己，那虚假的优越感只会让他陷入自欺欺人之中，而自卑的问题永远得不到解决。自卑的补偿在其自卑的来源、自卑的经历、自卑所导致的心理紧张方面具有他人非替代性。基于反射性评价形成的自我概念表明，自我概念与他人无关，而只是与个体对他人对自己的评价知觉有关。由于个体的自卑是与自我概念紧密联系的，因此自我概念与他人无关也就代表着自卑的补偿仅与自我有关，与他人无关。所谓的基于自我概念的自卑他人补偿实际上只是个体在与他人社会互动过程中知觉到了他人对我们的评价而决定了自我评价，进而影响到了个体的自我概念。他人可以通过改变对个体的消极评价进而改变个体的自我评价，使个体的自我评价

---

① ［奥地利］阿德勒：《阿德勒人格哲学》，罗玉林译，九州出版社2004年版，第84—88页。

② 同上。

变得积极，使其自卑的补偿朝向积极的方向，进而实现自卑的补偿，实际上这种补偿方式还是自我补偿的一种，本质上还是自我补偿。

第三节　对自卑的他人补偿的再反思

阿德勒的个体心理学饱含着强烈的个人印迹色彩，他所谓的个体是一个人与社会、与他人不可分割的有机整体，一个有自己独特的目的、寻求人生意义、追求未来理想的和谐整体[①]。尽管西方学者对自卑的研究热情很有限[②]。不过，国内关于该命题的研究方兴未艾。翟贤亮等学者曾经提出过阿德勒的自卑的他人补偿的观点，引起了学界的关注。该书主要是基于社会比较视野下的自卑观，从关系自我、自我扩展和不同社会文化下的自我观的角度揭示他人补偿的存在，主张只要能使自卑者摆脱心理紧张程度，达到心理平衡，那么补偿行为就可以由自卑者个体之外的他人来实施完成。这虽然在克服内部障碍方面有一定的作用，内心紧张得到暂时性的缓解，但是在自卑补偿——追求优越的过程中更多地是指向外部的障碍[③]。上一节对该观点给予了一定的反思，本节将继续反思该观点合理性与局限性，旨在还原阿德勒自卑补偿的本质，厘清阿德勒思想渊源，进一步诠释个体心理学的精神内涵。

一　自卑的他人补偿理论质疑

（一）自卑的他人补偿理论的基本观点及机制分析

翟贤亮认为阿德勒所提出的补偿都是个体自我补偿，自卑产生的原因是多样的，自卑的表现方式有千万种，自卑的补偿也千差万别，补偿行为的实施者是一个不可以被忽视于其他补偿分类中的重要维度[④]。客观存在与个体自我补偿相对立的他人补偿。

自卑的内在原因在于自我与他人在比较中，意识到了自身存在着缺陷，

---

① 叶浩生：《西方心理学的历史与体系》，人民教育出版社 1998 年版，第 336 页。

② 李艺敏、孔克勤：《西方自卑研究述评》，《心理研究》2009 年第 4 期。

③ 车文博：《弗洛伊德主义论评》，吉林教育出版社 1992 年版，第 737 页。

④ 翟贤亮、徐莉、孟维杰：《自卑的他人补偿探究——阿德勒自卑补偿理论的补充与完善》，《心理研究》2012 年第 2 期。

产生了心里不平衡。这种心理不平衡促使追求心理上的优越感或社会兴趣的补偿行为的产生，并在补偿过程中逐渐恢复心理平衡。补偿主要是指克服自卑，努力获取优越感的过程，它表现为一定的行为方式，即通过一定的外部行为活动而表现出来[①]。作为一种行为过程，补偿行为发生的过程中包含着许多变量，即其方法选择、行为实施者等具有可变性、能动性、多样性。因此，补偿行为的实施者也具备可变性，并不只是自卑者本身。又由于补偿是最终针对心理的补偿，于是自卑补偿的全过程就如同完成一项任务，需要达成的目标只有一个，但采取何种方式，具体由何人实施却可以有多种选择，即只要能使自卑者摆脱心理紧张状态，达到心理平衡，那么补偿行为就可以由自卑者个体之外的他人来实施完成，即他人补偿。

（二）基于东、西方社会文化的自我观的他人补偿的质疑

翟贤亮认为，“不同文化拥有不同的文化价值观、社会信念、交流方式，甚至时间观念，反映到心理过程的层面就体现为心理表征的差异，这其中很重要的一点就是对自我的表征”[②]。其实，东方集体主义文化下的个体在进行社会比较时，在比较自己本身的同时还把我所属的社会群体即“我们”进行比较。在这个过程中，集体或关系中的“我”可能会因集体中他人的优越或集体的整体优越而优越，如替代性经验的观点也认为，尽管通过比较表明自己很一般，但个体也可以从关系他人（relational others）的成功和荣耀中获得替代性自尊[③]。有学者则从社会比较视角探讨了自卑与自尊之间的关系，二者其实有着本质上的区别[④]。“我”的自卑通过他人得以补偿就可以视为“个体”的自卑通过他人的作为得以补偿。西方的个人英雄主义，一个人的强势可以化解一群人的危机，一个人的能力可以弥补一群人的不足[⑤]。与其相反的是，国内有学者则通过实证研究

---

① 陶能祥：《自卑感与补偿》，《韶关学院学报》（社会科学版）2001年第5期。

② 翟贤亮、徐莉、孟维杰：《自卑的他人补偿探究——阿德勒自卑补偿理论的补充与完善》，《心理研究》2012年第2期。

③ 郑顺艺：《自尊研究综述》，《现代生物医学进展》2011年第4期。

④ 李艺敏、孔克勤：《社会比较视野下的自卑观》，《河南大学学报》（社会科学版）2011年第1期。

⑤ 翟贤亮、徐莉、孟维杰：《自卑的他人补偿探究——阿德勒自卑补偿理论的补充与完善》，《心理研究》2012年第2期。

表明，不同群体诸如大、中、小学生确实存在内隐自卑①。

翟贤亮通过东、西方社会文化阐释他人补偿的过程一直强调，东方社会文化条件下，中国人的集体主义依存型自我有更多的公共成分，与他人的区分度较低。通过东、西方社会文化阐释的他人补偿的共性是借助他人的优越进而实现自我的超越，这个过程不可避免地存在一定的虚构性，脱离现实生活。可以看出“他人补偿”是在一个集体中替代性的获得补偿，这又让我们不得不想到在一个集体中是否还存在一个内部自卑，即虽然在集体中有他人取得了成功，而这并不代表个体同样取得了成功，个体在与他人比较的过程中可以看出个体本身并没有得到成长与发展，在集体中相当于弱势一方甚至是给集体的进一步发展带来羁绊。一个人由于感到自卑而推动他去完成某些事业，在他取得了一项成就时会体验到一种短时的成就感，但在与别人取得的成就相比较时，又会使他产生自卑感，这样又激起他产生去争取更大的成就的愿望，如此反复，永无止境②。所以说个体是通过自身的努力去完成超越而不是虚构性的目标，虽然阿德勒承认人心理的虚构活动有积极的意义，但是其虚构目标包含着主观性、创新性、无意识性三方面的含义③。

自我问题与特定的文化背景有着密不可分的联系，自我的研究必须考虑文化因素，有学者对中西方自我的差异指出，西方人讲的自我是真正意义上的自我，即个体对自我的知觉与反省，西方文化一向注重肯定与保护个体的独立性；中国文化强调社会关系或人与人之间的关系，以关系自我为核心来指称自己，中国人的“我”里不但包含个体我，还包含形形色色的社会我④。还有学者提出了不同于西方经典核心自我评价内容的中国人的核心自我评价的理论构想，认为集体自尊不代表个体自尊，即“我所属的群体是有价值的”不指代“我是有价值的”，是中国人的核心自我评价内容之一⑤。

---

① 李艺敏、孔克勤：《内隐自卑的实证初探》，《心理科学》2008 年第 5 期。

② 李艺敏：《国内自卑研究综述》，《心理研究》2010 年第 6 期。

③ 车文博：《弗洛伊德主义论评》，吉林教育出版社 1992 年版，第 723 页。

④ 汪凤炎、郑红：《论中西方自我的差异》，《西南大学学报》（人文社会科学版）2007 年第 1 期。

⑤ 甘怡群、王纯、胡潇潇：《中国人的核心自我评价的理论构想》，《心理科学进展》2007 年第 2 期。

（三）基于自我概念的他人补偿质疑

自我概念是指自我关于自己及自己与他人、自己与外部世界关系的观念性认识，是一个关于自我信念的组织。自我概念也是对我是什么样的人、我能做什么、我在群体中处于什么位置等问题的回答，包括个人的知觉、意见、态度、价值观等成分[①]。翟贤亮通过对自我概念里的关系自我观与自我扩展模型进行解释“他人补偿”，认为个体在进行社会比较时，不仅比较个体自我，而且比较关系自我即比较自我概念中认同他人的自我[②]。自我结构里包含认同他人的自我，把“他人的”视为“我的”，把他人的优秀视为自己的优秀。继而将个体进行自我扩展，把他人的“自我”吸纳进个体的“自我”体系中，从而使自己的“卑”变成自己的强势。

在以上的认识中自我在心理层面上或许可以得到认同，然而在现实生活中，自己的“卑”并没有发生实质性的变化，1907 年阿德勒发表《器官的自卑感及其生理补偿》一文，指出有生理缺陷的人往往有一种生理上的自卑感，他必须通过发展有缺陷的器官或全力发展其他功能而使这种缺陷得到补偿。关系自我理论作为依恋理论的出发点[③]，是基于孩童时期对父母的依恋，关系自我并非是将别人的优秀看作自己的优秀的完全照搬的拿来主义，而是他人会对个体的关系建立有着潜在的影响。关系理论的假定是指个体对自身的环境中重要的对象产生无意识的表象。

所以，当自身处于劣势时，一味地来用他人补偿的方式来使自己的紧张心理暂时得到缓解，长此下去会使个体变得不思进取，喜好夸大其词造成优越情结。用优越来自我陶醉或麻痹自己[④]，而不是自身设法去改进情境，继而导致自卑感会愈积愈多，盲目追求优越最终陷进了自欺的状态中，周而复始只会运用“精神胜利”法来安慰自己，所谓精神胜利法是指当人们遇到挫折和失败时，不会战胜挫折、改变现状，而是退回内心，以虚幻的精神胜利来自我安慰、自我麻痹。

---

① 郭金山、车文博：《自我同一性与相关概念的辨析》，《心理科学》2004 年第 5 期。

② 翟贤亮、徐莉、孟维杰：《自卑的他人补偿探究——阿德勒自卑补偿理论的补充与完善》，《心理研究》2012 年第 2 期。

③ ［美］Jerry M. Burger：《人格心理学（第七版）》，陈会昌等译，中国轻工业出版社 2011 年版，第 88 页。

④ ［奥］阿德勒：《超越自卑》，黄光国译，国际文化出版社 2005 年版，第 51 页。

二 补偿自卑——自我补偿

阿德勒认为人类的全部文化都是以自卑感为基础的[①]。张春兴认为，自卑感是指个人对自己的消极态度，对自己所具备的条件及所作所为感到不满，对自我的存在价值感到缺乏重要性，对生活环境的应付缺乏安全感，对自己想做的事不肯定[②]。笔者认为在阿德勒的自卑补偿中最终是要通过自我补偿，个体发挥主观能动性，改造利用客观环境，以适应社会中面临的问题困扰。

（一）自我补偿发挥个体主观能动性

人作为人有一种形而上的追求，也要追求生命本性的超越与永恒[③]，自卑感正是推动每个人去获取成就，追求超越的主要推动力。一个人正是感到自卑，才会千方百计地去寻求补偿，否则他就会得心理疾病，甚至失去生活的勇气[④]。阿德勒思想与弗洛伊德精神分析理论的本质区别在于阿德勒更注重理性主义，注重个体的主观选择性和创造性，从理性的角度去思考问题。阿德勒从意识的层面来解释对自主性的认识，还原人的理性，理性主义的主要代表人物之一提顿斯（Tetens）非常重视心理的能动性。认为联想并不是机械的、被动的，而是有心理的主动作用。在他看来，认为人在接受外界信息之前就有一个心理准备状态，这种状态可以使人主动对外界信息进行选择[⑤]。

正是基于这种有意识的自主性，阿德勒提出了创造性自我的概念，阿德勒强调人的自主性、选择性、创造性，认为人有选择的自由和创造的力量。创造性自我，主张人塑造自己的人格和命运的过程是一种有意识的主动力量[⑥]，使人格有一贯性、稳定性和个性。人不是被动地、机械地顺应机体和环境，人之所以会以不同的方式来反应，正是人有着一种“创造性力量”的存

---

① ［奥］阿德勒：《让生命超越平凡》，李心明译，西苑出版社 2003 年版，第 40 页。

② 张春兴：《张氏心理学辞典》，台湾东华书局股份有限公司 1989 年版，第 330—331 页。

③ 孟维杰：《心理学与文化精神论纲》，中国社会科学出版社 2011 年版，第 181 页。

④ 李艺敏、孔克勤：《西方自卑研究述评》，《心理研究》2009 年第 4 期。

⑤ 姜英杰、李广、张丹华：《从自卑到自省——西方心理学发展轨迹新解》，《东北师大学报》（哲学社会科学版）2003 年版，第 6 页。

⑥ 周东滨：《阿尔弗雷德·阿德勒：促进人类精神发展的里程碑式的心理学家》，《内蒙古民族大学学报》（社会科学版）2005 年第 6 期。

在，使我们成为自己生活的主人，决定了人健康的心理状态、正确的社会兴趣。个体凭借这种自发的创造性力量形成自身的“运动规律”。依据这些独特的方式追求目标形成自身的“生活风格”。个体正是如此发挥了主观能动性，创造自身特有的“生活风格”来适应周边环境，体现了自身的卓越性。

（二）改造、适应客观环境

阿德勒认为“人生问题总归是社会问题”，“个体心理学的目标是社会适应”①。对于任何个体而言，外界环境中隐藏着大量对其生存或发展有利和不利的因素，如何利用有利的因素、规避不利的因素，达到与环境的和谐共存并实现个人良好的发展，是个体需要运用自己的知觉以及理性思维加以判断、权衡，并要采取行动的。这就需要个体对环境的变化有着高度的敏感性，机体伴随着环境的变化而随时对自身做出适度的调整，以便于更好地使个体与环境之间达到适应。在适应环境中阿德勒提出了社会兴趣，认为社会兴趣是人类在顺应环境的进化过程的必然产物。人天生是社会性的存在，只有在社会中发展相应的社会兴趣才能有健全的人格发展②。

个体处在环境之中时刻受着环境的影响，离开了影响个体的环境就做不到全面地去了解个体的实质，在环境的影响下，个体也以自己的独特方式理解环境，个体以其特有的“生活风格”方式存在着，阿德勒认为生活的意义“应该是奉献、对别人发生兴趣和相互作用”③。个体在受环境影响的同时将反作用于环境，与环境之间进行互动，针对环境的不同和变化个体必须适应并不断调整，同时人类也会努力去改变改造环境。这一原则也体现了人之为人的基本特征④。

（三）社会遗传得到补偿

自然演化是人作为一个独立个体的直接前史，阿德勒在注重整体研究和特殊规律研究的过程中对遗传作用的影响有所忽视。自然的发展和社会的发展，决定了主体能力的产生和提高，主体能力是人所具有的实现和确

---

① ［奥地利］阿德勒：《生活的科学》，屠晓燕译，商务印书馆 2013 年版，第 137 页。

② 车文博：《弗洛伊德主义论评》，吉林教育出版社 1992 年版，第 751 页。

③ 同上书，第 723 页。

④ 刘将：《个体心理学的思想谱系和理论建构》，吉林大学博士学位论文 2012 年，第 37 页。

证自身主体性的本质力量，从事具有创造性的对象性活动的潜在能力[①]。人类个体凭有别于其他生物的特有的社会遗传机制传递人类社会历史形成的经验，这就成为人类在改造和认识世界过程中形成、积累和发展起来的实践和认识活动的方式和能力。人类运用社会遗传通过实际活动去掌握人类的物质以及通过与他人的交往接受社会的控制。正是在这种社会遗传中，依据个体所处的具体社会条件，与自然环境相互作用，促进个体随着环境的变化而不断成长，继而达到自身理想中的状态。阿德勒还举了这样的例子来例证这一观点：身为音乐家，其亲属或本人可能会存在听觉器官的毛病；而对于画家来说，其家人或自身可能存在着视觉器官的劣势。这些正是在社会交往的过程中个体对自身或周边亲人缺陷的一种认识，通过社会间的交互作用来促进自身主动发展优越的追求。

三　余论

很显然，翟贤亮提出的自卑他人补偿在阿德勒的个体心理学理论中作为补偿行为实施者维度的第二个元素明显存在着消极心态，过度地看重自我以外的他人的优越成就，而没有真正地体悟到其自身的“卑”尚未得到完全的满足，在社会比较中个体仍然处于劣势。但是不否认“他人补偿”的现实存在性，可以将其视为自我在追求优越的过程中的替代性补偿。所以，阿德勒认为个体在追求优越的过程中是以社会人的形式存在的，强调社会兴趣的培养以及生活风格的塑造。个体在追求优越的过程中主要是通过个体与环境的相互作用，不断调整自我最终适应环境。同时要发挥个体的主观能动性，理性认识个体本身与环境间的相互作用，充分利用个体的心理能动性，发展创造性自我继而达到优越。在自卑的补偿过程中更强调个体的参与性，个体对自身的认识和解放是离不开现实的实践活动的。

第四节　自卑补偿的跨文化观

阿德勒试图把心理学看作一个整体，并且把个体的每个反应、活动和

---

① 车文博：《车文博文集》（第一卷）《中国理论心理学》，首都师范大学出版社 2010 年版，第 202 页。

冲动都看作是个体生活态度的一种体现[①]。在阿德勒的心理学体系中，自卑感以及自卑的补偿是最为重要的部分，也是阿德勒心理学体系的核心部分。关于自卑感和自卑感的补偿，阿德勒认为全部人类文化的动力都建立在自卑感之上，人类正是在不断地超越自卑和追求卓越的过程中取得进步和成就[②]。每个人都会多多少少地存在自卑，或是关于相貌，或是关于学识，或是关于家庭等，这种自卑如果得到很好的补偿，就会变为我们生活的一种正性动力，但是若是没有得到适当的补偿，由于自卑而影响到一个人的发展甚至是毁掉一个人都是有可能的。所以，研究自卑以及补偿，对于人类更好地了解自己和促进自身的正常发展，都是有很重要的实践意义和指导意义的。但是目前东西方学者对于自卑的本身的研究并不多，一般都是将自卑作为其他的心理研究变量的相关因素或者调节变量来进行研究[③]。本部分依旧针对翟贤亮等人从社会比较的维度提出的自卑补偿、他人补偿观点予以进一步的辨析，从跨文化视野，提出自卑的补偿的跨文化观，以拓展阿德勒的自卑和补偿理论。

一　自卑感的他人补偿理论

自卑感可以摧毁人，也可以塑造人，在追求自我价值和完善的过程中，每一个人都会存在或多或少的自卑感。阿德勒认为自卑感本身并不是变态的，认为其是人类地位之所以会达到增进的原因[④]。恰到好处的自卑补偿是很多人在自卑的补偿过程中不断地追求的一个目标。阿德勒的自卑补偿理论从补偿对象、补偿性质、补偿行为的实施者三个维度来谈人类对于自卑的补偿，在补偿实施者维度，阿德勒只提出了个体自我补偿。他人补偿理论在阿德勒自卑补偿理论的基础之上，补充完善了阿德勒的理论，在补偿的实施者上提出了自卑补偿的他人补偿[⑤]。

---

① ［奥地利］阿德勒：《阿德勒人格哲学》，罗玉林译，九州出版社2004年版，第85—88页。

② ［奥地利］阿德勒：《超越自卑》，国际文化出版社2005年版，第49—62页。

③ 李艺敏、孔克勤：《西方自卑研究述评》，《心理研究》2009年第4期。

④ 翟贤亮、徐莉、孟维杰：《自卑的他人补偿探究——阿德勒自卑补偿理论的补充与完善》，《心理研究》2012年第2期。

⑤ 同上。

（一）他人补偿的基本观点

他人补偿的观点认为，自卑补偿是在心理上的补偿，在补偿方式上存在客观的不同于自我补偿的他人补偿，换言之，补偿行为是由自卑主体之外的他人来实施，是一种与个体自我补偿方式相对应的补偿方式[①]。自卑补偿从社会比较的角度来进行，认为补偿是针对在比较中发现的客观存在的差距和由此个体心理产生的落差进行的，人可以通过集体得到替代性补偿，从而达到自卑补偿的效果。

（二）他人补偿的心理机制

自卑的补偿是一种心理上的补偿，即克服心理上的自卑或生理上的缺陷，去发展自己在其他方面的长处或者优势，从而达到赶上或超过他人的一种心理适应机制。简单地说，是由于心理上的某种缺失感或不平衡感的存在而要寻找一种补偿，使其心理保持一种完整或平衡[②]。自卑与补偿是一个统一的整体，所以我们可以从自卑的本质来分析补偿的心理机制。

关于自卑的定义有很多种。国内学者林传鼎认为，自卑是个体在和别人比较时产生的情绪体验[③]；黄希庭认为，自卑感是个体在遭遇挫折或无法达成目标时产生的无力感、无助感及对自己失望的心态[④]。李艺敏认为，自卑 = 自我/他人，即个体是自我与他人比较的产物，自卑是主观情感，是个体认为自己不如他人而视之为缺点并为之苦恼的情感体验[⑤]。从各种定义不难看出，自卑感在实质上是人的心理上产生的一种感受或者情绪状态，所以我们所说的自卑感的补偿其实是在心理上进行的一种补偿。翟贤亮认为："作为一种行为过程，补偿行为的发生过程中包含着许多变量，即其方法选择、行为实施者等，这些因素具有可变性、能动性、多样性。因此补偿的实施者也具备可

① 翟贤亮、徐莉、孟维杰：《自卑的他人补偿探究——阿德勒自卑补偿理论的补充与完善》，《心理研究》2012 年第 2 期。

② 陶能祥：《自卑感与补偿》，《韶关学院学报》（社会科学版）2001 年第 5 期。

③ 林传鼎、张厚粲、陈舒永：《心理学词典》，江西科学技术出版社 1986 年版，第 150—156 页。

④ 李艺敏、孔克勤：《社会比较视野下的自卑观》，《河南大学学报》（社会科学版）2011 年第 1 期。

⑤ 李艺敏、孔克勤：《内隐自卑的实证初探》，《心理科学》2008 年第 5 期。

变性，并不只是自卑者本身”[①]。换言之，自卑补偿只是为了达到补偿的目的，不管补偿的过程如何，补偿的行为是由何人来完成，只要达到了自卑补偿目的即可。

二　基于东西方文化对他人补偿的质疑

翟贤亮在自卑补偿的他人补偿理论中认为在东西方文化下他人补偿具有适应性，都可以客观存在。他指出，东、西方文化分属不同意义的文化系统，生长在其中的个体对自我的认识也是不同的。认为东方文化中的个体会根据所属的社会群体来定义自我，其自我评价会受到所属群体的影响，也就是自卑的补偿会受到所属群体的影响，可以通过集体来补偿个人，也可以通过个人来补偿集体。西方个人主义盛行，但在西方，他人补偿仍客观存在。西方公益组织、联合会、社团党派等发展成熟，维护民主、自由的维权行动通常是有组织有纪律地进行，表明了西方人承认自己个体的弱小，人微言轻，而集体行动的号召力更大，可以弥补个人的弱小[②]。东西方文化的确分属不同的文化体系，二者的特点和差异也很鲜明，集体主义与个人主义的对立，东方人和西方人的个人奋斗的内容很可能也因此打上了各自文化的烙印而具有了不同的特点，使得东西方文化下的自卑也各具特点[③]，也就导致了自卑补偿的他人补偿在西方个人主义文化之下和东方集体主义之下必然是不同的。

三　东、西方文化下的自卑补偿

人是具有社会性的，要想了解人就必须了解这个人所生活的社会及其文化背景，比如我们所知道的“纷乱的社会造就压抑的人格”也是在提醒我们要站在社会文化的大背景之下去了解人以及人的个性。自我问题与

---

① 翟贤亮、徐莉、孟维杰：《自卑的他人补偿探究——阿德勒自卑补偿理论的补充与完善》，《心理研究》2012 年第 2 期。

② 同上。

③ 李艺敏、孔克勤：《西方自卑研究述评》，《心理研究》2009 年第 4 期。

具体文化背景关系紧密，所以自我的研究必须考虑文化因素[①]。在心理学视阈探讨自卑补偿时必然会涉及自我的问题，我们就必须要关注文化背景对其产生的影响。不了解文化和民族的个性，我们就不能说了解了一个民族文化传统下的心理学，概言之，心理学活动具有文化阈限。东西方文化不论是外在的表现形态还是内在的文化底蕴、价值取向、道德追求都有着巨大的差别[②]。所以，在探讨自卑补偿时关注他人补偿是否具有跨文化适应性是一个不得不考虑的问题。

（一）东方文化下的自我及自卑补偿

东方文化是古老而文明的文化，其最典型的代表应该就是中国文化了。而中国文化是特点鲜明的集体主义文化，五千年的悠久历史孕育了中国博大精深的文化，在这种文化的滋养之下，中国人的集体主义精神也显得尤为突出。谈到中国人的自我，首先想到的可能就是中国人的自我是与社会具有很强的互动性的自我。人们在与社会进行互动的时候，得到的反馈将会影响到个体对其他人和自我的理解。中国人的自我是人际关系和社会关系互动的一种产物，重视心理社会的一种平衡的稳态[③]。中国人对重要他人的信息更敏感，对自己和亲密他人的关注都很多[④]。社会认同理论认为中国文化之下人们是部分地根据自己所属的群体来定义自我和进行自我的判断[⑤]。有学者的实验也证明了这一观点，自我效应记忆实验告诉我们，中国人的自我记忆效应并不明显，却与和母亲相关的记忆成绩呈相同水平[⑥]。这也就说明，中国人的自我不仅仅是包含了自己，还包含了其他亲密的人，换言之，中国人的自我中关系自我和集体自我可以同时存在。

自卑的补偿，是从心理上的补偿，是为了达到由缺陷或不足导致的心

---

① 詹启生、乐国安：《百年来自我研究的历史回顾及未来发展趋势》，《南开学报》（哲学社会科学版）2002 年第 5 期。

② 孟维杰：《心理学的文化品性》，黑龙江大学出版社 2007 年版，第 105—113 页。

③ 王晓丽、姜永志、张海钟：《基于自我的跨文化心理学整合新视野》，《天水师范学院学报》2012 年第 2 期。

④ 韩世辉、张逸凡：《自我概念心理表征的文化神经科学研究》，《心理科学进展》2012 年第 5 期。

⑤ 甘怡群、王纯、胡潇潇：《中国人的核心自我评价的理论构想》，《心理科学进展》2007 年第 2 期。

⑥ 朱滢、张力：《自我记忆效应的实验研究》，《中国科学》（C 辑）2001 年第 6 期。

理的紧张或不平衡感。那么，在东方集体主义的大文化背景的晕染和滋养之下，替代性补偿是可以存在的。简单地说，如果一个人不擅长唱歌，但是他所在的集体取得了大合唱的第一名，那么他由于自己不会唱歌而产生的焦虑或者紧张等感受就会大大降低，或者说是从集体的荣耀中感受到优越感。中国人在面对集体的成功或者他人的成功时，会产生很强的自豪感。这个例子就是自卑者本身没有实施自卑补偿的行为，而是通过感受到集体的优越感从而缓解了自卑的情结，也就是说，在东方的集体主义文化下，自卑补偿是可以存在他人补偿的。

从归因方式上看，有学者在实验中让中、美被试对凶杀案进行归因，发现中国被试更容易受到外界的影响，而美国的被试受到的外界影响较少[①]。由于中国的传统文化和教育理念着重培养的是集体主义，而较少地考虑自我的需要，习惯性地将个人的本我同集体的利益进行联结，而形成自己与集体或他人之间的一种关联性的自我。比如，当某个人通过一项活动而获得认可时，中国人会感谢组织、父母、老师等人，而不会考虑是自己的努力成果。在中国文化教育背景的影响下，中国人更习惯将外界和自己联结。由此推知，当中国人有自卑情结存在时，也会将自己所处环境的外界补偿来作为自己自卑的补偿，即自卑补偿的实施者可以为自卑主体以外的他人。

（二）西方文化下的自我及自卑补偿

西方文化与东方文化有着很大的不同，它主张个人主义和个人英雄主义，强调人类的创新精神，重视人类的自由，张扬人类的个性，是典型的个人主义文化。在个人主义文化的孕育之下，西方人的自我观必然与东方人存在差异。西方文化中，一些哲学家关于自我的观点更加强调不受控于社会情境的自我认同[②]。西方人的自我更加强调“我自己”本身的一些情感情绪、认知和意向，更重视自己是一个决策者，是一个独立的人，是自己一切认知活动的控制者，严格地区分了“自我”和包括父母兄弟姐妹

---

① 彭凯平、廖江群：《文化与归因的过程模式及概率模型探索》，《中国社会科学》2009 年第 6 期。

② 孟维杰：《心理学的文化品性》，黑龙江大学出版社 2007 年版，第 105—113 页。

等亲密他人在内的“他们自己”[①]。

西方人的自卑补偿是通过在自卑之外的其他方面努力赢得优越感或者是超过别人，从而达到自卑的补偿。美国等西方国家注重倡导的是个人自我价值、自我实现需要的体现，习惯性将自己同外界区分开来，对刺激进行处理。在这种文化条件之下，自卑补偿是无法做到他人补偿或者替代性补偿的。西方文化尤其是以美国文化为代表的文化，是典型的崇尚个人英雄主义的文化，西方人更喜欢直接地通过自己在导致自卑以外的方面追求卓越来找到优越感，符合阿德勒的自卑补偿理论的自卑补偿方式。朱滢等人的实验中，西方人参照母亲进行记忆加工的成绩明显差于参照自我的记忆成绩，这也说明了在西方人的自我中，亲密他人“母亲”是不包含在自我之中，不是属于自我的一部分的[②]。举个例子，西方人喜欢奋斗，更喜欢为自己取得的成绩而自豪，当一个人取得了某项成就而得到别人的认可受到赞美的时候，美国等西方国家的人通常会很直接地接受赞美，承认是自己努力所取得的成就，是自己能力的体现。

（三）他人补偿的文化阈限

自卑补偿的实施者为自卑者本人时，阿德勒的自卑补偿理论具有跨文化适应性。因为不管是在何种文化之下，不管承认还是不承认，人都会因为自己的自卑而产生一定程度的或多或少或大或小的焦虑感或者紧张感，但是人都是具有主观能动性的，可以主动地在其他方面来寻求弥补或追求一种优越感，以缓解自己的自卑感。这也就是阿德勒的自卑的补偿理论体系能够适应于任何文化体系的原因。

但是自卑补偿的他人补偿这种补偿方式，在不同的文化中是存在很大差异性的。在集体主义的东方文化大背景下，人们的自我中包含了亲密他人，人们的自我知觉、自我评价、自尊等都受到所属群体的影响[③]。这种文化下的人可以从亲密他人的行为活动中得到替代性补偿。但是在极度崇尚个人主义的西方文化中，“自我”就是自我，概念中不会包含其他任何

---

① 汪凤炎、郑红：《论中西方自我的差异》，《西南大学学报》（人文社会科学版）2007年第1期。

② 李其荣：《个人主义与自我驱动——美国人的自我观》，《学海》2005年第3期。

③ 王晓丽、姜永志、张海钟：《基于自我的跨文化心理学整合新视野》，《天水师范学院学报》2012年第2期。

人，人们的自我知和自我评价不会受到所属环境和群体的影响，所以西方人没有办法在其他人的行为活动或是交互活动中得到替代性强化，也就是说，在西方的文化背景下，自卑补偿的他人补偿是不存在的。总而言之，自卑补偿的他人补偿是存在文化阈限的。

四 自卑补偿的替代性补偿

翟贤亮等人对自卑的补偿实施者提出了另一维度的补充，但是他人补偿的跨文化适应性是有待商榷的。在此，将自卑补偿的补偿对象从另一个角度来划分，并提出了自卑补偿的替代性补偿。

（一）具象自卑、抽象自卑与替代性补偿

根据阿德勒自卑的三个阶段的理论，自卑分为生理缺陷的自卑和心理障碍以及社会障碍方面的自卑[①]。可以将自卑从另一个角度进行划分，认为来自于童年时期的对成年人的从属感，没有独立性，以及器官发育不完全等由于生理上的不足[②]，势必会产生一种人人皆有的自卑感，即具象自卑。与之对相应的潜意识的自卑感会迫使人产生一种冲动，去追求优越来弥补内心的不足之感，这种不足感一般是无法追根溯源的，即抽象自卑。在阿德勒的自卑补偿理论体系之上，提出了自卑补偿的替代性补偿，即针对抽象自卑进行的补偿。这种补偿是自卑主体针对抽象但是客观存在的自卑所进行的补偿，换言之，是自卑主体为了缓解自己感受到的紧张感或焦虑感而自发地进行的追求优越感的行为。

（二）替代性补偿的跨文化适应性

自卑补偿的替代性补偿在自我补偿与他人补偿的补偿方式之中都存在。在自我补偿的补偿方式中，替代性补偿是个体进行自我补偿的一种方式，是任何文化下的人都会进行的自觉或者不自觉的补偿。在他人补偿中，所有的补偿均是一种替代性补偿，在东方的集体主义文化下是可以存在的，西方的个人主义文化中他人补偿是无法客观存在的。总而言之，作为个体自卑补偿的替代性补偿方式在东西方文化下自我对于每个人都会有

① 翟贤亮、徐莉、孟维杰：《自卑的他人补偿探究——阿德勒自卑补偿理论的补充与完善》，《心理研究》2012 年第 2 期。

② 叶浩生：《西方心理学的历史与体系》，人民教育出版社 1998 年版，第 335—345 页。

的抽象自卑进行补偿时是客观存在的，在东方文化中的他人补偿中也是客观存在的，即自卑的替代性补偿具有跨文化适应性。

综上，在自卑补偿的补偿实施者维度提出他人补偿的存在后，对阿德勒的理论进行了补充和完善，达到了对理论的拓宽和对其知识体系的深入理解。但是他人补偿理论的提出具有一定的局限性，没有考虑到是否在任何文化背景下他人补偿的机制都适用，这是有失偏颇的。在自我概念中包含了亲密他人的东方集体主义文化下，他人补偿是客观存在且适用的；但是，在强调自我的西方个人主义文化下他人补偿是不能够客观存在的，自卑补偿的他人补偿方式是存在文化阈限的。相比较而言，自卑的替代性补偿可能具有跨文化适应性。

第八章　从心理逻辑到神话原型：心理学价值

从发生认识论的角度，心理逻辑似乎具备先天的机能，这一方面凸显了心理学在观照人这一特殊主体的心理方面作为一种特殊科学存在的价值，但同时也印证了心理学的所具备哲学理论性和实证具体性的双重属性的独特性。另外，荣格的集体潜意识理论认为，远古人类所得的经验和印象会按习得性遗传的规律遗传下来，构成人类集体潜意识，原型是其主要内容。神话作为原型意象的主要载体，从古至今对人类一直有着重要的影响。从这个角度而言，这就意味着心理学在文化属性上的实然性。从心理逻辑的构成机制到神话作为原型载体的解读，可实现对心理学的另类的解读。

第一节　发生认识论视野下心理逻辑的先天机能

随着心理学从哲学的剥离，使哲学认识论的实证研究任务转到了心理学的层面上来。但是仅仅把心理学的研究任务定格在实证主义方面，试图割裂人类心理研究的思辨过程方显实证主义者的祛魅[①]。心理学的哲学性使认知理论研究属于一个既现实存在，又无法为人所具体感知的极其抽象的过程，换言之，心理学具备了这样的属性对于心理学是不可分割的，皮亚杰的发生认识论恰恰是心理学的双重属性的集大成者。

实验心理学家和理论心理学家都曾努力试图构建一体化的认知模型，即既具备一定的理论性，同时又可以通过实验研究予以证明，从构造主义到行为主义，从精神分析到现代认知心理学，都试图在自身的观点内建构一个认知模型以实现这一目的。于是，“元素说”“试误说”“运算说”

① 朱红文：《二元论、实证主义与世界的祛魅》，《求索》2001 年第 4 期。

等便应运而生。其中皮亚杰的发生认识论便是“运算说”的“理论—实验”的理论基础。单纯研究运算现象的时候，却无法发现其内在的机制，只能单一的构造出某种“算法”去诠释人类的心理运算过程。当现代认知学派通过计算机模拟出人类的认知发生发展过程时，却忽略了人类的认知结构是指向“计算机”的某种机能属性的，这样的构造无法单纯通过实验的方式去解决。

回归到皮亚杰的发生认识论中，以传统哲学、逻辑学的视角去重新发现人类认知当中最神秘的“结构因素”的机能，就成为在认知学派中理论心理学的必要探索方向。这种“结构因素”是如何形成的，它是否如同幽灵一样能被感知却不可名状，却在潜移默化中形成、发展，继而成为一种类计算机的逻辑运算结构，仅仅通过单纯的心理学实验而抛却现代逻辑学的成果和古老哲学的积淀来予以深究这个问题，注定是没有结果的。所以，发现和探究专属于人类的一种先天机能——皮亚杰发生认识论心理逻辑的先天机能属性，在心理学范畴内的理论研究中提出假说是可能的。

一　认识论发展中的“认识容器”假说

（一）“先验论”的幽灵——哲学与文化观下的“认知容器”

认识论的发展在传统哲学领域、逻辑学领域走过了漫长的几千年。在漫长的哲学史中，无论处在怎样的时期，人们都试图从自身有限的资源中总结出人类智慧之源，对于人类智慧来源的思考，从柏拉图到笛卡尔，再到康德，便是传统的哲学认识观的发展过程。

近现代实证观主导下的科学研究试图将认识论的发展拖向一种纯粹的外显的可论证的范畴，将其从文化体系中割裂出来[①]。只是，人类的认知过程受到整个文化和人类生活方式的影响，潜伏在外显的人类行为之下，存在着属于某个族群甚至整个人类社会的东西，荣格将之定义为“集体潜意识”。站在人类整体视角上，抛却了认识中心的认识内容，用具备即有文化群体遗存的“认知容器”这一命题更为准确。

有学者曾以“心理学的文化品性”这一概念，对心理学的文化性作出详细的论述，同时，这一命题也表明属于心理学研究范畴内的所有领域

① 任智：《新康德主义对心理学研究取向的影响》，《湖南第一师范学报》2004 年第 1 期。

都沾有文化的印记，又复归于一种具备明显主观偏好性的研究理想[①]，这便是人类群体在人类文明的发生、发展过程中所遗留下来的“痕迹”，这种痕迹无疑在人类整个认知系统中具备生态意义，着眼点是在文化背后隐藏的一个“幽灵”，这个“幽灵”主导了各个独立的个体、群体在其心理发展中产生了类似和相同的结果。有学者在论述“神话的原型”所具备的生态意义的研究中，提及了这样的观点——“神话是原型意象的载体”[②]。在荣格的整个理论体系中，“神话”本身也可以归为人类认知系统的某种形式的一种具象——文化性的具象，而精神分析学者更愿意研究这一具象载体中的内容，在某个特定族群乃至全人类的文化体系中寻找相同或相近的内容。不论是精神分析学者所认为的内隐的研究偏好，抑或是实证主义者（包含认知元素论者和条件习得论者）所坚持的外显的研究倾向，都在其研究方向的外部预设了一个实体性存在，这种实体性存在于整个认识论发展的过程当中，具备了超越个体的性质，可以说，是一种看似隐含在具象内部的纯粹形式化的东西。当然，这也仅仅只是形式上的相近，当重新站在一个接近整个认识论发展史的高度上去考虑的话，这种“容器”是影响着整个认知过程的，并非仅仅局限于“内隐”的，也自然包括“外显”的。

事实上，在早期哲学家定义逻辑的过程中，其实是将逻辑和人类认知结构等同或类比起来，甚至笛卡尔在其学说当中预定了一个“容器”——“思”的存在，它本身并不具备承载任何认知对象的能力[③]，它仅仅局限于一种先决结构的假设[④]，这一结构与逻辑有着千丝万缕的联系。如果重新回到心理学的认识论视角，从心理学与哲学的天然联系层面，在试图描述人类认识发展的程度上，确实需要重新反思“先验论”对于人类认识发展过程中所具备的某种借鉴意义。这一借鉴意义是指向全人类性质上的，是指向超越民族、地域本条件限制本身的，使得认识论研究在心理学中也体现了其所具备的专属人类的一种属性，即根植在认识论

① 孟维杰、葛鲁嘉：《论心理学文化品性》，《心理科学》2008 年第 1 期。

② 欧阳韵竹、孟维杰：《神话的原型生态意义新探》，《心理研究》2011 年第 2 期。

③ 李为学：《我思故我在与确定性的诞生》，《社会科学研究》2011 年第 1 期。

④ 熊哲宏：《皮亚杰发生认识论的康德哲学框架》，《华东师范大学学报》（教育科学版）2000 年第 3 期。

发展中的普遍性。

（二）宗教神学视角下的"认知容器"

在所有人的感性经验中，人类是智慧的动物，传统的宗教逻辑也反复提醒人类，自身与外在动物性质的肉体之间存在着区别。人类的这种类似于集体性记忆的认知偏好导向了动物和人类之间，存在着有无智慧和智慧大小的区别，从这一区别中产生"灵魂"的论述，在全世界各个地方和宗教信仰当中得到了一定程度上的诠释。

从前文论述中不难发现，宗教在本质上也是具备民族性或地域性文化层面的成分，无法割裂宗教与文化间的内在联系，这也与荣格在研究图腾的过程中所引发的情结、图腾产生了一定程度上的联系，并有理论模型可依。可是，倘若将宗教神学视角下的认识论仅仅定义为人类文化范畴中认识论的一种发展模式，又有失偏颇。须知，在宗教的分类当中，存在启示性宗教和自然宗教两种截然不同的宗教发展模式。在文化视角下的认识论研究中，心理学理论研究是不存在这样的分野的，它们都同归于单纯的文化范畴。不论是自然宗教，还是启示性宗教，他们都回归到了对"灵魂""灵性"的存在的论说。因为正是人类对自身智慧和自然神秘的一种崇拜、不解与好奇，造成了各种宗教神学流派在其认识论学说建构当中，产生了一定程度的相似性。这种极其相似的智慧研究导向正好达成了红极一时、长达千年的宗教神学观下的认识论，基督信仰（最主要的是天主教信仰）中的认识论，便是这一视角认识论的主流。

在传统的基督信仰伦理中，灵魂说最为流行。灵魂说本质上区分并强调了人和动物的区别，甚至于在泛基督教神学体系中，灵魂的有无和灵魂的高贵，给人类之于世界定下了一种固有观念——人是存在灵魂的，是因为上帝（天主）的创造，使得灵魂的存在，和灵性生命的存在，并赋予了一个高贵的名称——圣灵。从传统基督信仰神学观来看，这一能通过"圣化"而产生不同的灵魂，使得人类与纯自然（无从证明也无从证伪的精神体）产生交集[①]，这无疑是一种超越普通认识论的认识观——它内在假设了灵魂的存在，即一种能够和自然界某种从形式、结构上将上帝（天主）的"意旨"内化于类自身的某种容器，这一容器承载的"意旨"

---

① 王博：《奥古斯丁神学美学中的灵魂论》，《湖北成人教育学院学报》2011 年第 4 期。

不仅仅是来自于纯粹精神，也包含着可能改变存储外在世界对内在世界影响的结构①。

自 19 世纪实证主义哲学主导近现代自然科学研究以来，西方世界的人们开始抛弃灵魂及其与之相关的神学学说，将神学与自然科学分别置于历史发展的两个方面上。人类在漫长的演化过程中一直试图寻找自身智慧的源头，并试图将自身与所处的世界之间的关系细化成为一种固定模式，在实证主义视角下，"形式""逻辑"等逐渐失去了市场，人们似乎更愿意接受一种更为具体的实证认识观，这无疑就为构造主义、行为主义等的"认知元素论"和"条件习得论"提供了有利条件。

（三）心理逻辑——心理学的新"认知容器"

心理逻辑是皮亚杰在西方心理学理论体系中的一种独创。他原创地把逻辑学的概念引入心理学领域，使认识论的理论研究从内容导向形式，转向了从形式导向内容，并以此为认知心理学萌芽与发展提供了必要的理论基础。从心理学史的纵向研究思路上来看，这样的基础其实是一种"认知容器"的回归，连皮亚杰自己也曾说"智慧不只局限于像白纸一样接受印象，而是通过感受性和认知性的先天形式去建构实在"②。

"图式"概念的提出是心理学史上第一次对"'认知容器'是什么"作出的解答。皮亚杰放弃了对认知内容中各种元素构成及其关系的关注，转向了对纯粹认知形式的思考。认知形式是为世人所忽略的认知内容中各种元素间的联系。这一以"图式"为命名的结构形式，亦即"心理逻辑"的形式其实就是以"认知容器"形式而存在的一种逻辑构成。

皮亚杰将"操作定义"概念引入发生认识论中。"操作定义"本身是一种连接内外部世界"通道"性质的概念。假若不定义一个内部世界存在，那么"操作定义"就没有意义。这种内部世界是以怎样的形式存在的，皮亚杰发生认识论的心理发展观也对其作出了解答，这一解答不过是以图式为基础，以同化和顺应为表现形式，以他物—运算为结构体系的逻辑表征世界。

---

① ［波］若望·保禄二世：《天主教教理梵蒂冈》，天主教罗马教廷信理部 1992 年版，第 987—1005 页。

② Piaget, J., *Insights and illusions of philosophy*, New York: Meridian Books, 1971, p. 57.

可以看到，皮亚杰发生认识论中假定的心理逻辑结构是对“认知容器观”的正面回应，这种“容器”一直为人们所忽略，皮亚杰却天才地将其找回，并第一次直观地告诉人们这个内在的神秘的存在究竟是以怎样的一种状态存在——到底是先天存在的还是后天习得的。

二 心理逻辑的逻辑学思考

（一）基于心理学范畴的心理逻辑的概念

心理逻辑是属于发生认识论，属于心理学范畴的概念，而并非一个逻辑学概念。

皮亚杰的心理逻辑论无疑是创新的。如果将其发生认识论归入逻辑学的范畴又有失偏颇，因为逻辑学的研究朝向纯粹的逻辑形式，建构一种不断接近完美的数学理想模型。从这个意义上，发生认识论的提出从一开始就聚焦在心理学领域中，从逻辑学、哲学领域旁征博引，只是在回溯历史的过程中，找寻为近现代心理学所遗忘的部分。

对于逻辑学者来说，皮亚杰的理论不足以成为“逻辑学”的一部分，即便是在其提出“操作定义”，试图将心理认知世界与物理世界相联结的时候，也不足以令逻辑学界所接受。“操作定义”的形式系统过于复杂，有违逻辑学者的“简单主义”倾向，一如它无法将之简化为一个或两个纯粹的命题系统，并加以完备，形成一个完美的逻辑元素，使之失去了逻辑学上来说的“形式化”特征①。就像当年纯粹的哲学者拒绝实验心理学家占据哲学教授席位一样，逻辑学家同样将发生认识论排除在了逻辑学研究之外；但与大部分心理学家仍旧获得哲学教授席位不同，逻辑学界对于发生认识论的兴趣却没有消减，尤其是认知主义、人工智能高度发展的今天，发生认识论无疑是具备生态意义和强大生命力的。

（二）基于逻辑学不完备性定理的心理逻辑

不完备性定理是现代逻辑学家、数学家、哲学家哥德尔所创立的。在一个近似于公理性的命题当中，命题自身是不能证明，亦不能证伪的。当命题存在一致性时，其内在就已经假定了命题的成立，而无法作出所谓

---

① 张小燕：《逻辑·心理·认知——皮亚杰心理逻辑研究》，中国社会科学出版社2007年版，第78—110页。

“真理存在证伪性”的一种假说。这也说明，不完备性定理是逻辑学命题中的完备属性。

还原哥德尔不完备性定理可以得到这样的结果。假定在某个公理性命题S中找到这样的一个公式B（x，y，z），其中证明数x是在性质y中将数z代入变号所有可能出现的在S内的一个证明，那么B（x，y，z）在S内的关系就是可以判定的。由此，则在S命题中，B（x，y，z）一定是真的。假定在S中一个公式某个自由变号（x）——B（x，y，y），定义y为数字b，则有（x）——B（x，b，b），则在S中存在这样的一个公式，B（x，b，b）在S内是成立的，因为代入任何证明数x，都可能导出这样的一个结果（x）——B（x，b，b），则发现，x同样是B（x，b，b）的一个证明。由此，发现当公式B（x，y，z）在命题S中假定为真后，定义另一个可能的公式B（x，b，b），则在命题系统S内，倘若其为真，那么就破坏了整个命题S的一致性，则B（x，b，b）在S中，必不为真，也无法证伪B（x，y，z），甚至S为假。所以，这种不完备性使得命题S在其命题的内部是无法破坏其一致性的，尤其是公理性命题亦是如此[①]。

哥德尔认为，这样一个命题系统的假说是一定无法转化为加减乘除的具体运算的。因为定义了这样的一个运算关系，其实就破坏了数学逻辑所固有的一种结构上的一致性。以这样的逻辑观点来观照，皮亚杰所定义的发生认识论的逻辑，不管是在语义结构，还是数字运算结构中，是否都具备这样的一种不完备性定理定义下的完备性呢？当认同了心理逻辑具备了某种独特的专属于心理学的属性之后，可以发现，公理性简单命题的完备性，实际上是一个在数理逻辑上对于简单公理性命题无从证明的具体表现。

皮亚杰提出的“图式”概念本身就是对心理逻辑在发生认识论层面的具体意象。显然，“图式”的概念和“先验论”又有本质上的不同，前者更被认为是认知的载体，而并非先天存在的“认知内容”。心理逻辑的本质就是“图式的逻辑”，抑或说是“图式的形式”和“图式的结构”都是逻辑意味十足的概念。

① ［美］王浩：《哥德尔》，上海译文出版社2002年版，第350—362页。

与逻辑学的命题运算相似，“图式”是专属于心理逻辑范畴的一种运算形式，它使得心理逻辑的逻辑性越发明显。这种形式同样发生于人类认知的内部而非人类认知的外在。所以，“图式”的运算与逻辑学上命题运算在形式上存在共通的地方。因为复杂命题运算是可以返回到公理性命题中的。同样，图式的运算也是在上位图式的概念下不断发展的一个过程。因此，这种运动形式的一致性决定了在讨论图式运算基础可能存在的运算的基本元素时，可以借鉴逻辑学中不完备性定理的内容。这其中的“基本元素”可以理解为具备形式上相近于“公理性定理”一些固有的观念。

三 心理逻辑的先天机能

（一）心理逻辑的“完美倾向”特质

皮亚杰将“逻辑学”的概念和思维方式引入心理学领域时发现，不论是早期的哲学心理学家还是现代心理学家，诸如从毕达哥拉斯到柏拉图，从笛卡尔到康德等人，都试图将人类认知定义为一种或两种独特的模型。他曾说“如果着眼于康德论点的实质而不是字面意思，就他主张的知觉从一开始就被组织、构成认知范畴基础的同样的源泉也是知觉组织的基础而言，康德无疑是正确的”[①]。这种开始就被组织的结构无疑就是后来他在发生认识论中所论述的“图式”的结构。他将人类认知与逻辑学上的“形式”相类比，这种“类比”仅仅只是一种从相似或者近似（相似是指结构上的相同，而近似则是指功能上的相近）的视角，并不是说人类认知系统是属于人类认知产物的“逻辑”，而是一种可以近似于某种“运算形式”的系统。所以，在发生认识论之中并以“结构”形式存在的心理逻辑系统便是皮亚杰所获得一个视角——逻辑视角。

皮亚杰就逻辑学之于心理学、社会学的意义作出了详尽的表述。皮亚杰认为，心理学和社会学在其发展脉络整个形式上的追求和探索，与逻辑学的视角是相近的。人类科学思维的发生发展，自然具有一种可以类比于逻辑学“完美主义”的倾向，这样，即便是形成复杂命题也不惜使自己的理论架构完整的倾向，的确是存在的，这也是近代哲学、逻辑学、心理

---

① Piaget, J. *The mechanism of perception*, New York: Basic Books, 1969, p. 361.

学、社会学的研究中显而易见的[①]。所以，试图将某种复杂化的定理、规律，归纳为简单的结构性命题，确实是逻辑学趋向，一旦作出某种简单命题，根据哥德尔的不完备性定理，则就有了某种在其命题系统内部的完备性，使得命题本身不会在其自身内被证伪。人类自身图式的发展也具备这样的结构。当试图将某种后天习得的内容转化为图式结构时，完备性倾向便显现出来。所以，发生认识论本身和逻辑学在趋向上即便不足以等同起来，但在形式上，心理逻辑却具备所有命题逻辑系统都具有的一致性追求和完备性倾向，即心理逻辑的“完美倾向”。

（二）心理逻辑的“逻辑格”与先天“记录”机能

皮亚杰将人类认知的发展定义为感知运动阶段、前运算阶段、具体运算阶段和形式运算阶段。一般而言，感知运动阶段与心理逻辑是无法产生某种联系的。但是须指出，作为发生认识论的心理发展观的基础，它好像在复杂命题系统当中的元素。在皮亚杰看来，心理逻辑的发展必然首先经过感知运动阶段[②]，可以这样说，汲取公理性命题进入图式结构的阶段，是从感知运动阶段开始的。

皮亚杰主张，处于感知运动阶段的儿童具备了一定条件的记忆能力，而他的信息加工也仅仅只是“记录”的过程。这种记录的过程，本身是不带有判断性质的。它作为命题而独立发生作用，须在逻辑当中找出其中的某种相同或相似的元素或特征。根据皮亚杰的观点，可以在这一过程当中发现一个特别的“容器”——近似于“类”的运算，这个“容器”本身存在着这样或那样的“格”，使记录的内容产生了某种形式，这样的“格”无疑是“图式”的源头[③]。当这种形式中的内容开始增加，并通过“反省”而不断地被发现之后，动作经由某种内在逻辑的协调转向其运算的过程就发生了[④]。该运算过程中首先被注意到的一定是某种明显的，能

---

① ［瑞］J. 皮亚杰：《逻辑的对象和方法》，左任侠、李其维编，《皮亚杰发生认识论文选》，华东师范大学出版社 1991 年版，第 326—356 页。

② 丁东红：《人类思维起源探秘——对发生认识论的再认识》，《理论前沿》2005 年第 12 期。

③ 李其维：《论皮亚杰心理逻辑学》，华东师范大学中青年学术著作出版基金会 1990 年版，第 51 页。

④ 李其维：《评发生认识论的“反省抽象”范畴》，《心理科学》2004 年第 3 期。

被清楚感知的“公理性命题”。

把感知运动阶段只是定义为一个纯粹“记录”的过程，就无法看到命题的存在。但是感知运动阶段当中存在一种能够与进入运算后的逻辑相对应的“类”，或者说是“格”。“格”的存在即便不能在事实上产生命题本身，使固有的运动“记录”被逻辑化，却能够证明人类智慧所具有的先天特质。

前文已述，感知运动阶段是一种关于一些“准命题”的记录，是一种纯粹经由“运动”而产生的简单逻辑关系的记录，这些记录的“格”就是在上文中所提到的“容器”。倘若这样的记录不存在“格”，发生认识论的基础很可能会崩溃。就这种“格”是否存在作为命题而言，则无从证明亦无从证伪这一命题，便成为了某种公理性的命题。就“不完备性定理”而言，这样的公理性命题至少在纯粹逻辑领域是无法进行独立论证的。倘若“逻辑格”不存在，那么人类的整个“逻辑系统”也就不存在，自然也就没有了“逻辑学”。可以预见，后天习得论者会将“逻辑格”这个概念赋上一个“后天习得”的值，与此同时又鲜明地主张“逻辑格”的不存在。如果依照这样的逻辑继续推导，人类就无法进行任何的逻辑加工，因为“类”的观念失去赖以存在的可能，会使人类处于无限试误的状态：不存在“类”，也就不存在任何可以依托的“情境元素”，看到的只是无限循环的或陌生情境，无法进入到一个可以称之为“运算”的阶段。倘若不存在这样的“逻辑格”，也就不存在“运算”，最终的推导便成为：人类不过只是动物而已。

（三）“一致性”张力：心理逻辑在图式中的运算

前文提到，发生认识论的“图式”是心理逻辑的一种“容器”，在人类认识论的各种不同思潮时期是有迹可循的。把不完备性定理置于发生认识论的心理逻辑系统中来考察其是否适用，并且考察命题逻辑本身是否会影响发生认识论的整体一致性，使之在本质上与公理性命题的不完备性定理相悖，从而导致该逻辑系统的一致性受到制约。就这个问题，从发生认识论的心理发展观、图式运动和操作性定义的几个侧面的论述中则可以看作是相对合理的方式①。

① 李其维：《评发生认识论的“反省抽象”范畴》，《心理科学》2004 年第 3 期。

哥德尔的不完备性定理主张，当运算由简单命题开始，逐渐出现命题间的“运算”的时候，一种倾向就产生了，这便是近似于纯粹逻辑学的心理逻辑的一致性倾向[①]。不难看到，当心理逻辑与形式逻辑有了某种形式近似而产生联结时，纯粹逻辑学研究中的许多特质就会在心理逻辑得以凸现，一致性倾向是人的认识逻辑与智慧的极致性追求。

基于不完备性定理，以纯粹逻辑的视角来审视人类先天是否存在“逻辑格”，倘若人类先天存在“逻辑格”，则无法在命题本身中构造出一个“逻辑格”不存在的命题，并同属于“人类先天存在某种‘逻辑格’”这一命题之下。所以，通过这样的近似于形式化的推导发现，基于不完备性定理的“逻辑命题自身不可证伪性质”在逻辑上承认人类先天存在某种“心理逻辑性”，亦即“逻辑格”，是人类走向上层智慧的基础，也是发生认识论视野下人类由“记录”向“运算”演进的基础。

内在一致性是逻辑学的一贯追求。由于基于某种内部的逻辑倾向，心理逻辑于内在的心理层面上表现出了显而易见的一种张力，仿佛是一个内在的宇宙世界[②]。倘若将逻辑学比作人类认识外在宇宙世界的一种张力的话，那么内在同样应该也包含一个能够无限向上的系统，这一系统是根植于“公理”的事实逻辑。

需要关注的是，当一切“运算”基础性节点在其进行简单运算时，基于原有的“公理”，无法直接获得一个证明，必须诉诸于“运算”，将其放入更复杂的情境当中，吸收更多的元素，组成一个更复杂的逻辑系统，从而使得在一个或多个逻辑体系中，形成一致[③]，这样的一致，在自身逻辑系统发展的过程中，是使自身逻辑系统处于一种相对稳定的状态的努力。即便人类整体的心理逻辑发展是一个向上的过程，这种状态，使人类在一定时期的认知系统处于相对的稳定。那么，发生认识论中的同化与顺应便成为必然参与的两种逻辑运算机制。

---

① 李其维：《评发生认识论的“反省抽象”范畴》，《心理科学》2004 年第 3 期。

② 雷永生、王至元、杜丽燕：《皮亚杰发生认识论述评》，人民出版社 1987 年版，第 322—323 页。

③ 赵家祥：《“否定之否定”在事物发展全过程中的核心地位》，《贵州师范大学学报》（社会科学版）2011 年第 5 期。

（四）同化与顺应——“一致性”张力下“完美倾向”的先天机能

学界普遍认为，黑格尔的“否定之否定”理论的论述，是对于一般知识在一种逻辑关系中，随着不断地更改基本命题的肯定与否定，从而产生不断的逻辑向上的过程[①]。同理，也可以在心理逻辑中发现这样的张力。在这一过程当中，倘若没有同化与顺应机制，则即有认知结构无法调和，将认知结构的内容比作一个完整的逻辑系统的话，就会出现在同一命题系统当中的不一致。这样的不一致一定存在于整个认知系统中，处于这个过程中的人将陷于某种迷思当中。

同化与顺应是为了在承继原有图式结构的心理逻辑内容的情况下，调节新习得的命题与原有图式中的内容，使内化的逻辑内容与原有逻辑内容相互适应，在逻辑上避免产生认知冲突的一种机制。同化与顺应的发生，是内在逻辑出现了某种一致性缺失的必然结果，这一结果导致了逻辑系统的紊乱，其重构本身，也是同化与顺应机制的作用[②]。如果放在逻辑学不完备性定理下，就会发现一个命题系统中公理性命题的无序本身并不是由内部逻辑造成的，而是外来事物内化为图式结构中内容成分后造成的一种不平衡，因为公理性命题本身不会产生某种一致性受损的结果，只有在该命题系统外出现。于是，皮亚杰以操作定义来对心理逻辑予以深刻诠释。操作定义是在即有图式存在的情况下，将原有命题具体化的一种心理逻辑过程。于是，操作定义似乎是一种对于某种“定理”或“公理”的检验。作为复杂图式的逻辑基础的“公理性”的命题，似乎没有办法观察到，也没有办法推导，但是如果操作定义的过程失败，则会得出一个可能的过程——同化或顺应的发生。

综上，皮亚杰发现的心理逻辑真正的“根节点”——“心理逻辑”的公理性命题在哪里无从知晓，似乎纯粹的逻辑才是人类智慧的根节点，“逻辑格”则成了一个发生认识论可见的一个真理。图式结构经由“反省”和“操作定义”的重构，在“同化”与“顺应”机制中发展为不断完备且一致的逻辑结构，形式上则是图式内容在逻辑上的相互协调，整个

① 赵家祥：《“否定之否定”在事物发展全过程中的核心地位》，《贵州师范大学学报》（社会科学版）2011 年第 5 期。

② 陈孝禅等译：《皮亚杰学说及其发展》，湖南教育出版社 1983 年版，第 86—88 页。

过程是一种调节、适应性和动态的存在，这种存在即便是在直观经验中也无法真切的体会到，似乎一切知识的获得都自然而然，甚至不知道逻辑如何产生——似乎在不经意间，就由“记录”变为了“运算”。这种由“记录”变为“运算”的过程，其实是一个由“记录”而“运算”的向上的先天机能。

如此，心理逻辑真正的公理性根源于哪里，似乎在哲学、心理学甚至逻辑学范畴内已经无从知晓，唯一可以清晰地感知到的是，智慧先天具有了一种专属心理的逻辑性，这样的性质，使得智慧更加伟大。

第二节　神话的原型生态意义

荣格的集体潜意识理论的提出，为心理学研究提供了一个新的视角，它所涉及的人类精神本体、起源和心理结构问题的研究及其深化成为当代一个重要的文化现象。原型是集体潜意识的主要内容，而神话作为人类原型意象的主要载体，始终对人类有着重要的影响。随着 20 世纪心理学领域的拓展和深化，一些心理学家开始把心理学的研究方法及成果运用到神话领域，认为心理分析不应只局限于病态失调方面，也应该有助于解决艺术、哲学和宗教问题。由于时代和历史环境的变迁，神话对于原始人的功能性需要也发展转变为对于现代人的精神性需要。在当今这个科技发达、理性至上的社会中，神话仍然盛行，必然有着它存在的价值和意义。

一　“现代人”：特殊的精神问题

关于现代人的精神问题，我们首先需要界定什么是“现代人”。荣格认为，“只有充分意识到当前的人才是现代人”[①]。由此可以看出，并非所有生活在现代的人都可以称为“现代人”，他们应该是拥有一种能够与过去的生活相一致的意识。换句话说，他们能清楚地看到过去，也能清楚地意识到当前，并且对过去的世界不感兴趣，想要使自己同那些完全生活在传统界限内的大多数人区分开来，从而变得“非历史”。他们往往面临着一种空虚感，因为他们把一切不适合于现代的东西都留在身后，而眼前世

① 荣格：《寻找灵魂的现代人》，王义国译，光明日报出版社 2007 年版，第 286 页。

界的似乎任何东西都可以从中生长出来未知性和不确定性，造成了他们的空虚感。“空虚”这个词在现在是非常敏感的，是生活中高频出现的概念。可能会引申出一种误会，有必要在这里进行澄清。这个误会来源于一群“假现代人”，他们行为不端，忽视发展和生活任务，没有目标和能力，却摆出一副现代人的样子，建构着他们的“空虚感”，却使人们将他们的空虚感误认为是现代人尴尬的孤独，并让真正的现代人丧失名誉。他们隐藏在现代人的身后，混淆着人们的判断，从而让“现代人”成为有问题的，值得怀疑的。举一个可能欠缺谨慎的例子，所谓的“80后”曾在很长的一段时间里成为了大家关注的焦点，他们被人们定义为叛逆、颓废、空虚，没有责任感，没有目标和能力，是“垮掉的一代”。事实上，人们所看到的一面，恰好是“80后”中的假现代人。他们混在现代人中，让人们对整个“80后”包括真现代人在内，都持有消极、不认可的态度。而从现在看来，当时的论断确有很大的不妥之处。首先得承认，确实存在着一群“80后”的“啃老族”，他们整天无所事事，没有理想和追求，也没有足够的能力独立，这是假现代人的表现。但更应该看到，如今活跃在国家各个方面岗位上的人多是当年的“80后”，可以说国家的支柱将由“80后”逐渐承担。荣格认为现代人“必须在最好的意义上是有判断力和有能力的”，所以这一部分人才是真正的现代人，而我们将要讨论的，正是他们以及和他们同一类的人的精神问题。

说到现代人的精神问题，其原因往往要到人的本身上去寻找。在前面部分已提到过，现代人在最高级的程度上具有意识和理性，这除了会造成如先前所述的现代人的“空虚感”以外，还意味着现代人既能看到人类进步的有益之处，同时也能意识到进步所带来的灾难。他们看到，科技的发展既给人类带来了方便快捷，推动了人类的进步，但它也导致了环境污染、生态破坏；他们看到，政府所谓的为了和平而发展的核武器，实际上也在威胁着世界的和平；诸如此类。所以，从某种意义上说，现代人几乎遭到了致命的打击。这可以说是现代人精神问题的主要来源。外部世界的不确定性，在这里更准确地说应该是矛盾性，向内转化为现代人的心理冲突。于是焦虑就产生于这些心理冲突，以及现代人在潜意识中对这种冲突的调和、解决，甚至是压抑之中。如果将现代人的“空虚感”归咎于其自身的意识局限，那么焦虑问题却一定是由内外世界的冲突所共同引起的。进攻和屈服的倾向，过度的需求与对一无所获的恐惧，自我夸大的欲望与无依无助感[①]，这些深藏于现代文化之中的矛盾，正是现代人要努力调和的冲突，它们由外部世界引发，而最终导致焦虑。正是由于现代人意识的高度及外部世界的不确定性和矛盾性，使得现代人对外部世界产生了怀疑，让他们决定转而依靠自己，这时，以前没有注意到的精神内容和精神障碍，就会浮出水面。从可观察的角度分析的话，在我们的时代中普遍存在的精神问题通常表现为，过分地依赖于他人的支持或关爱，对自身过高或过低的评估，对自我肯定的禁止作用，带侵略性的敌视行为等。

当然，现在将这些精神问题提出来，并非是因为它只于当前出现，而是因为现在"一种精神上的需要在我们的时代中产生了我们对心理学的'发现'"[②]，在这个现代人已经基本达到物质上的安全、普遍的福利和相信应该仁慈的时代，当初为了这些目标而丧失的精神上的内容和需要，就被人们提上议程。即事实是这个问题也存在于过去，只是由于当时对它没有进一步的被迫切需要，没有引起人们的注意。但在今天，如果不能很好地去解决这些精神问题就难以继续前进。

二　神话：原型意象的载体

荣格认为人的心灵有三个层次，分别是意识、个体潜意识和集体潜意识。将潜意识划分为个体潜意识和集体潜意识，是荣格继弗洛伊德潜意识理论后的提出的一个重要的新观点。集体潜意识是指在漫长的历史演化过程中世代积累的人类祖先的经验，是人类必须对某些事件做出特定反应的先天遗传倾向，是个体始终意识不到的心理内容[③]。而原型正是集体潜意识的主要心理内容，它是个体头脑中最初的、脱离内容的形式，需要经过后天经验或具体情境才能被意识到[④]。而且，原型意象往往是历史进程中在文化文艺中反复出现的形象[⑤]。

---

① 卡伦·荷妮：《我们时代的病态人格》，陈收译，国际文化出版公司2007年版，第191页。

② 荣格：《寻找灵魂的现代人》，王义国译，光明日报出版社2007年版，第292页。

③ 贾晓娜、范红霞：《荣格的"原型理论"初探》，《沧桑》2010年第6期。

④ 刘立国：《荣格的情结理论探析》，《心理学探新》2008年第4期。

⑤ 刘韵涵：《荣格"集体潜意识"理论及神话学说述评》，《思想战线》1988年第1期。

如果将荣格提出的原型意象进行分类，大致有三类。首先是出现在一种抽象形式或几何形式下面。荣格曾指出，在罗得西亚的新石器时代的岩石画上，出现了一个圆圈内画着一个双重十字形的符号，而这一图案设计也出现在基督教教堂和西藏的庙宇里。第二类是一些被表现成半人或半神的形象，我们可以在各种远古的艺术作品中找到无数这样的例子。最后，还有一类原型是具有特定叙事模式的神话和传说。例如《圣经》中洪水灭世的神话，出现在世界上许多国家和民族的神话传说中[①]。而且，神话的核心是一些超自然的形象，一些神性的或半人半神的形象。神话也是试图解释灵魂现象最重要的话语系统。当然，神话还负载着远古人类对宇宙、世界、自然及自身与其关系的思考，以及对本民族的生存与发展的思考。因此，不难看出，原型最主要的载体和表达方式就是神话和神话意象。因而可以说，正是神话将人们内部的集体潜意识外化出来；而且，由于集体潜意识制约着一个民族对世界的情感倾向、思维方式和行为特质，即表现出特定民族的心理特征，所以神话作为原型载体往往构成了这个民族的文艺的核心意象和基本类型[②]。

根据荣格的描述，从现象上看，原型意象无非是某种文化圈内历史性地反复出现，并且在特定时代密集出现的艺术意象。艺术是时代精神的索引，某种意象密集和反复出现，必然既与特定的文化心理结构有关，又与时代某种普遍的精神倾向有关。当大众对一种文化规范或普遍观念产生了动摇，或者普遍的精神状态出现了某种片面性和虚伪性，即具有了某种病态倾向时，“原型”常常就以神话作为载体被召唤出来，疏导混乱的意识，恢复社会心理平衡。可以说，神话中的原型就是对特定时代进行心理补偿和精神纠偏的艺术形象。它的心理治疗功能具体说来有两方面。首先，原型是一种象征形象，而一切象征现象都有一个重要功能，就是消除我们心理上的抑制，使我们想表达而又无法表达的感念（feeling-idea）得以自由表达。因而，人们能将重压在心理上的负担投射给它，防止由于激烈的内心冲突而可能导致的精神分裂。也能将生活中真实存在的某种困境从精神上转移给它，让它来承担，从而淡化困难或者获得某种“替代

---

① 刘韵涵：《荣格“集体潜意识“理论及神话学说述评》，《思想战线》1988 年第 1 期。

② 李欧：《在神话性中生存——当代武侠小说的深层内涵》，《文学评论》2008 年第 5 期。

性的满足”；最后，艺术原型向大众倾注了在现实中个体没有或无法表现出来的力量、智慧和勇气，大众在接受中似乎成了个体自身的生活构成，从而把自己从日常难以忍受的平庸、猥琐、烦恼中解救出来，使人性美好的一面象征性地焕发出来，驱走可能导致精神障碍的内疚感、负罪感、心灵扭曲感等。可以说，神话中的原型意象的密集出现，就是在进行一种“群体心理治疗”。

在某种意义上，艺术创作实质上是原型意象的再创造，是创作主体作为人类个体在汲取集体潜意识的基础上，融合个人以及种族经验，并赋予形式的结果[①]。荣格还把艺术创作分为心理型与幻觉型两种，前者表现的是人们的生活经验和情绪意识；后者则来自史前，是人们不能理解的原始经验。幻觉型的艺术创作取材来源不是现实生活，而是原始意象，即原型意象，主要来自集体潜意识，以种种神话性表现出来。以文学为例，中国带有神话性的武侠小说可以说是当代中国式神话的现代表现形式之一（关于武侠小说神话性的阐述见李欧《在神话性中生存》一文），它既延续着中国式的神话，又养护着神话。当代武侠小说的盛行，意味着现代中国人对武侠小说的强烈的需求；从更深层次看，是现代人对神话的需要。一般来讲，神话有“创世”“英雄”两大类，前者是人类对宇宙的产生与性质的思考，后者则是将这种思考延伸到人类自身，常涉及人类自身的痛苦、灾难等[②]。武侠小说中塑造的大侠式的英雄，往往都带有神话的色彩，比如说他们多拥有超凡的魅力、过人的武功，以及能忍受常人不能忍受的磨难等。这种神性的英雄，既可以说是对神的人化，也可以说是对人的神化。而神的“人化”和人的“神化”无疑都使得武侠小说迎合了现代人的精神需求。大众总是需要英雄的，将人神化，正是在满足人们信仰的需要，只有拥有超常能力的英雄才能抵御我们精神上的困扰；而将神人化，是为了符合现实，在这个科技发达的社会里，过于虚无缥缈的神话显然难以生存，而以人为基础的神话更能为大众所接受。可以说，大侠们的刀光剑气使无数的中国人缓解了精神压力，免除了得精神病的威胁。通过

---

① 田红云：《西方心理学派神话研究述论》，《长江大学学报》（社会科学版）2008 年第 2 期。

② 李欧：《在神话性中生存——当代武侠小说的深层内涵》，《文学评论》2008 年第 5 期。

以上的论述，再次审视支撑武侠小说的神话性时，我们可以提出这样一个设想：神话的参与有助于解决现代人的精神问题。

三 补偿：现代人精神问题的消解

人类需要神话从原始时代就开始了。随着人类的发展进步，社会环境和文化历史的变迁，神话的表现形式和内容发生了改变，但神话之于人类始终有着极大的影响。如果我们要进一步探讨神话对于现代人的影响，是有必要先对原始人和现代人需要不同神话的原因做出区别的。

在原始社会中，神话的存在对于人类的生存和发展是极为重要的。首先是因为神话具有解释性。在原始时代，由于科技的落后，人类对这个世界和自身的认知是极为有限的，所以他们用神话解释各种自然现象、人际关系、人与自然的关系等，例如中国北系神话中认为洪水是共工怒触不周山导致的；其二是由于神话的规范性。原始社会的社会体系并不完整，没有正规意义上的法律、伦理、宗教等，但社会的存在就必然有其自身的规范，神话在当中起着举足轻重的作用。它包含着氏族的各种礼仪和价值规范。在神话中以神的名义确立社会法律、建构氏族的价值标准，有着最高的约束力量。古希腊神话中的普罗米修斯正是因为违反了神界的规范，帮人类从奥林匹斯山偷去了火，触怒了宙斯，因而被锁在高加索山的悬崖上，终日遭受着鹰啄食肝脏的痛苦。最后，神话是可操作的。在原始人看来，神话又是巫术操作的根据。人们根据神话的启示进行一系列的仪式来祈求神的庇佑，因此神话是一种有实用功能的文化现象①。

论及现代人需要神话的原因，主要是体现在精神方面，尤其是潜意识的层面，需要从两个大方面去看待这个问题。第一个方面要从集体潜意识的影响这个角度来看。在承认荣格的集体潜意识存在的基础上，原始人对神话的需要在漫长的历史演化过程中积淀下来，并会反映在现代人身上。不过由于环境和历史的变迁，这些影响因素都会有所改变。首先，现代人同样需要神话的规范性。现代社会已经拥有相当系统完整的社会规范了，所以这里的规范性主要是指精神上的规范。这种规范并非是对精神的限制，而是一种带有倾向性的引导。在现实规范越来越完善的社会，人们的

① 叶朗：《现代美学体系》，北京大学出版社2005年版，第407—408页。

精神却常常越轨，或是变得麻木和沉沦。神话中带有神性的人物，尤其是正面人物，他们的所作所为往往影响着现代人的精神导向，维护着社会的正义感和价值准则。例如超人、蜘蛛侠等都是具有神话性的人物，在现代生活的个体被市场法则、工具性压抑得精神萎缩、难以应对之时，他们拒绝麻木和沉沦，用关怀、爱心、助人、同情等拯救世界，更是拯救了现代人的精神与灵魂。

最后，人类在潜意识中都有回归母体的渴望。弗洛伊德认为，人类一旦脱离母体就会产生种种焦虑、压抑、不安全感。而在这里，我们可以认为现代人在潜意识层面都有一种想要回归本真、童年的渴望[①]。然而充满混乱与压力的现实生活，显然难以满足现代人这种精神上的回归。而神话构建出与现实生活不同的意境，在一定意义上，再现了人类的童年的精神世界，从而让人们暂时逃避现实，栖于这种用幻想与特定现实因素编织成的无意识避难地，从而获得安全感，释放受压抑的心灵，实现补偿与平衡。马克思就曾指出，古希腊神话为什么具有永远的魅力，就因为它表现了人类的童年精神。而在当代，风靡全世界，有大批书迷和影迷的《哈利·波特》也为现代人建构了这样一个神话的魔幻的世界。在这个世界里，用魔法可以完成很多超乎想象的事情，即使遭遇危险，那也不是实际意义上的，而最终的结局也总是安全的，接受者如弗洛伊德所说“……我带着一种安全感跟随着主人公历经重重险境”[②]，从而，缓解了焦虑。

另一个方面是集体潜意识影响之外的原因，是由这个特定的时代造成的。这是个人们普遍存在“信仰危机”的时代，即当代特定的价值观，已无法应对普遍的精神困境时，就可能从远古去寻找精神资源。而这时通过神话及其所塑造的英雄，可以在一定程度上缓解这种精神上的危机感。当现代人从个体性的位置出发，面对一个无限广延的世界，似乎一切都在生长，一切都在走向毁灭；一切都似乎具有可能性，一切都已经被限定；空虚感油然而生。拥有足够力量的精神支撑对他们而言将是极为重要的。神话在这里的作用可能只是潜意识层面的，在现实生活中现代人并不相信

---

① 常如瑜：《神话原型批评的精神生态意义——荣格原型批评学说中的生态精神解析》，《文艺争鸣》2010 年第 1 期。

② 李欧：《在神话性中生存——当代武侠小说的深层内涵》，《文学评论》2008 年第 5 期。

神话，但神话却在他们的潜意识中发生作用，帮助他们应对这个难以适应的社会，以及这个社会带给他们的压抑、焦虑、空虚和恐惧。这就如同原始人类构建神话来抵御他们难以控制的强大的自然一样。值得说明的是，尽管荣格认为宗教对解决现代人精神问题的作用越来越小，但我们能看到宗教作为神话的一种高级形式，仍为现代人所需要。即使是发明掌握最先进科技的科学家们，他们中的很多人也会进行饭前的祷告。

现在的中国社会受西方世界，尤其是美国的影响，开始所谓的快节奏生活。这种来自西方的生活形态，与原本强调和谐平静的东方文化产生了冲突，一种巨大的紧张在外部生活和内心生活这对立的两极之间发生，在客观现实和主观现实之间发生[①]。一方面，社会在强调和平中庸，涌现出一批制造“小女人”“小男人”“平淡生活”的作家；另一方面，又在鼓吹着效率和成功，营销各种所谓的“英雄”，例如“一唱成名”“打工皇帝”等，引发大众的崇拜热情。这使得中国人的精神世界处于混乱中。如果要概要地说出中国人，甚至现代人的精神问题的话，就不得不强调在一个不安宁的时期对安宁的渴望，或是由不安全滋生出来的对安全的渴望[②]。无论是精神规范、回归本真，还是寻求信仰，都可以说是对安全感的需要，外部世界的不确定带给内部的怀疑和不安全，从而引发的精神问题，还得从人的自身上去寻找解救方法。大众们在神话的世界中游荡，似乎能体验到一种更合理的生存方式，获得一种被提升到更高贵世界的慰藉，在幻想与想象中给受挫的生命一种心理补偿；同时，由于神话的原型意味，使大众的“深层恐惧”获得一些释解。但是，就如生理器官过度代偿会造成“器官代偿性肥大”一样；心理上的过度补偿，也可能成为病态。人们常常是由于与现实世界不相协调，在具体的生存困境压力下走向神话；但是，神话毕竟无法提供有效的应对策略。在特定时代，神话的参与可以缓解现代人的精神问题，但这同时也正说明了现代人的精神力量的衰弱已经非常明显了，要真正解决诸多精神问题，神话显然是不够的，这还需要更多的努力和进一步的探讨。

---

① 郑荣双、车文博：《荣格心理学的东方文化意蕴》，《心理科学》2008 年第 1 期。

② 荣格：《寻找灵魂的现代人》，王义国译，光明日报出版社 2007 年版，第 315 页。

第九章　诉求与应答：中国心理学文化选择与愿景

高清海先生曾说过："近日哲学必须自救，一种面向生活世界的深刻思考虽然不再具有绝对真理的权威和形而上学的专断权力，仍然将具有理论的魅力和教化力量，因为它在引人思，和人们一起思，并显示出人之所思可能达到的高度和惊人的洞见。问题还在于我们是否真的在思考和创造"[①]。心理学是否仍然具有理论魅力和教化力量，心理学者是否真的在思考和创造，关键在于心理学研究的思维方式和话语方式是否发生真正的改变。心理学的创新可以是理论上的创新，方法上的创新，还可以是技术上的创新[②]，这种学术创新其实就是对心理学文化精神的守望，是对心理学未来前行道路的文化选择，是对心理学文化愿景的描绘。心理学背后的文化支持系统以及心理学之中的文化性格成为心理学创新和发展题中之义。

第一节　中国心理学思想的文化守望

我国灿烂的文化传统孕育了丰富的心理学思想和学说。从我国的文化传统中深入挖掘和梳理心理学思想，并且构建起心理学和我国的文化传统之间的深刻关联，其要义在于对中国心理学文化根基重新评析和释义，这是心理学文化理论重建的重要学术资源和创新资源，也是现代心理学建设与发展不可或缺的启示和借鉴之源。当对话作为一种话语方式或者是更深

① 高清海：《找回失去的哲学自我》，北京师范大学出版社 2004 年版，第 172 页。

② 葛鲁嘉：《中国本土的心理学发展期待着原始性的理论创新》，转引自周宁：《独白的心理学与对话的心理学》，云南大学出版社 2005 年版，序言。

层次上的思维方式成为21世纪的主流话语，并以其公共性与交往性的本质特征，成为全球化背景下保持文化内在续力的根本途径之时[①]，从20世纪科学心理学与中国心理学传统的关联与互动中，或许能找到心理学文化愿景重构的精神与资源。

一 中国心理学思想探源

中国的文化传统源远流长，试图用几句话来实现对其概括和深究，那绝对是不可能的。晚近的国学大师们对此问题做出了精炼概括。梁漱溟先生将其归结为缺乏集团生活、伦理本位、以道德代宗教、无阶级、无革命、早熟等十几个特征。伦理本位文化是建立在“关系”之上的。“是关系，皆是伦理”，“伦理关系，即是情义关系”[②]。在梁漱溟看来，这种伦理关系是人和人之间关系的根本，它从家庭开始，从国家、社会结束，延展开来，编织成一个错综复杂的“伦理之网”，社会成为紧密相联的伦理社会。连罗素也将这种伦理本位的文化称为“纯粹伦理学说”[③]。张岱年认为中国的文化精神表现为天人合一、以人为本、刚健自强、以和为贵等特征[④]。对此作详细阐释和论说并作出精辟论断的是石中英先生。他认为中国文化传统精神表现为天人合一、伦理精神和中庸思维[⑤]。关于天人合一精神，他认为在中国文化史上，尽管对这一命题颇有争议，但是，中国古代讨论天人关系和天人合一很少在自然意义和宗教意义上来解读，大都是从伦理意义来谈论。“天人合一”基本上是一最高原则，而非科学命题或宗教的教条。这样，这种天然蕴含着伦理关系的天人关系传统，一方面可能使中国文化传统中缺失理性的、逻辑的科学精神，因为当人们以伦理眼光来观察自然的话，就不可能赋予自然以西方人那样的本体地位，不会如西方人那样按照自然本来面目客观地认识自然动机，更多地将自然赋予“人事”之色彩。另一方面，“天人合一”思想成功地阻止了中国文化宗

---

① Scott, G. “Falling off the Edge of the Modern World”, *American Psychologist*, 2001, 56 (4).

② 梁漱溟：《中国文化要义》，学林出版社1987年版，第77—94页。

③ 罗素：《中国人的性格》，王正平译，中国工人出版社1993年版，第38—39页。

④ 张岱年：《中国文化优秀传统内容的核心》，《北京师范大学学报》1994年第4期。

⑤ 石中英：《教育学的文化性格》，山西教育出版社1999年版，第271—299页。

教化，使之在整体上具有非宗教性。因为这种天人关系否弃了一个外在的、同一的、至高无上的、永恒的主宰者存在。另外，“天人合一”思想的存在使外来宗教也缺乏适宜发展的文化土壤，从而使得中国人没有受到宗教蒙昧主义与专制主义之苦，而是一直保持着清晰的人生思考。“伦理本位”精神则从伦理性、天人合一思想出发，使中国文化几千年来负载着、贯通着一种浓烈的伦理精神而非科学精神或宗教精神。这种伦理本位精神渗透于社会生活的各个领域，直接导致了重义轻利的社会价值取向。所以，历史上中国人的基本价值观强调义先于利、义贵于利、义高于利，一切追求和所得都要放在伦理道德的标尺下衡量。关于中庸思维，石中英认为，中庸既是一种极高道德，也是一种根本思维态度和思维方式，是道德践履与思维态度、方式的统一。作为一种根本性的思维态度和方式，中庸强调的多是综合的而非分析的，全面的而非片面的，中和的而非激进的，和谐的而非对立的。又由于具体的不是脱离人事的，而是合情合理的。正因为如此，它是一种源自于生活实践并为了生活实践的智慧。尽管它可能阻碍了科学精神在中国衍生，也夸大了和谐、平衡而忽略了冲突、斗争、非平衡意义，使得中国人多老成持重，少锐意创新。但是，石中英不无自豪地指出，在中庸思维方式之下，中国传统文化形成了兼容并包、有容乃大、会通超胜的文化气度和学术胸襟。

概括地说，中国文化传统的核心或基本精神是以人生为主题，以伦理为本位，以儒家学说为主线，充满着内在的人文精神。问题在于，具有连续不绝的历史传承性和自强不息的生命力的中国文化传统是否诞生和拥有属于自己的心理学传统，这一直在学界存有争论。应该承认，中国文化传统中缺乏科学精神得以滋生的土壤，中国心理学缺失真正属于自己的科学精神，一直以来，是在引进和模仿西方现代心理学。所以，以西方科学心理学标准来衡量、审视和评判中国心理学就会产生两种结果：一是认为中国没有自己的心理学，也没有中国心理学传统，或者在中国文化传统中，只有零碎的片段和散乱的心理学思想，而没有具有现代意义的科学心理学，有的只是思辨猜测和主观臆断并带有哲学意味的言说；二是即便是在承认中国文化传统中存在着心理学探索后，依旧以西方科学心理学为标准对中国心理学进行分类、梳理和筛选。这两种以外来标准来衡量和评判的“标签式”研究方式不但曲解和误读了中国心理学思想的内在精神，使其被动地依附于西方科学心理学标准之上，仍然行走的是亦步亦趋的道路，而且，极容易将我国心理学传统陷于破碎和片段，丧失从根本和基础上获得发展的资源和养料。

所以，中国文化传统中潜蕴、流转和传承着一套独特和系统的心理探索系统。葛鲁嘉认为，是不是或者有没有系统的心理学，可以按照三个标准来衡量：第一个标准是看有没有一套心理学概念和理论，可以用来说明和解释人的心理与行为；第二个标准是看有没有一套心理学研究方式和方法，可以用来考察人的心理和行为；第三个标准是看有没有干预人的心理行为的手段和技术，可以用来影响和改变人的心理行为。那么，按照这样三个标准来衡量，中国文化历史或文化传统中也同样拥有系统的心理学，只不过这种心理学不是西方文化中所谓科学心理学意义上的[①]。他以此为考评标准，认为西方科学心理学奠基于以西方个体主义为核心的文化传统中，生发的是人格理论，而以社会为本位的中国文化传统中衍生的是“心性”学说，被赋予了时代意义和内涵的“心性”学说称其为“新心性心理学”，这是中国文化传统中非常独特和非常重要的贡献[②]。台湾心理学家杨国枢也认为中国有自己的心理学传统，他将中国心理学系统归结为重面子、讲人情、尚缘分、崇关系、求孝道、念家族、尊社会等[③]。

二　中国心理学文化特征论析

一种面向生活世界的深刻思考虽然不再具有绝对真理的权威和形而上学的专断权力，仍然将具有理论的魅力和教化力量，因为它在引人思考，和人们一起思考，并显示出人之所思可能达到的高度和惊人的洞见。问题还在于我们是否真的在思考和创造[④]。对于心理学的考评，该不该或用不用一个外来科学的标准，一直有着争议。对于我国心理学传统而言，如果事先用一个抽象的科学标准作为框架来衡量和评判，而不顾我国心理学产

① 葛鲁嘉：《对中国本土传统心理学的不同学术理解》，《东北师大学报》2005 年第 3 期。

② 葛鲁嘉：《中国本土的传统形态心理学与本土化的科学形态心理》，《社会科学战线》1994 第 2 期。

③ 杨国枢：《中国人的心理与行为：本土化研究》，中国人民大学出版社 2004 年版，第 11—60 页。

④ 高清海：《找回失去的哲学自我》，北京师范大学出版社 2004 年版，第 172 页。

生的文化根基和文化特色，势必会产生“唯科学主义”的心态和做法，也势必会抛弃一些科学标准无法衡量但是对于国人而言却是根本的东西。当然，也会遮蔽对自己心理学传统完整的认识。从文化价值视角言之，无论是中国的心理学，还是西方科学心理学，它们作为在各自文化背景中产生的一种传统，一种文化形式，对于当地人而言，都具有同等的价值和意义。无所谓谁高谁低，哪个先进，哪个落后，都在实现着对当地人心理的解释和理解。西方现代心理学凭借科学主义标准试图成为一种“真理”式标准对其他地方心理学“指点江山”，动辄冠以不成熟或非科学之名，是值得商榷的。尽管与西方心理学相比，中国心理学还缺少一定的科学性和理性，表现形式上也缺乏逻辑性和体系化，但是，它就是这样一种关于“心性”的学说，甚至是关于“心性”的“科学”，虽非见得合理，但却一直合乎性情。没有西方科学标准的时候，它就存在着；当西方科学标准被引进后，它也一直存在着。中国心理学文化根基以其旺盛的动力和不竭的生命气息，彰显着独具特色的魅力，其核心价值或基本精神成为今天心理学文化理论创新的资源与源头。

（一）关注人生命的完整性

与西方现代心理学贯穿的二分对立思维方式和本体论所造成的人与自然、主体与客体两极对立的紧张关系，并与心理学中“人”的分解、消失等一系列附带消极现象不同，中国心理学以中国文化传统中一以贯之的“道”为线索，以意向方式或体悟方式来把握人、人的本性、人的生命、人与外部世界关系等，创造出迥异于西方心理学的中国心理学。中国心理学强调人立于天地之间，天道、地道和人道三分法把人与物的关系放在整个自然即“天”的统率之下。在这种关系中，人和物、人性和物性里面都贯穿一个“天道”，这样，就把人、物、自然关系看成是生命不可缺少的组成部分，一个内在的生命统一体由此能不断以“天道”去升华“人道”[①]。这种对生命的深邃思考，在以儒、道、佛三家心性学说为代表的文化传统中都有体现。儒家心性学说以“入世”态度，强调做人就要成为一个圣人、一个君子，内心修道，济世利民，终而达于内圣外王；道家以“超世”态度追求人格独立、个人自在，终而达成解脱束缚的自由境

① 高清海：《找回失去的哲学自我》，北京师范大学出版社2004年版，第412—413页。

界；佛家的心性学说强调“出世”态度，追求永生境界，讲求超脱、涅槃理想，最终达成生命的有限解脱。所以，儒家讲求“穷理尽性”，道家讲求“复真保性”，佛家讲求“明心见性”①。其实，尽管这三家心性学说看似对立、冲突，实则就观照人的生命而言，却是三位一体，互为补充，构筑成完整的理论框架和指南。人生活于现实世界，应该是济世利民心态，调节和处理现实人际关系，这是儒家心性学说“入世”思想之根本；同时，作为一个完整和独立的人，在现实中又必须以本真个性和自由彰显自己独特性，这是道家“超世”思想之本源；此外，人作为人有一种形而上的追求，也要追求生命本性的超越与永恒，这是佛家心性学说“出世”的思想境界。所以，三家心性学说从三个不同侧面表达了人的生命的一个完整内涵，突出强调了人在现实生活世界中的现实性、理想世界中的超然性和精神世界中的永恒性，既为现实中的人找到了安身立命之根本，又将人的理想形象置于一个至高无上的位置，关注人完整的生命形象及其生命历程，力求达到天人合一而不是天人相分的境界，弘扬了中国心理学思想兼容并包、有容乃大的宏大气魄和胸襟。

西方现代心理学讲求逻辑理性，试图以理服人，这就将人的心理程式化、规则化和抽象化，衍生成一种普遍性的外在尺度。中国心理学注重讲求道德践行，试图以情感人，这样就将人个性化、人本化和整体化，衍生出一种理解人心特殊性的内在标准。这样，西方心理学思维方式向外，指向人的外在行为；中国心理学思维方式向内，指向人的精神修行。中国心理学心性学说各有各的长处和特点，对人都需要，其思维方式对解读和重构心理学也都需要，不可偏废。正如高清海先生说：“人需要外治，更需要内治。所以，中西这两个不同的理论思维，如果能够结合起来，我认为对于完善人的生命，是更有好处的，在这一点上，应该承认中国传统思想里面有优长东西，不要埋没。有了这一点，我们才有可能和人家西方对话，和西方平起平坐，相互交流，相互学习”②。所以，心理学理论重构的落脚点是将人视为完整的人，不再将人的生命肢解或是只研究抽象的人性，需要将人的生命视为一个整体，一个复杂的结构，一个与现实生活环

① 高清海：《找回失去的哲学自我》，北京师范大学出版社 2004 年版，第 413 页。

② 同上书，第 417 页。

境相关联的意义生成。这样，人才会有真正的生命，生命才会有真正的意义，意义才会有真正的持续创生，心理学新生才会有真正可能，这是中国心理学带给心理学理论重构的重要启示。

（二）目标的人本性和价值性

受西方本体论哲学和理性思维的影响和支配，西方现代心理学假定人的心理以外存在着一个实体，实体性质便是心理性质，实体的机制便是心理机制，实体的规律便是心理规律。本体论试图由预设本质来解释现存世界，将一切还原成为最终的终极存在，这为心理学带来辉煌的同时，也为心理学带来诸如主客二分、人与自然对立、人性分解等问题。“哲学本体论的问题主要并不在于‘本体’的虚构性质，这当然也是一个问题；主要在于这种理论失落了人、瓦解了人的现实世界，这才是根本的”[①]。中国心理学则以存在本身、万象变化源泉的“道”为根，将其视为生命的本性，力求以无处不在的“道”贯注人心，提升人生质量，化腐朽为神奇，并以人本化和价值定向，涉入人的内心世界，关注人的生存意义和价值。无论是儒家的心性学说，还是道家的心性学说，抑或是佛家的心性学说，主张只有人自己超越个人内心的羁绊，以不断的精神修养才能实现人性的完善，体认天道，实现天人合一。他们每一家都强调人格超升，成为圣人、成为真人、成为佛，从而达成永恒[②]。中国的心性心理学的目标是促成人内心世界的丰富、心理生活质量提升及道德践行，以实现贤人、士、君子、圣人等高尚人格养成为主。孔子的“君子”、孟子的“大丈夫”的人格目标、张载的“为天地立心，为生民立命，为往圣继绝学，为万世开太平”的道德和人生使命感，无不着眼于人的内心道德境界的体验、升华和完成，这便是中国心性学说目标指向的人本性和价值性：人本性是心性说表达以人为本，追求人格得以超升的一种诉求；价值性是心性说追问人应该成为什么样的人，人何以得到超脱的一种可能。这既是内在于中国文化传统土壤之中的心性学说所彰显的不同于西方现代心理学的魅力和文化品性，也是中国心性学说指向人格理想，实现人格境界提升时所张扬的由表

---

① 高清海：《找回失去的哲学自我》，北京师范大学出版社 2004 年版，第 417 页。

② 葛鲁嘉：《中国本土的传统形态心理学与本土化的科学形态心理》，《社会科学战线》1994 年第 2 期。

及里的风格，是对现代西方心理学目标缺陷的有益补充和启示。

所以，西方现代心理学将关注视野投入到人心以外的那个“本体”，散发着理性智慧，试图以此来实现带有科技主义“外求”目的；中国心性学说则将关注视野转向内心，将做人道理内化于心，散发着心性智慧，以此来实现人文关怀“内治”目的，二者之间优势互补和启示由此可见一斑。“二者作用我认为各有自己特点，对人都需要，我总觉得这两个东西如果结合起来的话，能够解决社会生活中很多问题”①。中国心理学研究目标的人本性与价值性为心理学新生提供了研究方向上的一种资源借鉴。

（三）方法论的关系化取向

西方现代心理学为了实现和确立自然科学研究模式，将个体从生活现实背景中抽离出来，执意于心理学科学形象树立。但是，西方现代心理学的方法论个体主义取向在将个体放置于实验室后，其实，已经将个体所生长和依存的文化根基与土壤剥离了，研究视野中被架空后的个体演变成为“抽象化、平面化和符号化”的“人”。心理学实证研究降低或忽略了被试作为社会成员的本质②。西方主流心理学研究愈精致，愈现代化，愈抽象，那么心理学所面临的困境就愈难以超越，人类内心的孤独感、失落感和沮丧感就愈强烈，外推效度就愈低下，这便是西方现代心理学不得不面对的尴尬和阵痛：缺失心理的“生态性”。

中国的心性学说目标所指是现实生活背景中的人。尽管它缺少对人逻辑化和理性化的说明，但却以一种人性温情和深邃洞见，实现着对生活于文化传统中的人们内心的解释和解说。它不仅仅是思想观念的理论体系，同时也是精神生活的践行方式③。所以，中国心性学说始终观照着现实生活中的人，从其所依存和生活的社会关系之中来考察人，并没有将其从文化背景中剥离出来。“伦理本位”文化是建立在“关系”概念之上的④。“是关系，皆是伦理，即是情义关系”⑤。于是，有学者将这种奠基于“关系”之上的心性说思考方式称为“亚洲心理学特有的方法论关系论”，并

---

① 高清海：《找回失去的哲学自我》，北京师范大学出版社 2004 年版，第 417 页。

② Allport，F. H. *SocialPsychology*，Boston：Mass Honghton Mifflin，1997，p. 12.

③ 葛鲁嘉：《论心理学哲学的探索》，《自然辩证法研究》1999 年第 8 期。

④ 石中英：《教育学的文化性格》，山西教育出版社 1999 年版，第 271 页。

⑤ 梁漱溟：《中国文化要义》，学林出版社 1987 年版，第 77—94 页。

认为在亚洲传统思想中，对于社会生活中无所不在的自我与他人关系深入思考蕴含着方法论关系论，这是亚洲思想的特色。将方法论的关系论作为分析人类思想和行为的概念框架，是亚洲社会心理学对主流心理学的一个重要贡献。[①]

我们以儒家心性学说为例。儒家心性学说思想首先是一种制约人类关系的伦理。在儒家看来，正确行为在本质上是指正确处理与他人的关系。人生活于关系之中，在关系中生存，在关系中成长，人的性格形成也是如此，生命意义的追寻也是如此。这种关系取向实质就是人类所赖以生长的现实文化背景。它使人们习惯于从关系视角即人与背景的相互关联和互动中来考察人，而不是从个体角度即把人与背景分离来思考问题，二者之间的本质区别在于前者考察的是真实的、丰富的人，而后者考察的则是虚幻的、抽象的个体。所以，儒家思考方式背景化取向分析元素就不再是单纯的个人或单纯的情境，而是“一般关系”中的个人和“特定关系”中的人们，从中所衍生出的关系性概念如相互性、面子、人缘等。关系性概念更准确地反映了社会行为本质[②]。这样，儒家心性学说的独特性在于将人置于其所生活的关系背景中整合起来考虑，人在关系背景中有了真正的现实意义，而背景也因为人的存在凸显出文化的内涵。儒家心性学说的意义不仅在于从人与文化背景之间关系来理解人，还原其现实性，更为重要的是，这种关系论方法论内在的蕴含着普遍适用性，不但在东方文化圈中可以见到这种方法论，即便是西方文化圈中，关系论的方法论也有着应用的可能和余地。对于人而言，最重要的背景是具有重大意义的人际关系（如亲子关系等），这些特征是持久的，并具有跨文化的稳定性。研究者在试图解释个体行为模式之前，应考虑个体所处的关系即文化背景因素。它可以超越亚洲本土心理学界域，而被运用于他种文化的心理学中，使它获得普遍性。何友晖从思想发展史角度、心理学本身逻辑和社会科学方法论角度，分析了儒家心性学说的方法论关系论的普遍性根源。他在阐明心理学儒家关系方法论深刻内涵后指出，剥离了背景的抽象的个人事实并不

---

① 何友晖、彭泗清：《方法论的关系论及其在中西文化中的应用》，《社会学研究》1998 年第 5 期。

② 同上。

足以解释社会现象，社会现象的事实和规律不可以还原为有关的个人知识。而且，关于个人的事实本身也只有与社会情境联系起来，才能得到理解。故而，关系论的模式对于人类社会生活而言具有更大代表性，在不同时代，不同地方都是如此。这样，学界就会质疑以个人主义为基础方法论的适用性，这也从一个侧面证明了方法论关系论情境模式的适用性。不独儒家心性学说，道家和佛家心性学说也都如此。中国心性学说关系论方法论不仅可以从根本上超越了西方现代心理学悬而未决的个体主义难题，而且，作为一种理论框架和学术资源，在学理上也为拓宽西方主流心理学方法论视野，为西方心理学突破方法论上的局限，提供了基本的学术借鉴。

综上，美国心理学史家墨菲说："中国是世界上心理学最早发源地之一。公元前五百年中国的孔子和孟子、印度的《奥义书》从南亚到小亚细亚许多城邦的希腊思想家等在哲学和心理学方面都有惊人的创见。"[①]对于中国自己的心理学传统，我们当然需要在一个更新的视野、更高的高度、更宽的视域中来重新审视自己的心理学传统，赋予其符合时代特征的新的精神和意义。现代科学心理学的文化理论创新需要从我国的心理学文化根基中来寻找和探索。判断某个类型民族文化传统中是否存在着某种心理学传统，能否以外来的标准予以衡量是应该予以深入思考的。如果说西方现代心理学一百余年来的发展已经建构起相对比较成熟的自然科学品性的话，那么，它一直以来饱受学界内外的质疑与批评则说明现代主流心理学的研究视野依旧局限于作为"名词术语"的"科学"本身，缺乏一种理解科学的宏大视野和开放胸襟。高清海指出，西方理论思维方式是一种注重逻辑关系的概念思维方式，中国哲学虽然也用语言，但语言就是概念，是属于"意象化"概念，是"义理性悟觉思维"，这是两种不同的"各有优长"的思维方式[②]。所以，如果说西方现代心理学是一种系统的、从外部来"说明"人的心理学探索，那么，中国心理学就是一种体系化的、从内部来"理解"人的心理学探索，前者注重心理学自然科学精神的追求，后者致力于人文精神的构筑，这种人文精神不但成为中国心理学文化根基厚重与魅力的独特性体现，同时，它对人生命完整性的关注、对

① 墨菲：《近代心理学历史导引》，林方等译，商务印书馆 1982 年版，第 399 页。

② 高清海：《找回失去的哲学自我》，北京师范大学出版社 2004 年版，第 402 页。

人的人本性和价值性认同、从现实背景中来理解人等特质是建设新心理学一笔巨大的历史财富和宝贵的学术源流，也成为了现代科学心理学文化理论创新不可或缺的学术资源和创新源头。

第二节　从本土到世界：中国心理学科学化文化前瞻

一　中国心理学思想的文化诉求

对于中国有没有自己的心理学传统这个问题，上一节论述已经给出了答案：中国有自己的心理学传统。中国浩浩荡荡的泱泱文化孕育和传承了属于中国人自己的心理学传统，几千年以来，一直奠基、流传和承续于文化传统土壤之中，观照、理解和解释着中国人的心理以及人与社会、民族、历史之间的关联。当然，如果按照西方心理学科学主义或实证主义的标准，主张凡是概念化、体系化或实证化的心理学研究才算是科学心理学研究，否则，便没有科学心理学，这是从技术、学科或名词视角来进行评判的。依此标准，近代科学心理学产生于1879年的西方，并且只有一个起点，其内在的逻辑线索便是从冯特开始，历经结构主义心理学、机能主义心理学、行为主义心理学、精神分析心理学、格式塔心理学、皮亚杰认识发生论、认知主义心理学等一路发展下来；科学视野中，耳熟能详的心理学家尽是冯特、铁钦纳、詹姆斯、杜威、华生、弗洛伊德、罗杰斯、西蒙等如雷贯耳的名字，那么，中国便没有自己的心理学，即便是有心理学，也只是散见于文献典籍中不成体系、非逻辑化、非理性的心理学思想。凭心而论，尽管中国拥有着自己独具风格和特色的心理学传统，但是，我们不得不情愿地承认，由于历史原因和主客观条件的局限，当今中国心理学领域惟有西方科学心理学影子驱之不散，依旧在肆意地“跑马圈地”，视野中尽是中国心理学家在进行着“西化”的心理学研究，中国心理学传统和精神被淹没于汹涌的“西化”浪潮中，迷失了、失落了，长此以往，中国心理学将在世界心理学舞台上失去自己的声音。客观地说，中国心理学现在正处于科学主义心理学时代。应该使中国的心理学从科学主义时代进入到文化时代，引领和推动中国心理学传统的新生。简单地讲，构筑中国心理学文化时代就是要站在中国自己的文化传统立场上，在不断变迁的社会现实和社会需要中，反思、批判和克服心理学单纯

“西化”研究现实和趋向，以多元文化心理观为发展理念，积极地吸纳西方心理学的文化智慧，重新诠释和构筑自己的心理学传统，推动中国心理学传统透过逻辑、语言、技术层面与多样化的西方心理学传统展开深入、平等对话，建构一种具有新的文化精神、与中国文化传统内在品质息息相关的而不是分离的心理学。这是中国心理学现代化问题①。

中国心理学的现代化绝非是目前“西化”的心理学，或是心理学的“西化”。当前的中国心理学是将现代西方心理学研究原则搬进中国，模仿多于创造，复制多于反思，盲从多于批判；对中国的文化传统否定多于继承，拒绝多于接受，离弃多于欣赏，换言之，目前中国心理学只是西方现代心理学在中国的翻版和拷贝，而没有发出属于中国心理学自己的“声音”。所以，当下中国心理学缺失的是一种基于中国文化传统的突破精神，一种基于中国文化传统的创新理念，一种属于中国心理学者所应该拥有的学术责任感。也就是说，完全“西化”的心理学不应该是中国现代心理学，也不应该是中国现代心理学要走的唯一的道路。西方心理学传统只可以作为一种学术借鉴和资源，而不是中国心理学发展路向的当然选择。中国心理学现代化还是要走自己的路，立足于自己的文化传统，推动中国心理学传统与“西化”的心理学之间的对话，进而打造和构建“中国现代心理学”。

一 中国心理学现代化的逻辑前提

（一）文化反思

中国心理学现代化的首先逻辑前提是需要“文化反思精神”。总体而言，中国科学心理学是从西方引进的，其发展经历了非常曲折的复杂过程，主要体现在三次大的模仿、复制和跟随，三次大的批判、转折和重建②。中国心理学之所以依然没能跳脱出西方现代心理学的羁绊和束缚，根本原因正如葛鲁嘉所说，最缺少的就是原始创新。长期的引进和模仿，使中国的心理学研究者习惯于引经据典，习惯于用别人的语言说别人的研

① 葛鲁嘉：《中国本土的心理学发展期待着原始性的理论创新》，转引自周宁：《独白的心理学与对话的心理学》，云南大学出版社 2005 年版，序言。

② 孟维杰：《从心理学文化转向到心理学文化品性探寻》，《自然辩证法通讯》2006 年第 1 期。

究，再进一步是用别人的语言说自己的研究。中国的心理学因为缺少理论创新和文化基础反思，正在21世纪世界心理学论坛上逐渐走向“失音”的尴尬境地。所以，中国心理学现代化建设的难题在于缺少将心理学置于文化传统和历史背景中整体来认识和把握的宏大理论视野，缺少对西方心理学文化系统的深刻的文化批判与思考，缺少对中国自己文化传统的全面理解和透视，以一种虚无主义态度或是一种“西方中心主义”态度在自己的文化土地上建构着“西式”的心理学大厦。中国心理学的现代化呼唤文化反思精神！

“文化反思”源于德国哲学家卡西尔提出的哲学命题，蕴含着一种批判精神，意即对几千年来已经根深蒂固的西方文化传统进行本体论上彻底的“批判检查”，以便促使西方哲学由实体论向非实体论转换，为哲学的言说方式寻求新的“基础”[①]。文化反思是一种精神，是一种理念，也是一种洞见。对于心理学而言，通过心理学文化反思，对每一种心理学生存和发展的文化现实和文化土壤予以全面地认识和把握，理解心理学理论背后的文化支持系统，对心理学逻辑、理性和客观外表下文化品性的把握，从而把每一种心理学命题或主张置于具体的历史背景和文化系统来考察，考察它文化基础的种种独特之处，同时考察它文化基础的局限，以便探讨在什么意义上与我国文化传统或新的文化特征相契合[②]。最忌讳是那种对西方心理学缺少文化反思精神的简单、肤浅地移植和复制，也忌讳那种对我国心理学传统视而不见的虚无心态。只有具有文化反思精神，才能合理地吸收和借鉴西方心理学文化精神，才能理性地审视我国自己的文化传统，客观地分析今天“西化”心理学研究模式，为心理学创新打下坚实基础。历史上，这样成功或失败的例子并不鲜见。例如，尽管以杜威为代表的实用主义心理学在当时中国传播的效果至今还难以定论，但是，有一点需要明确，在缺乏对实用主义心理学与美国文化之间关系全面把握的情况下，强调实用和适应的实用主义心理学能否在以伦理和中庸为本位、为基调的中国扎下根是值得商榷的，杜威来华也不过在中国留下一个失落但不失深邃的背影；以铁钦纳为代表的构造主义心理学在美国也是落得铩羽

① 卡西尔：《语言与神话》，于晓等译，三联书店1988年版，第1—24页。

② 石中英：《教育学的文化性格》，山西教育出版社1999年版，第352—353页。

而归，在其身后就烟消云散的结局——一个强调心理学是纯科学并主张元素分析的心理学流派又怎能在实用和适应氛围那样浓郁的美国立足呢？20世纪30年代古典精神分析从欧洲大陆转移至美国，与美国本土文化很好地融汇，生成了那个时代红极一时的心理学流派——新精神分析。同样是古典精神分析，同样是在我国的传播，但是，导致最后的结局却不一样——也仅仅是传播而已。可以这样说，某一学说传播过程的成功与失败，昭示了缺少深刻的文化反思精神的心理学扎根或重建，还要面临着相当多的难题等着解决。所以，文化反思精神中所蕴含的文化批判过程既是一个深入理解文化过程，也是主动对话过程①。可以毫不夸张地说，文化反思精神是中国心理学现代化的首要条件，也是必需的基础。

（二）全新的文化诠释

中国心理学现代化的第二个条件是对中国心理学传统的重新诠释。心理学发展的现实和理论探讨已经表明，心理学传统奠基于特定的文化传统之中，生硬地割裂它们或是不注重分析它们之间内在关联，就会产生“文化契合”上的矛盾，“心理学中任何理论最初都只是在一种文化上校准的，或只是与一种文化结合的。把这种理论插入另一种文化……就可能犯相当大的错误”②。所以，重新考察和审视中国文化传统与心理学之间的关系，克服和避免西方科学主义观念的干扰可能会造成对我国文化传统的偏见，重新赋予心理学传统以新的精神、内涵和理解，解读其内在蕴含的价值，就成为重新理解中国心理学传统的题中之义。中国在上下五千年连续传承的文化传统中以独特的智慧，成就和积淀了中国特有的心理学探索体系。它以中国文化传统为根基，在获得源源不断的发展动力和生命力同时，也形成了与文化传统息息相关幽远的人文情怀。它以关注人生命的完整性、目标的人本性和价值性，以及方法论的关系化取向等内在品质为特征，与中国文化传统一脉相承，从而，构成它们之间互相依存、互相融汇的内在关联。要认识中国心理学传统，必须在中国文化传统框架中来理解。中国文化传统理应成为发展自己心理学不可或缺的根本，缺少这个根本，中国心理学不但始终处于世界心理学的边缘状态，而且，在西方心理

① 石中英：《教育学的文化性格》，山西教育出版社1999年版，第353页。

② 马尔塞拉：《跨文化心理学》，肖振远等译，吉林文史出版社1991年版，第25页。

学“殖民”态势下，中国心理学会最终失去自己生存的“根”。在民族性面临着日益丧失的境遇下，中国心理学者失去的就不仅仅是前进的方向，很有可能失去立足的根本，只能永远地在自己土地上为西方心理学东奔西走。郭齐家先生说：“中国道德伦理上人文教育终极目的是培养民族精神，深化世代人风，提高人们心灵素质，达到一种真善美的统一人格境界”，“我们必须以自己生命去体验，以自己身心去研究，以自己心灵去撞击，以自己生命去呼应。如果仅仅把它当作一般知识、逻辑、哲理去学习，与自己心灵深处毫不相干，肯定不会有所收获”①。这是对中国文化传统精神的深层次理解、感悟和解读。中国心理学就在这古老而富有鲜活生命力的中国文化传统中流转。如果不转变狭隘的心理学科学观，如果对自己的文化传统始终缺少一种理解和认同，如果始终以科学主义标准来衡量和考评中国心理学传统，心理学者将永远被心理学科学主义遮蔽。从心理学与文化之间内在关联中，对于中国心理学而言，在解除了心理学科学主义的蒙蔽后，看到心理学文化内涵同时，也看到它背后文化传统对人、对生命、对民族、对社会永远的关注与终极关怀，这便是中国文化传统几千年来传承不衰、永葆文化精神生命力和永恒价值所在。重新理解和认识中国心理学传统，就是要站在现代文化立场上批判地吸收西方文化智慧，使中国心理学形成和具有一种与中国文化传统内在品质息息相关的新文化精神。这种文化精神既不同于当前我国“西化”心理学研究模式所张扬的“唯科学主义”理念，也不同于传统文化流露出的单纯的“伦理关系”取向，而是以科学精神内核为依托，在文化框架下努力到达一种深刻的对于历史、文化、人之间现实内在关系把握和永恒的人文关怀。

当然，中国的心理学现代化建设是一种选择或是一种趋势，其中涉及从心理学科学观到方法论的深刻转变，这注定所要走的路还相当漫长。对于中国心理学而言，批判地吸纳西方心理学的文化智慧，重新赋予中国文化传统以新的精神与新的生命，这本身就是在融汇古今中外文化智慧中，生成一种新的、独特性的、彰显中国文化传统精髓的心理学。尽管这种心理学是生长于中国文化传统土壤之中，具有中国文化精神的特色和风格，但是，既然是心理学，那么，就与其他心理学一样，是对“人”的问题

---

① 郭齐家：《略论中华民族传统道德伦理特质》，《深圳特区报》1996 年 10 月 21 日版。

的追问和理性思考，对包括科学在内的一切文化形式统一基础的寻求，对研究规范的共同遵守，对研究技术与方法的共同采用，对人与历史、社会之间不断生成又不断变化的内在联系的关注等，其内在的精神与操守都是相通的。这样，在恪守自己心理学个性和民族性同时，才能使为世界其他国家或文化圈的心理学提供意义和支持成为可能。因此，只有真正建立起独具个性的现代心理学，形成具有中国文化传统精神的心理学传统，才能摆脱西方现代心理学的制约与羁绊，心理学者才能真正获得学术自尊和自信，真正获致与西方科学心理学对话的资本与能力，使中国心理学在世界心理学舞台上由边缘向中心靠拢，从根本上改变杨国枢先生所感叹的“世界心理学中多我们不为多，少我们不为少”的尴尬境遇[①]。

中国人应该有中国人的心理学，对西方心理学的无原则引介和复制是无助于中国人心理建设的。如果一味地从文化传统的故纸堆中去寻找思想和理论，试图以古观今；如果总是对西方的心理学情有独钟，试图以西观中，那么，中国的心理学的建设之路真的是遥遥无期。中国心理学要走科学化的道路，也就是，必须实现其现代化进程。中国心理学需要现代化就意味着和西方心理学有接轨和契合的地方。不是说，中国心理学的现代化就是一定要创造出不同于西方心理学的“另类”心理学，只不过，中国的心理学应该是能为观照中国人而服务的。既然如此，那么，这个过程注定是一个创造过程，也注定是一个曲折和漫长的过程。其中所包含的文化反思和文化诠释，既有对当下科学心理学科学精神的取舍和引领心理学文化性格的回归，这是中国心理学走向现代化的前提，同时，也有对中国文化传统的全新诠释、理性扬弃和深刻挖掘以及其与心理学之间关联的重新界定。中国的心理学既非对中国文化传统中的心性学说的简单复古和推崇，亦非是西方心理学的简单移植和复制，而是充满了以新的心理学科学观创造出一个富于科学精神与文化性格的现代化心理学。中国的心理学应该是文化传统心理学思想与西方心理学的科学精神的完美契合与融汇。这个过程可能需要更多的心理学者义无反顾地为其付出精力、心血和责任感。唯其如此，中国心理学才能立足于自己文化传统，指南和观照中国人

---

① 杨国枢、文崇一：《社会及行为科学研究的中国化》，台北“中央研究院”民族学研究所1982年版，第55—85页。

新时期特有的心理和行为，真正能够改善国人心理生活质量，提升国人内心幸福感和获得感，在世界心理学舞台上，找到属于自己的立足之地，并不断发扬光大！

参考文献

中文著作

1. 葛鲁嘉：《心理学文化论要——中西心理学传统跨文化解析》，辽宁师范大学出版社 1996 年版。

2. 葛鲁嘉：《心理成长论本》，人民出版社 2012 年版。

3. 葛鲁嘉：《新心性心理学宣言》，人民出版社 2008 年版。

4. 葛鲁嘉：《心理资源论析》，中国社会科学出版社 2010 年版。

5. 葛鲁嘉：《哲学形态的心理学》，上海教育出版社 2014 年版。

6. 葛鲁嘉：《心理学本土化》，上海教育出版社 2014 年版。

7. 葛鲁嘉：《心理生活论纲》，经济科学出版社 2013 年版。

8. 石中英：《教育学的文化性格》，山西教育出版社 1999 年版。

9. 邱耕田：《发展哲学导论》，中国社会科学出版社 2001 年版。

10. 津巴多：《心理学与生活》，王垒等译，人民邮电出版社 2003 年版。

11. 杨国枢：《中国人的心理与行为：本土化研究》，中国人民大学出版社 2004 年版。

12. 叶浩生：《西方心理学新进展》，人民教育出版社 2003 年版。

13. 叶浩生：《西方心理学的历史与体系》，人民教育出版 1998 年版。

14. 罗蒂：《后哲学文化》，黄勇译，上海译文出版社 2004 年版。

15. 杨国枢、文崇一：《社会及行为科学研究的中国化》，台北“中央研究院”民族学研究所 1982 年版。

16. 福柯：《知识考古学》，谢强、马月译，生活·读书·新知三联书店 1998 年版。

17. 福柯：《词与物》，莫伟民译，上海三联书店 2001 年版。

18. 福柯：《疯癫与文明》，刘北成等译，生活·读书·新知三联书店

1999 年版。

19. 洪汉鼎:《诠释学——它的历史和当代发展》，人民出版社 2001 年版。

20. 洪汉鼎:《理解的真理》，人民出版社 2001 年版。

21. 朱宝荣:《心理哲学》，复旦大学出版社 2004 年版。

22. 许波:《进化心理学》，中国社会科学出版社 2004 年版。

23. 杨韶刚:《存在心理学》，南京师范大学出版社 2000 年版。

24. 刘大椿:《科学哲学》，人民出版社 1998 年版。

25. 高峰强:《现代心理学范式的困境与出路》，人民出版社 2001 年版。

26. 陈文华:《文化学论》，上海文艺出版社 2001 年版。

27. 威尔逊:《论人性》，方展画等译，浙江教育出版社 2001 年版。

28. 本尼迪克特:《菊与刀》，吕万和等译，商务印书馆 1990 年版。

29. 巴赫金:《文本对话与人文》，河北教育出版社 1998 年版。

30. 泰勒:《人类学》，连树生译，广西师范大学出版社 2004 年版。

31. 梁漱溟:《人心与人生》，学林出版社 1984 年版。

32. 《现代性的地平线——哈贝马斯访谈录》，李安冬译，上海人民出版社 1997 年版。

33. E. G. 波林:《实验心理学史》，高觉敷译，商务印书馆 1981 年版。

34. 高清海:《找回失去的哲学自我》，北京师范大学出版社 2004 年版。

35. 高清海、胡海波、贺来:《人的类生命与类哲学》，吉林人民出版社 1998 年版。

36. 胡塞尔:《哲学作为严格的科学》，倪梁康译，商务印书馆 1999 年版。

37. 姚大志:《现代之后》，东方出版社 2000 年版。

38. 周宁:《独白的心理学与对话的心理学》，云南大学出版社 2005 年版。

39. 麻彦坤:《维果茨基与现代西方心理学》，黑龙江人民出版社 2005 年版。

40. 申荷永:《中国文化心理学心要》，人民出版社 2001 年版。

41. Keith E. Stanovich：《与“众”不同的心理学》，范照等译，中国轻工业出版社 2005 年版。

42. 赵旭东：《反思本土文化建构》，北京大学出版社 2003 年版。

43. 李鹏程：《文化哲学沉思》，人民出版社 1994 年版。

44. 费孝通：《江村经济》，商务印书馆 2005 年版。

45. 墨顿·亨特：《心理学故事——源起与演变》，李斯译，海南出版社 1999 年版。

46. 张春兴：《心理学思想的流变——心理学名人传》，上海教育出版社 2002 年版。

47. 张春兴：《现代心理学》，台湾东华书局股份有限公司 1991 年版。

48. 赵汀阳：《论可能的生活》，中国人民大学出版社 2005 年版。

49. 维克多·埃尔：《文化概念》，康新文等译，上海人民出版社 1988 年版。

50. 克拉克·威斯勒：《人与文化》，钱岗南译，商务印书馆 2004 年版。

51. 雷·威廉斯：《文化与社会生活》，吴松江等译，北京大学出版社 1991 年版。

52. 泰勒：《原始文化》，蔡江农译，浙江人民出版社 1988 年版。

53. 曾文星：《文化与心理治疗》，北京大学出版社 2002 年版。

54. 张岱年：《文化与哲学》，教育科学出版社 1988 年版。

55. 格尔茨：《文化的解释》，韩莉译，译林出版社 1999 年版。

56. 列维·斯特劳斯：《野性的思维》，李幼蒸译，商务印书馆 1987 年版。

57. 巴伯：《科学与社会秩序》，顾昕译，三联书店 1997 年版。

58. 罗蒂：《哲学与自然之镜》，李幼蒸译，生活·读书·新知三联书店 1987 年版。

59. R. 本尼迪克特：《文化模式》，王炜译，浙江出版社 1987 年版。

60. 黎黑：《心理学史——心理学思想的主要趋势》，刘恩久等译，上海译文出版社 1990 年版。

61. 艾米尔·路德维希：《德国——一个具有双重历史的国家》，杨成绪译，三联书店 1991 年版。

62. 舒尔茨:《现代心理学史》，杨立能译，北京人民教育出版社 1987 年版。

63. 彪勒:《人本主义心理学导论》，陈宝铠译，华夏出版社 1990 年版。

64. 皮亚杰:《逻辑的对象和方法》，左任侠、李其维编，《皮亚杰发生认识论文选》，华东师范大学出版社 1991 年版。

65. M. 海德伯:《物理学和哲学》，范岱年译，商务印书馆 1981 年版。

66. 季广茂:《隐喻视野中的诗性传统》，高等教育出版社 1998 年版。

67. 泰伦斯・霍克斯:《隐喻》，穆南译，北岳出版社 1990 年版。

68. 张世英:《天人之际——中西方哲学的困惑与选择》，人民出版社 2005 年版。

69. 张世英:《哲学导论》，北京大学出版社 2008 年版。

70. 伽达默尔:《真理与方法》，洪汉鼎译，上海译文出版社 1999 年版。

71. 伽达默尔:《科学时代理性》，薛华等译，国际文化出版公司 1988 年版。

72. 伽达默尔:《哲学解释学》，夏镇平、宋建平译，上海译文出版社 2004 年版。

73. 欧内斯特・盖尔纳:《理性与文化》，周邦宪译，贵州人民出版社 2009 年版。

74. A. J・马尔赛拉:《跨文化心理心理》，肖振运等译，吉林文史出版社 1994 年版。

75. 波普尔:《客观知识》，舒炜光译，上海译文出版社 1987 年版。

76. 乔治・萨顿:《科学史和新人文主义》，陈恒六等译，北京华夏出版社 1989 年版。

77. 梁漱溟:《中国文化要义》，学林出版社 1987 年版。

78. 罗素:《中国人的性格》，王正平译，中国工人出版社 1993 年版。

79. 梅洛・庞蒂:《知觉现象学》，姜志辉译，商务印书馆 2001 年版。

80. 保罗・凯林:《心理学大曝光——皇帝的新装》，郑伟建译，中国人民出版社 1992 年版。

81. 郭本禹:《潜意识的意义》，山东教育出版社 2009 年版。

82. 卡西尔：《语言与神话》，于晓等译，三联书店 1988 年版。

83. 卡西尔：《人论》，甘阳译，上海译文出版社 2004 年版。

84. 郑荣双：《多元文化理念与心理学全球化》，吉林大学博士论文 2003 年。

85. 马林诺夫斯基：《文化论》，费孝通等译，华夏出版社 2001 年版。

86. 凯尔纳·贝斯特：《后现代理论：批判性的质疑》，张志斌译，中央编译出版社 2001 年版。

87. 郭贵春：《语境与后现代科学哲学》，科学出版社 2002 年版。

88. 波塞尔：《科学：什么是科学》，李文潮译，三联出版社 2002 年版。

89. 威廉·狄尔泰：《精神科学引论》，童奇志等译，中国城市出版社 2002 年版。

90. 谢地坤：《走向精神科学之路》，江苏人民出版社 2003 年版。

91. 申荷永：《理解心理学》，暨南大学出版社 1999 年版。

92. 李醒民：《科学的文化意蕴》，高等教育出版社 2007 年版。

93. 李静：《民族心理学研究》，民族出版社 2005 年版。

94. 杨鑫辉：《危机与转折：心理学的中国化问题研究》，黑龙江人民出版社 2002 年版。

95. 张耀翔：《心理学文集》，上海人民出版社 1983 年版。

96. 陈健：《科学划界》，东方出版社 1997 年版。

97. 索拉索：《21 世纪的心理科学与脑科学》，朱滢等译，北京大学出版社 1999 年版。

98. 杨中芳：《如何研究中国人：心理学本土化论文集》，台湾桂冠图书公司 1997 年版。

99. 孟维杰：《心理学文化品性》，黑龙江大学出版社 2007 年版。

100. 孟维杰：《心理学与文化精神论纲》，中国社会科学出版社 2011 年版。

101. 林崇德、杨志良、黄希庭：《心理学大辞典》，上海教育出版社 2004 年版。

102. 尚新建：《美国世俗化的宗教与威廉·詹姆斯的彻底经验主义》，上海人民教育出版社 2002 年版。

103. 任俊:《积极心理学》，教育出版社 2006 年版。

104. 荣格:《寻找灵魂的现代人》，王义国译，光明日报出版社 2007 年版。

105. 卡伦·霍妮:《我们时代的病态人格》，陈收等译，国际文化出版公司 2007 年版。

106. 孟建伟:《论科学的人文价值》，中国社会科学出版社 2000 年版。

107. 孟建伟:《科学技术哲学研究》，东方出版社 1998 年版。

108. 阿德勒:《超越自卑》，刘泗编译，经济日报出版社 1997 年版。

109. 阿德勒:《让生命超越平凡》，李心明译，西苑出版社 2003 年版。

110. 阿德勒:《自卑与超越》，曹晚江译，中国友谊出版公司，2017 年版。

111. 阿德勒:《阿德勒的人格哲学》，罗玉林译，九州出版社 2004 年版。

112. 阿德勒:《生活的科学》，屠晓燕译，商务印书馆 2013 年版。

113. 乔纳森·布朗:《自我》，陈浩莺译，人民邮电出版社 2004 年版。

114. 张小燕:《逻辑·心理·认知——皮亚杰心理逻辑研究》，中国社会科学出版社 2007 年版。

115. 朱莹:《文化与自我》，北京师范大学出版社 2007 年版。

116. 车文博:《弗洛伊德主义论评》，吉林教育出版社 1992 年版。

117. 车文博:《中国理论心理学》（第一卷），首都师范大学出版社 2010 年版。

118. 车文博:《弗洛伊德主义论评》，吉林教育出版社 1992 年版。

119. 车文博:《人本主义心理学》，浙江教育出版社 2003 年版。

120. 李其维:《论皮亚杰心理逻辑学》，华东师范大学中青年学术著作出版基金会 1990 年版。

121. 雷永生、王至元、杜丽燕:《皮亚杰发生认识论述评》，人民出版社 1987 年版。

123. 陈孝禅:《皮亚杰学说及其发展》，湖南教育出版社 1983 年版。

中文论文

1. 葛鲁嘉：《常识形态的心理学论评》，《安徽师范大学学报》（人文社会科学版）2004 年第 6 期。

2. 葛鲁嘉：《本土心性心理学对人格心理的独特探索》，《华中师范大学学报》（人文社会科学版）2004 年第 6 期。

3. 葛鲁嘉：《对心理学方法论的扩展性探索》，《南京师大学报》（社会科学版）2005 年第 1 期。

4. 葛鲁嘉：《心理生活论纲——关于心理学研究对象的另类考察》，《陕西师范大学学报》2005 年第 2 期。

5. 葛鲁嘉：《对中国本土传统心理学的不同学术理解》，《东北师范大学学报》（哲学社会科学版）2005 年第 3 期。

6. 葛鲁嘉：《新心性心理学的理论建构——中国本土心理学理论创新的一种新世纪的选择》，《吉林大学社会科学学报》2005 年第 5 期。

7. 葛鲁嘉：《心理学研究的生态学方法论》，《社会科学研究》2009 年第 2 期。

8. 葛鲁嘉：《从心理环境的建构到生态共生原则的创立》，《南京师大学报》（社会科学版）2011 年第 5 期。

9. 葛鲁嘉：《人的心理与人的环境》，《阴山学刊》2009 年第 4 期。

10. 葛鲁嘉：《心理环境论说——关于心理学对象环境的重新理解》，《陕西师范大学学报》（哲学社会科学版）2006 年第 1 期。

11. 葛鲁嘉：《大心理学观——心理学发展的新契机与新视野》，《自然辩证法研究》1995 年第 9 期。

12. 刘将、葛鲁嘉：《文化神经科学的进展与前瞻》，《心理研究》2010 年第 6 期。

13. 张春兴：《论心理学发展的困境与出路》，《心理科学》2002 年第 5 期。

14. 邵迎生：《对现代心理学中文化冲突的后现代思考》，《南京大学学报》（哲社版）1999 年第 4 期。

15. 邵迎生：《话语心理学的发生及基本视域》，《南京大学学报》（哲社版）2000 年第 5 期。

16. 伍麟：《心理学的人文取向》，《西北师大学报》2003 年第 6 期。

17. 伍麟、郭增花：《作为人文科学的心理学》，《自然辩证法研究》2003 年第 7 期。

18. 车文博：《后现代思潮与人本心理学》，《心理与行为研究》2003 年第 2 期。

19. 车文博、黄冬梅：《美国人本主义心理学哲学基础解析》，《自然辩证法研究》2001 年第 2 期。

20. 车文博：《综合客观实验范式　建构中国大心理学体系》，《社会科学战线》1999 年第 5 期。

21. 车文博：《客观实验范式与主观经验范式整合——当代西方心理学理论范式发展走向》，《自然辩证法研究》2003 年第 5 期。

22. 车文博：《人本主义心理学评价新探》，《心理学探新》1999 年第 1 期。

23. 车文博：《十年来中国心理学基本理论与心理学史研究进展》，《心理学报》1999 年第 1 期。

24. 车文博：《西方心理学思想史发展规律探析》，《社会科学战线》2001 年第 3 期。

25. 车文博、廖凤林：《戈尔德斯坦的机体论心理学评析》，《自然辩证法研究》2001 年第 1 期。

26. 郭金山、车文博：《自我同一性与相关概念的辨析》，《心理科学》2004 第 5 期。

27. 杨国枢：《我国为什么要建立中国人的本土心理学》，《本土心理学研究》1993 年第 1 期。

28. 万俊人：《全球化的另一面》，《读书》2000 年第 1 期。

29. 张祥云：《人文教育：复兴“隐喻”价值和功能》，《高等教育研究》2002 年第 1 期。

30. 袁振辉：《隐喻：科学与人文的互补整合机制》，《江南学院学报》1999 年第 6 期。

31. 李醒民：《隐喻：科学概念变革的助产士》，《自然辩证法通讯》2004 年第 1 期。

32. 杨学功：《全球化与民族性》，《教学与研究》2004 年第 3 期。

33. 秦金亮：《心理学研究方法新趋势——质化研究方法述评》，《山西师大学报》2000 年第 3 期。

34. 盛宁：《世纪末 · “全球化” · 文化操守》，《外国文学评论》2000 年第 1 期。

35. 蔡笑岳、于龙：《心理学：研究人的另类科学——对心理学学科性质的再认识》，《中山大学学报》（哲社版）2005 年第 5 期。

36. 熊哲宏：《“模块心理学”的挑战：反“文化心理学观”》，《华中师范大学学报》（人文社科版）2005 年第 4 期。

37. 熊哲宏：《发生认识论的康德哲学框架》，《华东师范大学学报》（教育科学版）2000 年第 3 期。

38. 李炳全：《文化心理学基本内涵辨析》，《心理科学》2004 年第 1 期。

39. 陈宏：《科学心理学研究方法论的比较与整合》，《东北师大学报》（哲社版）2002 年第 6 期。

40. 麻彦坤：《当代心理学文化转向动因及其方法论意义》，《国外社会科学》2004 年第 1 期。

41. 麻彦坤：《文化转向：心理学发展新契机》，《南京师大学学报》2003 年第 3 期。

42. 乐国安：《对现代认知心理学理论问题争论》，《自然辩证法研究》1995 年第 4 期。

43. 郑荣双：《本土心理学特征论分析》，《心理学探新》2003 年第 3 期。

44. 郑荣双：《人的类本质失落与回归》，《自然辩证法研究》2002 年第 2 期。

45. 崔月琴：《合理性的凸显与传统理性主义批判》，《长白学刊》2003 年第 4 期。

46. 傅荣、翟宏：《行为、心理、精神生态学发展研究》，《北京师范大学学报》2000 年第 5 期。

47. 肖群忠：《人性善恶与中西社会文化之异合》，《西北师范大学学报》2000 年第 5 期。

48. 张岱年：《中国文化基本精神》，《北京师范大学学报》1994 年第

4 期。

49. 高新民：《民间心理学与常识心理学概念图式的批判性反思》，《自然辩证法研究》2004 年第 4 期。

50. 高新民：《民众心理学研究与当代哲学的新问题》，《哲学动态》2002 年第 12 期。

51. 高新民：《解释理论：解构二元论的有价值尝试》，《广西社会科学》2004 年第 2 期。

52. 刘华：《人性：构建心理学统一范式的逻辑起点》，《南京师大学报》2001 年第 5 期。

53. 周宁：《论心理学常识性》，《自然辩证法研究》2001 年第 1 期。

54. 周宁：《本土心理学科学观反思》，《学术探索》2002 年第 2 期。

55. 周宁：《心理学全球化趋势》，《西北师范大学学报》2000 年第 4 期。

56. 康杰、熊和平：《作为方法论的思想考古学》，《自然辩证法研究》2005 年第 10 期。

57. 孟维杰：《从哲学到文化：心理学范式发展评述》，《哲学动态》2004 年第 8 期。

58. 孟维杰：《从心理学文化转向到心理学文化品性探寻》，《自然辩证法通讯》2006 年第 1 期。

59. 孟维杰：《文化品格：心理学理论另一种品质》，《社会科学战线》2006 年第 2 期。

60. 孟维杰、马甜语：《论心理学隐喻》，《南京师大学报》（哲社版）2005 年第 5 期。

61. 孟维杰、刘俊敏：《本土心理学研究中需关注的几个问题》，《心理学探新》2005 年第 2 期。

62. 孟维杰：《从科学划界看心理学划界的深层思考》，《科学技术与辩证法》2007 年第 1 期。

63. 孟维杰：《常识心理学与科学心理学关联的批判性反思》，《自然辩证法通讯》2007 年第 2 期。

64. 孟维杰：《关联与互动：20 世纪的科学心理学与分析哲学》，《心理学探新》2007 年第 3 期。

65. 孟维杰：《现代心理学自然科学品性探析》，《南京师大学报》2007 年第 5 期。

66. 孟维杰：《论心理学文化品性》，《心理科学》2008 年第 1 期。

67. 孟维杰：《走向日常生活批判的心理学》，《社会科学战线》2008 年第 1 期。

68. 孟维杰：《梳理与反思：心理学科学划界“观”的别样思考》，《自然辩证法通讯》2008 年第 2 期。

69. 孟维杰：《当代心理学文化转向方法论问题》，《心理科学》2009 年第 2 期。

70. 孟维杰：《当代心理学文化兴起方法论困境与路向》，《心理学探新》2009 年第 2 期。

71. 孟维杰：《心理学主体生存论探新》，《自然辩证法通讯》2009 年第 3 期。

72. 孟维杰：《关联与互动：心理学研究方法文化品性探新》，《南京师大学报》2009 年第 3 期。

73. 孟维杰：《心理学文化表现形态论要与走向》，《哲学动态》2009 年第 9 期。

74. 孟维杰：《心理学与人文精神》，《心理科学》2010 年第 2 期。

75. 孟维杰：《文化视域下认知心理学范式演进探新》，《心理科学》2015 年第 3 期。

76. 孟维杰：《心理学理论创新——心理学方法论扩展性探索》，《社会科学战线》2010 年第 11 期。

77. 吕晓峰、孟维杰：《国内心理学文化思维问题反思》，《心理科学》2009 年第 4 期。

78. 翟贤亮、徐莉、孟维杰：《自卑的他人补偿探究——阿德勒自卑补偿理论的补充与完善》，《心理研究》2012 年第 2 期。

79. 欧阳韵竹、孟维杰：《神话的原型生态意义新探》，《心理研究》2011 年第 2 期。

80. 陈少华、郑雪：《整体与部分之和——一种整体论的心理学模式》，《自然辩证法研究》2000 年第 8 期。

81. 严由伟、叶浩生：《数学心理观：心理科学的新思维新观念》，

《自然辩证法研究》2002 年第 5 期。

82. 叶浩生：《多元文化论与跨文化发展》，《心理学新进展》2004 年第 12 期。

83. 叶浩生：《试析现代西方心理学的文化转向》，《心理学报》2002 年第 4 期。

84. 叶浩生：《认知心理学：困境与转向》，《华东师范大学学报》（教育科学版）2010 年第 1 期。

85. 叶浩生：《具身认知：认知心理学的新取向》，《心理科学进展》2010 年第 5 期。

86. 叶浩生：《有关具身认知思潮的理论心理学思考》，《心理学报》2011 年第 5 期。

87. 叶浩生：《心智具身性——来自不同学科的证据》，《社会科学》2013 年第 5 期。

88. 叶浩生：《具身认知、镜像神经元与身心关系》，《广州大学学报》（社会科学版）2012 年第 3 期。

89. 唐佩佩、叶浩生：《作为主体的身体：从无身认知到具身认知》，《心理研究》2012 年第 3 期。

90. 郭本禹：《科恩的科学范式论与心理科学革命》，《南京师大学报》（哲社版）1996 年第 3 期。

91. 郭本禹：《实证主义与心理学方法论》，《西北师范大学学报》（哲社版）1998 年第 4 期。

92. 王小章：《社会心理学：从“现代”到“后现代”》，《浙江社会科学》1997 年第 2 期。

93. 孟建伟：《科学与人文主义——论西方人文主义的三种形式》，《自然辩证法通讯》2005 年第 3 期。

94. 孟建伟、郝苑：《论科学的人文动力》，《南开学报》（哲学社会科学版）2007 年第 6 期。

95. 孟建伟：《科学生存论研究》，《齐鲁学刊》2006 年第 2 期。

96. 孟建伟：《从科学哲学走向科学文化哲学》，《自然辩证法研究》2003 年第 6 期。

97. 孟建伟：《科学与人文的深刻关联》，《自然辩证法研究》2002 年第 6 期。

98. 孟建伟：《科学与人文精神》，《哲学研究》1996 年第 8 期。

99. 孟建伟：《人文科学的科学性与人文性》，《中国人民大学学报》2003 年第 5 期。

100. 孟建伟：《技术的人文维度》，《哲学动态》2002 年第 5 期。

101. 孟建伟：《论科学的人文价值》，《自然辩证法研究》1998 年第 8 期。

102. 郝苑：《论科学的人文根源》，《自然辩证法通讯》2003 年第 3 期。

103. 衣俊卿：《社会发展与文化转型》，《哲学动态》2000 年第 3 期。

104. 倪锋：《关于发展哲学研究的几个问题》，《江西科技师范学院学报》2004 年第 4 期。

105. 冯大彪、张晓明：《现代心理学科学观的哲学反思与理论重构》，《湖南学院学报》2010 年第 10 期。

106. 石文山、陈家麟：《心理健康：维列鲁学派活动理论的诠释》，《心理科学》2004 年第 5 期。

107. 王淑合：《对维果茨基心理发展观的述评》，《求实》2004 年第 11 期。

108. 胡谊、桑标：《教育神经科学：探究人类认知与学习的一条整合式途径》，《心理科学》2010 年第 3 期。

109. 赵海燕、张锋：《作为自然科学的心理学的困境》，《云南师范大学学报》2000 年第 5 期。

110. 冯建军：《西方心理学研究中现象学方法论述评》，《南京师大学报》1998 年第 3 期。

111. 陈竹：《解释学及其心理学方法论蕴涵》，《玉溪师范学院学报》2005 年第 8 期。

112. 彭运石、林崇德、车文博：《西方心理学的方法论危机及其超越》，《华东师范大学学报》（教育科学版）2006 年第 2 期。

113. 薛为昶：《超越与建构：生态理念及其方法论意义》，《东南大学学报》（哲学社会科学版）2003 年第 4 期。

114. 郑葳、王大为：《生态学习观：一种审视学习的新视角》，《心理科学》2006 年第 4 期。

115. 王淑燕、奚彦辉：《主观幸福感研究述评——基于个体主义—集体主义文化》，《心理研究》2008 年第 5 期。

116. 刘昌：《认知神经科学：其特点及对心理科学的影响》，《心理科学》2003 年第 6 期。

117. 何静：《温和的和激进的认知具身观》，《学术界》2012 年第 5 期。

118. 赵猛：《具身化认知进路与自然化现象学》，《兰州学刊》2013 年第 3 期。

119. 李其维：《“认知革命”与“第二代认知科学”刍议》，《心理学报》2008 年第 12 期。

120. 李其维：《评发生认识论的“反省抽象”范畴》，《心理科学》2004 年第 3 期。

121. 张卫东、李其维：《认知神经科学对心理学的研究与贡献》，《华东师范大学学报》（教育科学版）2007 年第 1 期。

122. 杜晓霞：《认知神经科学还原论与心理学》，《湖南工业大学学报》（社会科学版）2009 年第 1 期。

123. 韩世辉、张逸凡：《自我概念心理表征的文化神经科学研究》，《心理科学进展》2012 年第 5 期。

124. 韩世辉、张逸凡：《社会认知、文化与大脑——文化神经科学研究》，《中国科学院院刊》增刊，2012 年第 27 期。

125. 杨帅、黄希庭、王晓刚、尹天子：《文化影响自我解释的神经机制》，《心理科学进展》2012 第 1 期。

126. 袁加锦、杨洁敏、汪宇、李红：《从个体关系的角度看文化对社会脑功能的塑造》，《心理科学》2013 年第 4 期。

127. 刘星、田勇泉：《脑成像技术的伦理问题及研究对策》，《科学技术哲学研究》2014 年第 4 期。

128. 刘盛敏、陈永胜：《西方社区心理学若干理论问题探讨》，《宁波大学学报》（教育科学版）2007 年第 5 期。

129. 孟四清：《当前我国中小学生心理健康状况调查与分析》，《天津市教科院学报》2015 年第 5 期。

130. 佐斌：《西方社区心理学的发展及述评》，《心理学动态》2001年第1期。

131. 鲍谧清、艾振刚：《我国社区心理学社区行动与研究理念探析》，《江苏师范大学学报》（哲学社会科学版）2015年第4期。

132. 吴玉伟：《社会心理学本土化研究中的方法论问题》，《社会心理科学》2009年第4期。

133. 杨莉萍：《社区心理学研究的几个基本理论问题》，《江苏师范大学学报》（哲学社会科学版）2015第4期。

134. 贾林祥、拾硕：《社区心理学及其研究转向》，《江苏师范大学学报》（哲学社会科学版）2015年第4期。

135. 金庆英：《社区心理学研究综述》，《中国社区医师》2010年第26期。

136. 张利增、陈英敏：《社会支持：社区心理学的重要概念与应对策略》，《山东师范大学学报》（社科版）2009年第4期。

137. 李艺敏、孔克勤：《西方自卑研究述评》，《心理研究》2009年第4期。

138. 李艺敏、孔克勤：《社会比较视野下的自卑观》，《河南大学学报》（社会科学版）2011年第1期。

139. 陶能祥：《自卑感与补偿》，《韶关学院学报》（社会科学版）2001年第5期。

140. 汪凤炎、郑红：《论中西方自我的差异》，《西南大学学报》（人文社会科学版）2007年第1期。

141. 朱滢、隋洁：《社会认知神经科学——一个很有前途的交叉学科》，《心理与行为研究》2004年第2期。

142. 朱滢、张力：《自我记忆效应的实验研究》，《中国科学》（C辑）2001年第6期。

143. 甘怡群、王纯、胡潇潇：《中国人的核心自我评价的理论构想》，《心理科学进展》2007年第2期。

144. 郑顺艺：《自尊研究综述》，《现代生物医学进展》2011年第4期。

145. 尚新建：《美国世俗化的宗教与威廉·詹姆斯的彻底经验主义》，

上海人民教育出版社 2002 年版 。

146. 孙丽：《自我概念的研究概述及发展趋势探讨》，《社会心理科学》2005 年第 3 期

147. 刘艳：《自我建构研究的现状与展望》，《心理科学进展》2011 年第 3 期。

148. 刘艳、邹泓：《自我建构理论的发展与评价》，《心理科学》2007 年第 5 期。

149. 詹启生、乐国安：《百年来自我研究的历史回顾及未来发展趋势》，《南开学报》（哲学社会科学版）2001 年第 5 期。

150. 王晓丽、姜永志、张海忠：《基于自我的跨文化心理学整合新视野》，《天水师范学院学报》2012 年第 2 期。

151. 彭凯平、廖江群：《文化与归因的过程模式及概率模型探索》，《中国社会科学》2009 年第 6 期。

152. 朱红文：《二元论、实证主义与世界的祛魅》，《求索》2001 年第 4 期。

153. 任智：《新康德主义对心理学研究取向的影响》，《湖南第一师范学报》2004 年第 1 期。

154. 李为学：《我思故我在与确定性的诞生》，《社会科学研究》2011 年第 1 期。

155. 刘立国：《荣格的情结理论探析》，《心理学探新》2008 年第 4 期。

156. 刘韵涵：《荣格“集体潜意识”理论及神话学说述评》，《思想战线》1988 年第 1 期。

157. 田红云：《西方心理学派神话研究论述》，《长江大学学报》（社会科学版）2008 年第 2 期。

158. 李欧：《在神话性中生存——当代武侠小说的深层内涵》，《文学评论》2008 年第 5 期。

159. 常如瑜：《神话原型批评的精神生态意义》，《文艺争鸣》2010 年第 1 期。

英文参考资料

[1] Spence, J. , "Centrifugal and centripetal forces in psychology: Will the center hold", *American Psychologist*, 2001, 42 (1): 42 -45.

[2] Deborah, D. , Nann, W. , *Ecological Psychology - Healing the Split Between Planet and Self*, HarperCollins College Publishers, 1996: 25 -58.

[3] Clancy, W. J. , *Situated Cognition: On Human Knowledge and Computer Representions*, Cambridge University Press, 1997.

[4] Ochner, K. N , Liberman. M. D. , "The emergence of social cognitive neuroscience", *American Psycholoist*, 2001, 56 (9): 717 -734.

[5] Ratner. C, *Culture Psychology and Qualitative Methodology*, Newyork : Plenum Press, 1997.

[6] Heine, S. J. , *Cultural Psychology*, NewYork, NY: W. W. Norton, 2008, p. 86.

[7] Calvo, P. & Gomila, T. , *Handbook of cognitive science: An embodied approach* (Eds.) . San Diego: Elsevier Ltd, 2008.

[8] Giorgi, A, *Phenomological Psychology* , *Rethink Psychology*, London: Sage Publication, 1995.

[9] Chiao, J. Y. , Cultural neuroscience: Cultural influences on brain function, *Progress in Brain Research*, Elsevier Press, 2009, pp. 287 -304.

[10] Haugeland, J. , Mind embodied and embedded, In: J. Haugeland (ed), *Having thought: Essays in the metaphysics of mind*, Harvard University Press, 1998.

[11] Rosen, G. , "naturalism in mathematics", *The British Journal for the philosophy of Science*, 1999 (3) .

[12] Taylor, E, "Positive psychology and humanistic psychology: A reply to Seligman", *The Journal of Humanistic Psychology*, 2001 (1) .

[13] Clancy, W. J. , *Situated Cognition: On Human Knowledge and Computer Representions*, Cambridge University Pres, 1997.

[14] Kaiping, P. & Richard, E. , Nisbett, "Culture, Dialectics, and Reasoning about Contradiction", *American Psychologist*, 1999 (12) .

[15] Eliasmith, C., *Computational neuroscience*, In P. Thagard (Ed.), *Philosophy of psychology and cognitive scinece*, Elsevier B. V. 2007.

[16] Dietrich, E., " Representation. In Philosophy of psychology and cognition science: Gibbls search of synthesia", Philosophical Psychology, 2007, 22 (2).

[17] Gary, L. W. & Roy, S, Malpass, "From the Lab to the Police Station", *American Psychologist*, 2000 (6).

[18] Jesse, J., "What Ought Psychology to do?" American Psychologist, 2000. (3).

[19] Hubert, J. M. & Harry, J. G, "Moving Cultures: The perilous problems of cultural dichotomies in a globalising society", *American Psychologist*, 1998 (10).

[20] Lloyd, H., Rogler, "Historical Generations and Psychology: The Case of the Great Depression and World War II", *American Psychologist*, 2002. (11).

[21] Jack, M. & Jeff, S., "Between the Modern and the Postmodern: The Possibility of Self and Progressive Understanding in Psycholog", *American Psychologist*, 2000 (4).

[22] Inui, T., "Editorial: Experimental approach to embodied cognition", *Japanese Psychological Research*, 2008, 48 (3): 123 – 125.

[23] Eleanor, C, "The humanistic tradition: A vision for the future", *Journal of Humanistic Psychology*, 2000 (40).

[24] Kennon, M. Sheldon & Laura, K, "Why Positive Psychology is Necessary", *American Psychologist*, 2001 (3).

[25] Jack, M. & Jeff, S, "Modernity, Postmodernity, and Psychology", *American Psychologist*, 2001 (4).

[26] Roger, L. P. & Steven, J. Trierweiler, "Scholarship in Psychology: The Advantages of an Expanded Vision", *American Psychologist*, 1999 (5).

[27] Thomas, T. &Angela, R., Febbraro, N. "Factuality, and the Power in Multiculturalism", *American Psychologist*, 1997 (6).

[28] Rick, J. S., & Ronda, C. T, Rethinking Psychology and the Schools: Implications of Recent National Policy, *in American Psychologist*, 1997 (3).

[29] Wayne, S, "Science, Ideology, and facilitated Communication", *American Psychologist*, 1996 (9).

[30] Shapiro, K, "The Separate World of Animal Research", *American Psychologist*, 1997 (11).

[31] Michael, Y. L, "Postmodernism and the Values of Science", *American Psychologist*, 2002 (12).

[32] Jeffrey, I. K, "As Defined, Unification is Inevitable", *American Psychologist*, 2002 (10).

[33] William, C, "Theory Knitting reconsidered", *American Psychologist*, 2002 (12).

[34] Ruth, C, "Seeing the Forest and Seeing the Trees in Psychology", *American Psychologist*, 2002 (12).

[35] Michael, S. "Ethnocentrisms in the Hermeneutic Circle", *American Psychologist*, 1997 (6).

[36] Robert, B. B, "The Paradigm of Environmental Psychology", *American Psychologist*, 1996 (12).

[37] Daniel, S., "Bridging the Theoretical and Applied Facets of Environmental Psychology", *American Psychologist*, 1996 (11).

[38] Holdstock, T. L. "The Perilous Problem of Neglecting Cultural Realities", *American Psychologist*, 1999 (10).

[39] Haugeland, J., "*What is Mind Design?*" *in John Haugeland* (ed), Mind Design II, 2nd ed., MA: MIT Press, 1997.

[40] Donald, A., "Dewsbury, Issues in Comparative Psychology at the Dawn of the 20th Century", *American Psychologist*, 2000 (7).

[41] Ying-yi, H. & Nichael, W. M., "Multicultural Minds: A Dynamic Constructivist Approach to Culture and Cognition", *American Psychologist*, 2000 (7).

[42] Peter, J. C. & Dong-won, C., "Culture in the Mediation of In-

ternational Disputes", *International Union of Psychological Science*, 2000.

[43] Marvin, H&Orna, J., *Culture Anthropoligy*, Allyn & Bacon A Person Eduction Company, 2000.

[44] Harry, C. T., *Individualism And Collectivism* In David Matsumoyo, The Handbook of Culture & Psychology, Oford University Press, 2001.

[45] Adair, J. G, "Indigenisation of psychology: The concept and its practical implementation", *Applied Psychology: An International Review*, 1999 (4).

[46] Drob, S, "The depth of the soul: James Hillman' svision of psychology", *The Journal of Humanistic Psychology*, 1999 (3).

[47] Auxier, R. E, "American philosophic naturalism in the twentieth century", *Journal of the History of Philosophy*, 1996 (2).

[48] Grang, M, "Cultural geography", *Routledge*, 1998.

[49] Giorgi, A., "Psychology as a human science revisited", *The Journal of Humanistic Psychology*, 2000 (6).

[50] Josephs, I. E. A., "psychological analysis of a psychological phenomenon: The dialogical construction of meaning", *Social Science Information*, 2000, 39 (1).

[51] Kim, U & Park, Y. S, "The challenge of cross - cultural psychology: The role of the indigenous", *Journal of Cross - Cultural Psychology*, 2000, (1).

[52] Han, S., Northoff, G., "Culture - sensitive neural substrates of human cognition: Atranscultural neuroimaging approach", *Nature Review Neuroscience*, 2008, 9.

[53] Marie, J., *the collected works of L. S. Vygotsky*, New York and London: Plenum Press, Volume5. 1998.

[54] Triandis, H. C., Gelfand, M. J., "Converging measurement of horizontal and vertical individualism and collectivism", *Journal of Personality and Social Psychology*, 1998, 74.

[55] Shweder, K. A, *Cultual Psychology—What Is It?* in New York: Cambridge University Press, 1990.

[56] Dermot, M, *Introduction to Phenomenology*, Routledge. London, 2000.

[57] Nisbett, R. E., Masuda, T., "Culture and point of view", *Proceedings of the National Academy of Science*, 2003, 100.

[58] Dunbar, R, I,, Shultz, S., "Evolution in the social brain", *Science*, 2007, 17.

[59] Ng, S. H, Han, S., Mao, L., &Lai, J. C. L., "Dynamic bicultural brain: fMRI study of their flexible neural representation of self and significant others in representation to culture prime", *Asian Journal of Social Psychology*, 2010, 13 (2).

[60] Zhu, Y., Zhang, L., Fan, J. & Han, S. H., "Neural basis of cultural influence on self representation", *NeuroImage*, 2007, 34.

[61] Han, S. H., Northoff, G., Vogeley, K., Wexler B. E., Kitayama S., & Varnum M. E. W., "A culturalneuroscience approach to the biosocial nature of thehuman brain", *Annual Review of Psychology*, 2013, 64 (1).

[62] Kashima, Y, "Culture as Meaning System Veras Culture as Signification Process", *Journal of Cross Cultural Psychology*, 2000 (1).

[63] Winter, D. P, *Ecological Psychology - healing the Split Between Planet and Self*, Harper Collins College Pubkishers, 1996.

[64] Fowers, B, J., Richardson. F. C., "Why Is Multiculturalism Good", *American Psychologist*, 1996 (6).

[65] Segall, H. M, "Cross—Cultural Psychology as A Scholarly Disslipline: on the Flowering of Culture in BehaviorReserch", *American Psychologist*, 1998 (10).

[66] Alexander, L., "the Concept of Social Construction", *Theory Psychology*, 2001 (3).

[67] Szapocznik, J., Kurtines, I. "Family Psychology and Cultural Diversity", *American Psychologist*, 1993 (4).

[68] Kelly, G. A. *The psychology of Personal Constructs: A theory of Personality*, New York. Norton, 1995.

[69] Lewis, G. J., Kanai, R., Bates, T. C., & Rees, G., "Moral

values are associated with individual differences inregional brain volume", *Journal of Cognitive Neuroscience*, 2012, 24.

[70] Chiao, J. Y., Harada, T., Komeda, H., Zhang, L., Mano, Y., Saito, D., Parrish, T. B., Sa dato, N., &Lidaka, T., "Neural basis of individualistic and collectivistic views of self", *Human Brain Mapping*, 2008, 9.

[71] Chiao, J. Y., Iidaka, T., Gordon, H. L., Nogawa, J., Bar M., Aminoff, E., et al., "Cultural specificity in amygdala re – sponse to fear faces", *Journal of Cognitive Neuroscience*, 2008, 20 (12).

[72] Sheldon, K. M., Laura, K., "Why Positive Psychology Is Necessary", *American Psychologist*, 2001, 56 (3).

[73] Schultz, D. P., Schultz, S. E., *A history of modern psychology*, 8th ed, Thomson Learning, 2004.

[74] Moriguchi, Y., Ohnishi, T., Kawachi, T., Mori, T., Hirakata, M., Yamada, M., et al., "Specific brain activation in Japanese and Caucasian people to fearful faces", *Neuroreport*, 2005, 16.

[75] Seligman, E. P., *Authentic happiness: using the new positive psychology to realize your potential for lasting fulfillment*, New York: Free press, 2002.

[76] Seligman, E. P. "Building human strength: psychology's forgotten mission", *APA monitor*, 1998, 29 (1).

[77] Sandra, S., "In search of realistic optimism: meaning, knowledge and warm fuzziness", *American Psychologist*, 2001, 56 (3).

[78] Fredrickson. B. L., "What good are positive emotions", *Review of General Psychology*, 1998, 2.

[79] Fredrickson, B. L., "The Role of Positive Emotion in Positive Psychology: The broaden – and – build theory of Positive Emotion", *American Psychologist*, 2001, 56 (3).

[80] Fredrickson, B. L., *Positive emotion.* Handbook of positive psychology, New York: Oxford University Press, 2002, pp. 122 – 123.

[81] Fredrickosn, B. L., "Positive emotions broaden the scope of atten-

tion and thought-action repertories", *Cognition and Emotion*, 2005, 19: 313 - 332.

[82] Lorraine, G. A., Shepard, S., Samuel, H., "The sad truth about depressive realism", *The quarterly journal of experimental psychology*, 2007, 60 (3).

[83] Wadlinger, H. A. Isaacowitz, D. M., "Positive mood broadens visual attention to positive stimuli", *Motiv Emot*, 2006, 30: 89 - 101.

[84] Johnson, K. J, Fredrickson B L., "We all look the same to me: Positive emotion eliminate the own - race bias in face recognition", *Psychological Science*, 2005, 16: 875 - 881.

[85] Miley, W. M., Spinella, M., "Correlations among measures of executive function and positive psychological attributes in college student", *The Journal of General Psychology*, 2006, 133: 175 - 182.

[86] Isen, A. M., *Some perspectives on positive feelings and emotions: Positive affect facilitates thinking and problem solving*//Manstead A S, Frijda N, Fischer A., Feelings and Emotions: The Amsterdam symposium., New York: Cambridge University Press, 2004, pp. 262 - 281.

[87] Hill, E. L., "Evaluating the theory of executive dysfunction in autism", *Developmental Review*, 2004, 24: 89 - 233.

[88] Burns, A. B., Brown, J. S., Sachs - Ericsson, N., et al., "Upward spirals of positive emotion and coping: Replication, extension, and initial exploration of neurochemical substrates", *Personality & Individual Differences*, 2008, 44 (2): 360 - 370.

[89] Folkman, S., "The case for positive emotions in the stress process", Anxiety, *Stress & Coping*, 2008, 21 (1): 3 - 14.

[90] Kuroki, M., "The effect of positive emotion on infants' gaze shift", *Infant Behavior & Development*, 2007, 30 (4): 606 - 614.

[91] Boissy, A., Manteuffel, G., Jensen, M. B, et al., "Assessment of positive emotions in animals to improve their welfare", *Physiology & Behavior*, 2007, 92 (3): 375 - 397.

[92] Fredrickson, B. L., Branigan, C., *Positive Emotions* //T J

Mayne, G A Bonnano, Emotion: Current Issues and Future Directions, New York: Guilford, 2001: 123 - 151.

[93] Peterson, C., *Steen T A. Optimistic Explanatory Style* //Snyder C R, Lopez S J., Handbook of Positive Psychology, New York: Oxford University Press, 2002: 248 - 250.

[94] Vaillant, G. E., "Adaptive mental mechanisms: Their role in a positive psychology", *American Psychologist*, 2000, 55 (1): 89 - 98.

[95] Ryand, R. M., Deci, E. L., "Self - determination theory and the facilitation of intrinsic motivation, social development and well - being", . *American Psychologist*, 2000, 55 (1): 68 - 78.

[96] Campbell, S. R., &Group, T. E., "the Engrammetron: Estabblishing an educational neuroscience laboratory", SFU. Educational Review, 2007.

[97] Newell, A., & Simon, H. A., *Computer science as empirical enquiry: Symbols and search.* In M. A. Boden (ED.), the philosophy of artificial intellengce, Oxford University Press, 1990.

[98] Jackendoff, R., *Consciousness and the computational mind*, . Cambridge, Mass. the MIt Press, 1987

[99] Prilleltensky., "on the social and political implication of cognitive psychology", *the journal of mind and Behvior*, 1990, 11 (2).

[100] Gazzaniga, M. S., *The Cognitive neuroscience*, Cambridge: M IT press, 1995.

[101] Less, T. M., "Naturalizing Science : Two Episodes in the Evolution of a Rhetoric of Scientism", *Wstern Journal of Communication*, 1996, 4. pp. 4 - 8.

[102] Dietrich, E., "Representation, In Philosophy of psychology and cognition science: Gibbls search of synthesia", *Philosophical Psychology*, 2007, 22 (2): 217.

[103] Barker, R. G. , *Ecological Psychology _ Concepts and Methods for Studying the Enviornment of Human Behavior*, Stanford University Press, 1968.

[104] Yanchar, S. A., *contextualist alternative to cognitive psychology*,

In Critical thinking about psychology: *Hidden assumptions and plausible alternatives*, Edited by Slife B. D. , Reber J S and Richardon, F. C. American Psychological Association, 2005.

[105] Stin, L. A. , *Challenging the computational metaphor*, *implications for how we think*, Cybemetics and System, 1990, 30 (6).

[106] Clancy. W. J. , *Situated Cognition*: *On Human Knowledge and Computer Represention*s, Cambridge University Press, 1997.

[107] Batson, C. D. , Lishner, D. A. , Cook, J. , &Sawyer, S. , "Sim - ilarity and nurturance: Two possible sources of empathy for Stran - gers", *Basic and Applied Social Psychology*. 2005, 27 (1).

[108] Johnson, J. D. , Simmons, C. H, Jordan, A. al. Rodney King and O. J. , "revisited: The impact of race and defendant empathy induction on judicial decisions", *Journal of Applied Social Psychology*, 2002, 32 (1) .

[109] Avenanti, A. , Sirigu, A, & Aglioti, S M. , "Racial bias reduces empathic sensorimotor resonance with other - race pain", *Current Biology*, 2010, 20.

[110] Martin. J. , Sugarman. J. , "Moderning, Postmoderning and Psychology", *American Psychologist*, 2001, 4.

[111] Dietrich, E. , "Representation. In Philosophy of psychology and cognition science: Gibbls search of synthesia", *Philosophical Psychology*, 2007. 22 (2) .

[112] Illes, J. Racine E. , "Imaging or Imagining? A Neuroethics Challenge Informed by Genetics", The American Journal of Bioethics, 2005, 5 (2) .

[113] Levine. M. , Perkins. D. D. , &Perkins, D. V. , *Principles of Community Psychology*: *Perspectives and Applications* (3*rded*, New York: Oxford University Press, 2005. pp. 3 - 4.

[114] Albee, W. G. , "Preventing Psychopathology and Promoting Human Pottential", *American Psychologist*, 1982, 37.

[115] Roberts, W. L. , "What Is Community - Based Participatory Research?" In L. Roberts (Eds), *Community - Based Participatory Research for*

Improved Mental Health Care, New York: Springer, 2013, pp. 1 –9.

[116] Buunk, A. P. Gibbons, F. X. , "Social Comparison: The End of a Theory and the Emergence of a Field", *Organizational Behavior and Human Decision Processes*, 2007, 2.

[117] Strano, D. A. , Dixon, P. N. , "The Comparative Feeling of Inferiority Index", *Individual Psychology*, 1990.

[118] Markus, H. R. , Kitayama S. , "Culture and the self: implications forcognition, emotion, and motivation", *Psychological Review*, 1991, 2.

[119] Zhu, Y. , "neuroimaging studies of self – reflection", *Progress in Natural Scienc*, 2004, 4.

[120] Neumann, R. , Steinhäuser, N. , Roeder, U. R. , "How self – construal shapes emotion: cultural differences in the feeling of pride", *Social Cognition*, 2009, 27.

[121] Kitayama, H. R. S. , "Culture and the self: Implications forcognition, emotion, and motivation", *Psychological Review*, 1991, 98 (2).

[122] Byrne, B. , "Self – concept/Academic Achievement Relations: An Investigation of Cheung, M. W. L. , Leung, K. , & Au, K. , Evaluating multilevel models in cross –cultural research: An illustration with social axioms", *Journal of Cross– Cultural Psychology*, 2006.

后　记

深秋的鲁东大学，在斑驳的树影中仿佛诉说着秋的意境，在静谧中透露着祥和与高远。完成此部书稿恰逢在烟台的十月深秋。从 2016 年我从黑龙江大学转入烟台鲁东大学，一年时间转瞬即逝。从当初有意挖掘和整理我的学术思想到落笔成文，似水流年也在不经意间悄然成为过往。一年多时间，可能会经历太多的事情。但不管有如何经历，自身的学术观点与思想不会随着地域的变化而磨蚀，相反，可能会因为不同人群的相遇和不同环境的重叠，并伴随着时间流转而日渐沉淀。这部著作是在我的前两部著作（参见拙著《心理学文化品性》和《心理学与文化精神论纲》）基础上关于心理学和文化之间关系探索的又一次的扩展、深化和补充。心理学与文化之间的关系一直是学界见仁见智的命题，心理学是否具有文化的意蕴，以及心理学的文化意义探讨能够给心理学带来怎样变革的可能性，其争论可谓是乱花渐欲迷人眼。在心理学科学主义和理性精神大行其道的当下，探索心理学与文化之间关系是心理学学科研究的元理论问题，尽管显得另类，但也凸显了其意义的难能可贵。如果说本人的第一部拙著更多是从文化哲学视角探讨心理学的学科性质，以及心理学的文化性格带给心理学学科审视的全新转变；第二部拙著探讨的是心理学与文化之间的关系，着眼点是文化作为一种资源和成长的基础，心理学的成长和需要离不开文化资源的供给；那么，本部拙著是对心理学与文化关系的进一步的深化与扩展，关注的视野更多是从文化学层面探索心理学存在的价值与功用问题，同时，也涵盖着未来我国心理学在文化传统中的传承和实现其现代化的问题。从这个角度来说，心理学文化探索永远是一个常话常新的命题，远没有结束，始终在路上。屈指算来，距离我师从吉林大学葛鲁嘉教授攻读博士学位至今，就心理学与文化关系的问题，我已经探索了十余年时间。即便是十余年时间如白驹过隙，可是，关于这个问题，我一直诚惶诚恐，不敢言说深谙其中道理，心头总有如履薄冰之感，挥之不去。其实这部拙著的出版，既有对前两部拙著的扩展和丰富，同时，我又总结和梳理六年时间中关于这个命题的思索和理解，才成就了这部拙著——《心理学文化探索》诞生。

很显然，这部拙著与前两部拙著既有着深刻的关联，同时无论在内容还是体系上，有着很大的不同。主要考虑到本部书稿的内在逻辑性和体例的完整性。从我攻读博士学位至今，关于心理学与文化之间关系的思考，从视角到形式，从架构到逻辑，都在发生着变化。这种变化，可能是对前些年观点和理论的修正，可能是对内容和体系的进一步完善，可能是对结构逻辑关系的深化和理顺。尤其是近五年来，有关心理学文化的探新又有了新的思考和新的进展。在总结和梳理近些年来的思考成果后，在前修改和完善两部拙著基础上，完成了本部著作的书稿。因此，从我的思想和理论框架和脉络上，这部拙著与前两部拙著存在着深刻的传承和创新，既有前两部著作的痕迹和线索，同时，又是前两部著作思想的升华和理论的完善，三部著作，可视为我关于心理学文化探索三部曲的完成，同时，也标志着我在关于心理学文化探索学术道路上的重新定位。屈指一算，时间过得好快！此部书稿的诞生距离我第一部书稿问世整整过去了十年时间。十年磨一剑！不期望成为经典，唯希望表达出我想要表达的学术思想便足矣。

值此书稿付梓之际，非常感谢中国社会科学出版社，感谢以冯春凤主任为代表的编辑和工作人员的辛苦付出和出版智慧，在冯春凤主任的大力支持下，本书得以顺利如期问世！尤其是感谢本书责任编辑先生，他们本着出精品、经典的工匠精神，精益求精，一丝不苟，对书稿的精心审阅和校对，纠正了很多的疏漏之处，为本书的高质量的出版，付出了太多的心血，在此，表示由衷谢意！

特别感谢我新工作单位——鲁东大学提供的科研启动经费，使得拙著能顺利出版；感谢鲁东大学教育科学学院以党委书记孙承毅教授、院长苏春景教授等领导对该著作的关注与支持，使书稿以如此快的速度面世；感谢教育科学学院各位同事对我的支持，在新的单位，我感受到了团队的力量和温暖，让我有新的归属感和家园感！此外，特别要对我的学生陆开宗、欧阳韵竹、王磊、翟贤亮、潭文娇、李霞、潭颖达、孙丹阳表示感谢，本书引用了他们的论文及学术思想，为本书增添了鲜活的学术魅力！

心理学与文化关系的问题一直是心理学学科研究的元理论问题，事关心理学学科性质和安身立命等基础问题。即便是当下大热的诸如文化神经科学、社会认知神经科学等研究热点的学科，其文化问题也依然是个无法逾越的问题。文化在其中的位置、价值及性质一直质疑声不断，其间会涉猎更多和更为宽泛的问题，还有更为复杂的问题悬而未决。本拙著权当抛砖引玉，以期引起学界更为广泛和更为深刻的学术探讨。道理不辩不明。有些问题也只有在更深入的争论中才能推动内在的逻辑线索和理论架构愈来愈清晰。本书引用了很多专家学者的观点、思想和理论，有的作出标识，有的则可能难免会挂一漏万，敬请专家学者不吝赐教并匡正。

孟维杰

2018 年 3 月 10 日于鲁大佳苑